本书为全国教育科学“十三五”规划2016年度教育部青年课题“现代职业教育质量评价工具研究”（课题批准号：EJA160426）的最终成果，由河北科技师范学院学术著作出版基金资助

职业院校质量诊断

授权评价理论与实践

孙芳芳　赵志群　著

中国社会科学出版社

图书在版编目（CIP）数据

职业院校质量诊断：授权评价理论与实践/孙芳芳，赵志群著．—北京：中国社会科学出版社，2019.6

ISBN 978-7-5203-4532-3

Ⅰ.①职… Ⅱ.①孙…②赵… Ⅲ.①高等职业教育—教育质量—质量管理—中国 Ⅳ.①G718.5

中国版本图书馆 CIP 数据核字（2019）第 104953 号

出 版 人　赵剑英
责任编辑　周晓慧
责任校对　无　介
责任印制　戴　宽

出　　版　中国社会科学出版社
社　　址　北京鼓楼西大街甲 158 号
邮　　编　100720
网　　址　http://www.csspw.cn
发 行 部　010-84083685
门 市 部　010-84029450
经　　销　新华书店及其他书店

印　　刷　北京明恒达印务有限公司
装　　订　廊坊市广阳区广增装订厂
版　　次　2019 年 6 月第 1 版
印　　次　2019 年 6 月第 1 次印刷

开　　本　710×1000　1/16
印　　张　20.5
插　　页　2
字　　数　296 千字
定　　价　88.00 元

目　录

序　言

当今时代的特点是急遽的变化。信息技术革命、知识经济、经济全球化像冲击波一样，一波又一波地冲击着社会。年轻一代以新的思维方式、新的价值观念和新的行为模式持续挑战社会传统。迅速变化的社会对学校提出了更高的要求，要求学校及其管理者必须快速做出正确决策。现代社会事物发展错综复杂、盘根错节，学校固有的组织机构又增加了决策难度，这是一个巨大的矛盾。这一矛盾如果不能得到解决，将直接影响职业教育人才培养质量。环境的快速变化要求教育者正视并尊重多元价值，这就要求开发企业专家、教育专家、管理专家、教师和学生等利益相关者的专长和智慧，通过科学的咨询和诊断方法为决策提供帮助。学校的组织文化和管理方式也要适应环境变化所带来的挑战。

质量是教育实现长远发展的基础，评价则是保障质量的重要手段。我国职业教育经历了两轮完整的评价。评价工作在一定程度上促进了职业院校发展和人才培养质量的提升，但是也存在很多问题。对全国31个省（市、区）的实地调研显示，各地的评价实践普遍存在着行业企业参与职业教育评价机制不健全，学校自我评价机制欠缺，学校内部治理结构不完善等问题。① 很多职业教育管理者开始反思：为什么管理部门花费了大量的时间和精力，组织大量评价专家开展的评价工作，仍然得不到令人满意的效果？

---

① 《职业教育专题评估报告有关情况介绍》，http：//106.37.166.229/zgzcw/gndt/201512/9f8475cbbcd54030917e43f12fae3b66.shtml. 2015－12－03。

国际公共管理领域同样存在的一个尴尬局面或许能为此提供一些启发。虽然评价研究广泛运用于各种社会发展项目和社会事件中，评价报告也堆积如山，但却很少有人真正关注这些评价信息。究其原因是，评价活动由管理部门开展，评价报告的使用者没有或很少参与评价活动，缺乏对评价结果的归属感和认同感。[①] 很多学者开始对“局外人”[②] 开展社会科学研究的合理性进行批判。其中最尖锐的批评是认为传统的评价研究设计缺乏“人”的因素，因此，强烈要求评价过程将利益相关者纳入其中，这需要寻找一种由更多参与者或项目利益相关者参与的评价模式[③]和与之相适应的评价理论。我国职业教育评价显然也存在着同样的问题，由于评价缺少利益相关者的“参与”，评价报告和评价结果的效用性被大大降低。

管理者逐渐意识到，要使评价真正服务于职业教育的发展，必须尊重利益相关者[④]的愿望和需求，要按照他们的思维方式和利益需求改变评价机制。2015 年 6 月，教育部职教中心研究所建议职业院校建立“诊断与改进工作机制”。从政策内容里我们可以窥探职业教育质量评价价值取向的实然表达：引导增强质量意识，秉承“持续质量改进”的理念，采用先进的评价理论和技术，关注利益相关者的参与和自我评价机制建设，这些评价理念和方法与国外逐步兴起的“授权评价”（Empowerment Evaluation）理念不谋而合，即从外部管理式评价转向利益相关者共同参与的评价。然而，在我国当前的社会环境下，对授权评价作为职业院校质量诊断方法是否切合职业院校质量发展的诉求，其操作与实施需要怎样的前提条件，与传统评价有何本质区别，如何规范其操作程序与方法，采用怎样的运行机制才能保证诊断的有效性等问题，均需要理论界给予回答，本书是对相关领域的具体探索。

---

① 曹堂哲、张仁君、孙智慧：《公共管理评价研究的缘起、范式和议题》，《广东行政学院学报》2013 年第 2 期。

② 这里的局外人指没有参与职业院校实际工作的管理部门人员和教育学专家等。

③ ［德］施托克曼：《评价学》，唐以志译，人民出版社 2012 年版，第 171 页。

④ 利益相关者指参与授权评价试验的参与者。

我国的职业教育质量评价大多建立在传统评价范式基础上，难以满足社会多元化和职业学校教育质量保障的现实需要。本书引入第四代评估理论，探索授权评价对职业院校教学质量诊断的适用性和有效性，帮助职业院校分析课程与教学中的问题，建立能够持续向管理者反馈问题并及时调整策略的动态机制，致力于解决“如何持续、系统地进行质量保证和改进”的问题，为职业院校建立自我评价机制提供理论指导和技术支持，使传统的外部管理走向自我治理。

目前关于职业教育质量评价方面的著述，其研究视角多集中于外部评价上，针对第四代评价的研究也多集中在理论介绍和解释上，专门针对职业院校内部质量诊断的系统性研究基本上还是空白。本书在系统分析职业院校质量诊断的背景及内涵的基础上，重点阐释了诊断的理论基础、授权评价作为职业院校质量诊断方法的解释，授权评价的原则，授权评价的工作程序，授权评价的实践效果，职业院校质量诊断所面临的现实及挑战等内容。借鉴社会学、心理学和管理学等相关知识，本书丰富了职业教育质量评价理论，有利于破解当前职业教育质量发展所面临的难题，以实现职业教育管理体制和机制的创新。

本书可供高等院校教育学专业教师和学生，职业技术教育学专业硕士、博士研究生作为教学或学习参考用书，可为相关科研人员进行职业教育质量保障研究提供参考，为各级各类职业院校、职业培训机构及相关企业、政府部门强化职业院校教学诊断与改进工作提供借鉴。

作者

2019 年春

第一章　概述

2012 年，《教育部关于全面提高高等教育质量的若干意见》提出“要健全教育质量评价制度，改革教育质量评价和人才评价制度，改进教育教学评价，根据培养目标和人才理念，建立科学、多样的评价标准，开展由政府、学校、专门机构和社会多元评价相结合的教学评价制度”①。2015 年 5 月，教育部《关于深入推进教育管办评分离 促进政府职能转变的若干意见》强调，要“推动学校积极开展自我评价”“扩大行业协会、专业学会、基金会等各类社会组织参与教育评价”“健全多元化评价标准，积极采用现代化评价方法和技术，保证教育评价的科学性、规范性、独立性”②。2015 年 6 月，教育部职教中心研究所建议职业院校建立“诊断与改进工作机制”，坚持“需求导向、自我保证，多元诊断、重在改进”的工作方针，“建立常态化周期性的教学工作诊断与改进制度，开展多层面多维度的诊断与改进工作，构建校内全员全过程全方位的质量保证制度体系，并将自我诊断与改进工作情况纳入年度质量报告”③。教育部一系列决策强化了职业教育质量保障体系的顶层设计，是我国评价方式方法的重大变革，这一变革体现了国际现代教育质量管理和第四代评

① 《教育部关于全面提高高等教育质量的若干意见》，http：//www. gov. cn/zwgk/2012 -04/20/cotent_2118168. htm，2012 -04 -20。

② 教育部：《关于深入推进教育管办评分离 促进政府职能转变的若干意见》，http：//www. jyb. cn/info/jyzck/201505/t20150508_621609. html，2015 -05 -04。

③ 《教育部办公厅关于建立职业院校教学工作诊断与改进制度的通知》，http：//www. moe. edu. cn /srcsite/A07/moe_737/s3876/201507/t20150707_192813. html，2015 -06 -23。

估理念。本章重点探讨与诊断、评估（评价）相关的重要概念，以及重要研究进展。

第一节 重要概念

学校质量诊断本质上是一种以学校工作为对象的教育评价活动。它与质量评价/评估、教育质量等都有相互关联。理顺关系、辨析概念，并在此基础上分析学校质量诊断的性质、主体、内容、标准等，有助于对学校质量诊断形成清晰的认识。

一 教育评价与评估

关于评价与评估的内涵，目前并无统一的表述。在汉语工具书中，“评估”是指对项目、资产、经营决策等进行技术经济管理方面的评定与估算。评估准确程度偏低，含有揣度、推测和估量的成分，结论具有笼统性。评价是“对人或事物的价值做出判断，依据一定的价值标准，评价对象的若干属性及其对人的需要的意义”①。评价（evaluation）一词来源于拉丁文中的“valor”（价值）和前缀“e”以及“ex”（来源）的组合，从中可以得出“从某事中获得价值”，也可看出评价的一个要素：评价是有目的的。② 二者的主要区别就在于评估一般是针对事物，强调事实判断；评价强调根据标准对人或事物做出价值判断。但有时也会出现二者模糊使用的情况。在英美国家，由于语言和文化背景的影响，评价与评估也是一对很容易混淆的词，二者内涵相近。③ 书中出现的评价与评估被视为同一概念。

国外学者从不同的维度对教育评价进行了研究。现代教育评估概念是美国著名教育家泰勒（R. W. Tyler）经过 8 年研究提出的，其基

---

① 陶西平：《教育评价辞典》，北京师范大学出版社 1998 年版，第 55 页。

② ［德］施托克曼：《评估学》，唐以志译，人民出版社 2012 年版，第 67 页。

③ J. Hoghes & L. Nieuwenhois, *A Project Manager's Guide to Evaluation*, Evaluate Europe Handbook Series Volume 1, 2005, p. 12.

本思想是注重教育效果的价值判断，认为教育评价是“检验教育思想和计划的过程”[①]。将评价视为一种活动过程，认为评价过程是目标与实际效果的比较，是课程和教育大纲实现教育目标程度的过程。[②]继泰勒之后，教育评估内涵有了很大的发展，比较有代表性的观点是：

第一，将评价视为一种决策的信息。例如，斯塔弗尔比姆（D. L. Stufflebeam）认为，“教育评价除了要发现目标与实际效果的差距外，还应该是为决策提供有用信息的过程”[③]。克龙巴赫（L. J. Cronbach）的早期研究也支持了这一定义。[④]

第二，将教育评价视为一种方法和技术。教育评价的目的就是通过多种手段来描述学生的学习过程，并据此判定是否达到了所期望的教育目标[⑤]，这一定义与教育大辞典的定义具有共同之处：都强调对教育目标的实现程度做出价值判断。[⑥]

第三，着眼于描述和价值判断。斯克里文（M. Scriven）强调教育评估就是对教育现象进行描述和价值判断。[⑦]

塔尔梅齐（H. Talmage）指出，由于评价目的以及评价研究的侧重点不同，不可能只存在一个唯一正确的评价定义。[⑧] 但总结以上定义，可以发现评价内涵的四个共同要素：（1）有系统性；（2）对现象的解释和价值判断；（3）教育评估以科学的评价方法、技术为手

---

① 转引自辛涛、李雪燕《教育评价理论与实践的新进展》，《清华大学教育研究》2005 年第 6 期。

② ［美］斯塔弗尔比姆：《评估模型》，苏锦丽译，北京大学出版社 2007 年版，第 10—11 页。

③ D. L. Stufflebeam, “A Depth Study of the Evaluation Requirement,” *Theory into Practice*, 1966, 5 (3): 121 - 133.

④ L. J. Cronbach, *Course Improvement through Evaluation*, *Teach. Rec.*, 1963, 64 (8): 672 - 683.

⑤ 王景荣：《教育评价理论与实践》，东北师范大学出版社 2002 年版，第 4 页。

⑥ 顾明远：《教育大辞典》，上海教育出版社 1992 年版，第 2809 页。

⑦ M. Scriven, *Evaluation Thesaurus*, Newbury Park: Sage Publications, 1991. M. Scriven, “Evaluation as a Discipline,” *Studies in Educational Evaluation*, 1997, 20: 147 - 166.

⑧ H. Talmage, “Evaluation of Programs,” In Mitzel (ed.), *Encyclopedia of Educational Research*, The Free Press, New York, 1982.

段；（4）决策取向。[①]

二 诊断

（一）诊断的内涵

“诊断”一词在英语中为 diagnose 或 diagnosis，意为确定、分析、识别、断定、发现。在中国，“诊断”源于医学界术语，本义是通过特定的诊断工具检查、判定病人的病症，并有针对性地开具处方。[②]作为一种分析和解决问题的方法，医学“诊断”概念中的基本逻辑思想和方法，已逐步向其他领域迁移，形成了社会诊断、工程诊断、企业诊断、故障诊断和教育诊断等理论。[③]

相比之下，教育诊断实践发展较晚，比较典型的是布鲁姆（B. Bloom）提出的教育目标分类里面的“诊断性评价”[④]，指在学期开始或项目开始之前对学生现有发展水平进行评价，强调的是预防性的“事前行为”。20 世纪 90 年代，中国学者也开展了对教育诊断的研究，多数学者认为，教育诊断是对某些特殊教育现象的判断和分析。[⑤] 21 世纪前后，“诊断”成为新型的引领学校建构反思意识、发现问题、提高效能、促进自主发展的教育技术，[⑥] 旨在利用教育诊断理论来研究教育教学的各个环节，并对其进行诊断分析，发现存在问题并提出解决策略。有效的诊断性评价可以准确识别当前学校发展中的优势（S—strength）与不足（W—weakness），以及未来发展所面临的机遇（O—opportunity）和挑战（T—threat）即 SWOT，从而发现学

---

① 任举：《中等职业学校教师培训质量评价指标体系研究》，硕士学位论文，西北农林科技大学，2010 年。

② 周俊：《基于质量提升的职业院校教学工作诊断与改进研究》，《中国职业技术教育》2015 年第 26 期。

③ 张文泉：《管理咨询与企业诊断》，中国电力出版社 2002 年版，第 7—9 页。

④ 布鲁姆：《教育评价》，华东师范大学出版社 1987 年版，第 10 页。

⑤ 赵彤、谢骏：《基于诊断与改进的高职院校教育质量多元评价指标体系研究》，《南通职业大学学报》2016 年第 3 期。

⑥ 周俊：《基于质量提升的职业院校教学工作诊断与改进研究》，《中国职业技术教育》2015 年第 26 期。

校发展的增长点，有利于形成合理的发展规划和策略。随着诊断内涵的不断发展，“诊断”不仅仅指预测性或预防性评价，更应理解为提供数据收集和分析问题，使所有利益相关者都参与到诊断过程中，对学校的历史背景、现实状况、存在的优势与不足，以及具体原因等做出鉴定。[①] 正如圣吉（P. Senge）所说，诊断是赋予意义的过程，在这一过程中，意义解释非常重要。[②]

无论在国际上还是在国内，对“质量诊断”的使用并不普遍，而是更多地采用“质量保障”这一术语来指称不同的实践活动。因此，对于质量诊断、质量评价、内部评价、质量保障这些术语的使用并不是十分泾渭分明的。以“诊断”和“教育诊断”为主题进行检索，这方面的文献非常匮乏，但以“内部评估”“内部评价”“自我评价”“校本评估”等为主题的文献非常丰富，说明学界对基于学校内部开展诊断与评价这一实践活动，在学理上并没有形成统一的认识，不同术语的使用，通常会导致在实践活动中产生困惑。在实践中，质量保障机构会将一些基本方法结合起来使用。这样做是基于各种不同的原因，但在大多数情况下是为了适应质量保障机构所在国家的实际背景和他们希望实现的具体目标。

本书将“诊断”界定为以授权评价为诊断工具，以职业院校自我检查为出发点，由项目的利益相关者共同（“会诊”）对学校某一项目实施过程中所出现的问题（“病情”）进行多维度分析，对存在问题进行确认和总结（确诊“病因”），提出解决策略（开出“处方”），从而保证教育教学质量的持续提升（“健康”）。从这一意义上而言，诊断所发挥的功能对学校发展具有十分重要的意义。诊断应该成为学校的常规管理工作之一，学校要在管理的各个阶段和环节，通过诊断当前现状，反思学校工作，重新定位发展方向，为学校建立可持续发展机制提供帮助。

---

① ［英］卡纳尔：《组织变革管理》，皇甫刚译，中国人民大学出版社 2015 年版，第 180 页。

② P. Senge, *The Fifth Discipline*, London: Randon House, 1990.

（二）诊断的性质

诊断就是由表及里，由现象到本质，由局部探求总体，由过去、现在研究未来，由个别推断一般的一门科学与艺术。作为诊断对象的人、设备、企业等，尽管其属性、特征各不相同，但若将其视为一个系统的话，其变化的基本归类是相似的，从而对其诊断的理论体系和基本原理也是类似的。具体来说，相应的设备诊断、企业诊断、教育诊断概念，是以医学上对人体健康状态进行检查诊断的理论方法和在临床实践中推理、引申而来的。

（三）诊断的职能

随着诊断事业的不断发展，它在组织管理中的地位、作用愈加明显。诊断不仅是一种强化管理的手段，也是管理工作的“维修机”，用它不断检查工作的运行情况，它的功能已被广大管理工作者所认可。根据西蒙的说法，现代管理就是一系列的决策。诊断是为决策提供科学依据的。自古以来，决策从本质上是靠人的经验，因此被叫作经验决策。经验决策是与小生产方式相适应的。然而，现代社会大生产带来了一系列根本变革，社会活动越来越复杂，越来越多变，整个社会的各方面发生着千丝万缕的联系，要求领导者必须掌握一套现代科学决策理论和程序。也就是说，决策已经上升为科学，科学决策是现代领导者的基本功。

诊断作为决策的基础工作，是一个动态过程。每一步诊断的科学与否都会影响决策的效果。从管理角度而言，诊断的基本职能是查出“病”源，探究“病”因；对症下药，提出治疗方案；推断未来，提出预防和改进措施。诊断服务所提供的不是有形的商品，而是无形的知识、智慧、技术、经验以及判断等“软件”。如此，诊断的职能可以理解为：

第一，诊断是知识的“扩大再生产”。知识生产是人的发明、发现和创造活动，其成果是探究促进物质运动转化的思想、观点、方法和技巧。也就是说，科学研究是一个创造和生产知识的过程，而诊断则是专业人员头脑中储备知识的应用和“扩大再生产”的过程。这是科学技术上的一种开发，在这种开发过程中，个体原有的专业知识经过与他人知识的碰撞后，将会产生巨大的智慧效能。

第二，诊断是一种信息交流。从某种意义上说，诊断过程就是信息的加工、处理过程，是一种信息的对流反馈和正确处理的过程。诊断人员要理解组织运行的方方面面，是以掌握足够的有关组织运行的信息量为前提的，每一份资料、报告、表格等都是信息的存在形式。

（四）诊断的形式

根据诊断的目的和服务重点，诊断形式可以分为以下几种。[①]

1. 商谈诊断

组织希望就管理上的问题与诊断人员进行商谈。商谈方式可以在组织内进行，也可以通过电话、网络交流进行。在这种诊断形式下，通常是管理者带着本组织的特定问题前来咨询机构进行商谈，而咨询机构这一方，由于不可能到企业去从事实地调查，只能根据商谈人员的经验，提出解决问题的方案。

2. 调查诊断

诊断人员深入现场，通过组织相关人员对运行过程的各方面进行调查研究，找出问题的关键因素，分析组织运行的有利条件和不利条件，对组织进行客观评价，最后提出改进方案。至于对改进方案的实施工作，则由组织方来承担。对于调查的结果，如果组织和诊断人员的意见不一致，在多数情况下，还要继续进行诊断。

3. 诊断指导

诊断指导是诊断过程的一个独立阶段。通过诊断提出改进方案之后，如果组织方有要求，诊断人员仍然要留在组织里，帮助其指导改进方案的落实工作。比如，帮助组织制定整改方案，选拔并训练实施方案工作的负责部门，协助组织说服动员有关人员落实新方案，还要根据新方案的施行情况修正方案等。

4. 协助工作

由于管理活动的复杂性，需要专业人员深入组织的日常工作，如市场调查、制定发展规划、搜集信息、协助管理等，这种工作需要专

---

① 李延龄、韩路：《企业诊断学》，山东大学出版社 1991 年版，第 5—6 页。

业的方法，可委托咨询机构来帮助进行深入分析，这种帮助工作的活动，也是诊断的一种基本形式。

5. 咨询顾问

咨询顾问是作为组织单位管理上的参谋或顾问，但不直接参与管理的受聘人员。根据不同时期的不同需要，邀请诊断人员担任组织顾问。在更多的情况下，是通过某个诊断人员长期与组织进行合作，开展诊断活动，在取得信任之后，诊断人员也可能成为组织的常勤顾问。

三　评价与诊断

评价和诊断不是相互替代的关系，而只能是互为补充、取长补短的，二者同属于现代职业教育质量保障体系范畴。根据评价与诊断的内涵，综合已有的研究观点，二者的区别见表 1－1 所示。

表 1－1　**评价和诊断的区别**

	评价	诊断
导向	全面检测	问题导向
要素（因素）	可确定	不确定
实施	可由外部操作	必须是自我的
理论依据	目标管理（MBO）、统计知识管理	新公共管理理论、第四代评估、组织学习理论
愿景目标	建立起以自上而下、周期性、层级式管理为基本架构的人才培养质量管理系统	建成覆盖全员、贯穿全程、纵横衔接、网络互动的常态化教学工作诊断与改进制度体系
组织主体	其他利益相关方或第三方	质量保证的直接责任方（设计、生产、管理）
教育行政部门的角色	直接组织主体（裁判员、指挥员）	非直接组织主体，起规划、设计、引导、支持作用
标准设置	组织者设定，相对固定	质量生成主体设定，协商
指标体系	标准既定、静态，指标体系逐层分解	标准开放动态，按态—里—表逻辑展开（罗盘状）
运作动力	外部	内部

续表

	评价	诊断
运作形态	阶段性	常态化
所起作用	周期性、脉冲式激励	过程监控、内生持续
操作方法	深度访谈、专业剖析、数据说话	深度会谈，从源头实时采集分析、展现数据等
结果运用	分类排行和专业质量报告	自主改进

资料来源：荣莉、唐以志《高职院校专业评估与专业诊改的区别》，《职业技术教育》2017 年第 27 期。

诊断与评价给人们造成迷惑的关键概念是质量保证体系，在企业管理者的眼里，它就是质量管理体系，诊断就是诊断质量管理体系运行情况，属于政府推行的内部质量管理改革。而评价不是质量管理本身，它可以是质量管理的手段，以教育评价为例，教育评价不仅评价教育质量，还可以评价教育环境、评价专业等，它更加关注教育的产出情况，就是投入、管理运行后的结果以及投入、过程和产出之间的关联性分析，也就是因果分析。

当前，将“诊断”作为职业院校教学质量提升的重要抓手，这是职业教育评价方式方法的重大变革。按照《现代汉语词典》的解释，“评价”就是“评议估计”，而“诊断”的原始意义是估计和判断，只不过针对特定对象采用了特定的方法和多元的诊断主体而已。研究发现，如果我们把一些文件中的“诊断”二字替换成“评估”或“评价”，就会发现并没有发生意义上的实质性变化。这说明，除了教育部相关部门管理职能调整外，我们更需要弄清方法层面的问题，即那些采用原来的评估方式解决不了的问题，是否可以通过新的评价（诊断）方式来解决，从而实现更有效的“改进”？解决好“评价（诊断）工具与方法”这个问题，是搞好教学工作诊断与改进的关键。

四　授权评价

“授权评价”是国内学者对 Empowerment Evaluation（EE）的普遍译法，该词最早由美国评价协会前任主席、斯坦福大学评价专家费特曼（D. M. Fetterman）在美国评价协会年会上正式提出，讨论内容刊登在《评估实践》上，激发了更深层次的讨论，并将授权评价定义为“运用评价理念和技术促进自我决策的工具”①。对文献的查阅发现，关于 Empowerment Evaluation 的译法还有使能评价、赋权评价、赋能评价等。其本义不仅仅局限于“授予权力（grant authority）、权力下放”这一过程，还希望通过“授权”使参与者或利益相关者参与评价工作并进行决策，并在这个过程中通过自我评价和反思的方式，用评价理论和技术来促进组织发展和自我决定。从这一角度而言，将其翻译成“使能评价”，更能强调其希望达到的结果，即“使其具有能力”，也更为贴近本书关于该评价理论的阐释。然而，几经考量，几次试译，出现了诸多关于使能评价的困惑，故笔者将其译为“授权评价”，使其更符合中国读者的使用习惯。

2007 年，费特曼和万得斯曼（A. Wandersman）对原有定义进行了补充，他们提出“授权评价”是一种综合运用质性和量化研究的方法论，通过提供工具给利益相关者用来评价计划、实施计划及进行自我评价，用以协助项目参与者开展评价活动，并将评价内化为其项目计划与管理的一部分，以利于项目成功。② 如此，授权评价意味着组织将内部的一定职责和权限授权给员工，使他们参与工作进展与决策，并有权利决定自己的工作。

近年来，一些调查研究表明，授权评价具备合作性、参与性，在实践中较容易得到接受。库辛斯等人论述了授权评价的具体应用：授权评价如何引发实践中的基本变革，鼓励实践者去质疑实践中的原有假设，它教给实践者评价的能力以促进变革，实践者参与评价将会使结果更能满足本土需求。普里斯克尔（H. Preskill）和卡利斯里（V. Caracelli）的调查发现，授权评价不仅促进了组织学习，它很可能还是一种强大的组织变革方法。他们同时发现，几乎所有的调查对象，

① D. M. Fetterman, “Empowerment Evaluation,” *American Journal of Evaluation*, 1994, 15 (1): 1-15.

② D. M. Fetterman & A. Wandersman, “Empowerment Evaluation: Yesterday, Today and Tomorrow,” *American Journal of Evaluation*, 2007, 28 (2): 179-198.

都认为评价者有责任让利益相关者参与到评价过程中。① 费特曼认为，检验任何一种新的评价方法，都以它是否定位明确、用途广泛、广为人接纳而成为评价主流的一部分，美国的理论与实践均已证明，授权评价在建立评价文化，促进自我发展方面，是一个强大的工具。

在保留“授权评价”本义的基础上，将“授权评价”作为职业教育系统化的内部质量诊断工具，其基本含义为以职业教育质量改进为目标，创设民主、透明的环境，由评价者或主持人引导参与评价的利益相关者开展的自下而上的内部质量诊断与评价活动。具体实施方式为在评价会议主持人②的引导下，参与者展开交流与讨论，共同确定评价指标体系，在此基础上通过个人赋值、解释分数、协商讨论等方式对职业教育的现象和问题进行解释，旨在共同识别项目运行状况，尽早发现问题并做出及时调整和改进。

五 内部评价

（一）内部评价的内涵

很多术语常常用来指称一些相似的元素，比如内部评价也被称为自我评价（self-evaluation）③、自我分析、自我诊断、内部诊断、校本评价等。内部评价是由被评项目负责人员或与项目相关的人员组织实施的，是对学校各项工作进展及成果进行自我审视和分析的过程。④

① H. Preskill & V. Caracelli, “Current and Developing Conceptions of Use: Evaluation Use EIG Survey Results,” *Evaluation Practice*, 18 (3): 221.

② 授权评价的主持人是指引导参与者讨论、协商，保证评价顺利进行的人员。主持人需要具备专业的评价理论知识基础以及基本的主持功底。本研究中的主持人为研究者本人以及所在研究团队人员。

③ 根据德国评估专家赖因哈德的解释，从评估主体来讲，内部评估和自我评估是不同的。内部评估是指评估由实施项目的统一机构来完成。如果内部评估是由同时接受委托并实施项目的部门（业务部门）来实施的，那么这种评估就是“自我评估”。如果这个评估是由这个单位的另外一个部门（如质量保障部门）进行的，那么这属于内部评估，但不属于自我评估。参见［德］赖因哈德·施托克曼《非营利机构的评估与质量改进》，唐以志、景艳燕译，中国社会科学出版社 2008 年版，第 73 页。

④ M. Scriven, “The Methodology of Evaluation,” In R. E. Stake (ed.), *AERA Monograph Series on Curriculum Evaluation*, No. 1, Chicago: Rand McNally, 1967.

如果不是通过外部调查，而是自己对自己的情况、活动和结果进行评价，相关人员的独立性就很大了，这就是所谓的“内部”评价或“自我评价”。这是一种通过评价来进行学习的很好的方式，有其充分的科学依据。这些活动通常与“解释性方法”相关，这种（不完全的）自我评价方法对质量管理也很重要，特别是在社会组织中表现得尤为明显。①

内部评价的关键词是内部、人员、责任和管理者②，斯克利文（M. Scriven）在项目评价的背景下对内部评价和外部评价进行了界定。从学校层面来讲，内部评价者是指由教师、教师团队、学校的专业人员、校长或其他管理者，或由学校指定的专门人员作为各项工作的评价者。外部评价是由学校所在地区、地方教育局和教育管理部门，受学校或管理委员会委托，组织与被评项目无关的专业评价者和督察员组织开展的评价。③ 相比外部评价，授权评价的内部特点被认为在提高学校效能和人才培养质量方面发挥着更大的作用，从外部向内部评价转变成为评价进程的重要转折，而改变的推动力主要来自将内部评价视为组织管理者的必要工具和管理过程不可缺少的组成部分。④

（二）内部评价研究及争论

很多国家将内部评价和自我评价的方法应用于学校管理，如参与式评价、授权评价、全面质量管理（TQM）、参与行动研究（PAR）等。内部评价遵循学校本位管理（school-based）和学校自治（autonomous schools）模式实施，随着学校自主权的扩大，学校期望明确其目标、承担相应的责任，并为自身的行为负责。在国外评价文献中，

---

① M. Scriven, “The Methodology of Evaluation,” In R. E. Stake (ed.), *AERA Monograph Series on Curriculum Evaluation*, No. 1, Chicago: Rand McNally, 1967.

② D. L. Clifford & P. Sherman, “Internal Evaluation: Integrating Program Evaluation and Management,” In A. J. Love (ed.), *Developing Effective Internal Evaluation*, San Francisco: Jossey-Bass. 1983, pp. 23 - 45.

③ D. Nevo, “School Evaluation: Internal or External?” *Studies in Educational Evaluation*, 2001 (27): 95 - 106.

④ J. L. Arnold, “International Evaluation: Building Organizations from Within,” *Applied Social Research Methods*, Series Volume 24, 1991, p. 1.

经常会看到学校自我评价和校本评价这两个术语，且二者经常被交叉使用。然而，就具体内涵而言，二者并不完全相同。莱威认为，学校自我评价是一个学校自发进行的，是由学校内部职工参与的，其评价结果是用来满足学校内部目标，而不是为外部机构服务的活动。可见，学校自我评价是相对于来自上级教育行政部门所强制实施的评价（外部）而存在的。

内部评价是学校授权评价的体现，即权利从中心向外围转移的一种表达，并呈现出诸多特点。一是广泛参与。教师参与在内部评价过程中发挥着重要作用，通过参与可以更加系统化的方式监控自身行为，获得自信；可以获得自我管理的技能，以便应用于日后的工作；可以增加教师的决策权，提升反思能力，而这些是教师专业化成长的重要内容。[①] 二是对话。对话不仅存在于内部评价中，内部和外部评价之间也需要对话，两种或多种信息流（flow of information）的交换能够对评价的有效性提供帮助。

一些学者质疑内部评价的客观性（objectivity），即认为其缺乏（硬性）标准。也有人提出了不同的看法，认为评价者往往倾向于得出令人乐观的结论，内部评价通常能更好地掌握被评项目的真实状况，也能更少地威胁到被评价者。当通过内部评价诊断出问题后，便于在学校内对其进行改进。随着争论的深入，各派学者都看到了内部评价和外部评价的局限性，并提倡二者共存可以弥补对方的不足。斯塔克指出，不管是外部评价还是内部评价，其目的应该是更深入的理解（understanding）事物而不是对其做出判断（judgment）。没有一个有意义的方式和唯一的标准（或标准集）去判断学校质量的好坏[②]，他强调依据多重标准来判断学校工作的不同层面，评价结果应该提供的是质量剖析（quality profiles），而不是综合分数（composite scores），这样的质量剖析有利于理解项目并促进其在特定环境和条件

---

① L. Darling-Hammond, "Teacher Professionalism," In M. C. Alkin (ed.), *Encyclopedia of Educational Research*, New York: Macmillan, 1992, pp. 1359 – 1366.

② R. Stake, et al., "The Evolving Synthesis of Program Value," *Evaluation Practice*, 1997, 18 (2): 89 – 103.

下的质量改进。而以分数作为评价结果，虽然看似“相对客观”，但却易为某些社会和政治目的而滥用。[①] 因此，评价报告中“有价值的建议”部分应该成为评价必不可少的内容。我国学者胡咏梅也认为，针对不同的目的，每一种评价都有其相对的优势。比如，内部评价是通过反馈来获得改进的形成性评价，外部评价是通过提供信息来证明结论可信性的总结性评价，两者都具有重要功能。这两种方式都可以合理地应用于任何教育机构。

桑尼克森（R. C. Sonnichsen）拓展了斯塔克的观点，他认为，内部评价不仅仅是为了分析问题，提出建议，也是为了致力于克服困难并实施相应举措。[②] 从某种程度上说，内部评价是组织发展的干预工具，也是有效的调查方法。斯克利文（Scriven）对于这一观点表示怀疑，他认为，报告涉及很多专业性知识，“提出建议”和“制定措施”会超出评价者的知识和能力范围。[③] 帕顿（M. Q. Patton）建议，为了评价的有效性，评价应联合参与评价过程的人员共同完成[④]，即评价报告，特别是建议部分需要融合评价理论知识和由具有项目专业知识的人员共同参与完成。

内部评价与其他评价方式的差异主要体现在评价目标、假设、发起者、利益相关者等方面。内部评价是行动研究（action research）的形式[⑤]，行动研究关注组织发展和变革。[⑥] 内部评价与组织评价[⑦]和组

---

① D. Nevo, “School Evaluation: Internal or External?” *Studies in Educational Evaluation*, 2001, p. 101.

② R. C. Sonnichsen, “Advocacy Evaluation: A Model for Internal Evaluation Offices,” *Evaluation and Program Planning*, 1988, 11 (2): 141 – 148.

③ M. Sctriven, “The Logic of Evaluation and Evaluation Practice,” In D. M. Founier (ed.), *Reasoning in Evaluation: Inferential Links and Leaps* (New Directions for Program Evaluation, No. 68), San Francisco: Jossey-Bass, 1995.

④ M. Q. Patton, *Utilization-focused Evaluation*, Thousand Oaks, CA: Sage, 1997.

⑤ D. Krech (ed), “Action and Research—A Challenge,” *Journal of Social Issues*, 1946, 2 (4): 1 – 79.

⑥ E. Huse & T. Cummings, *Organization Development*, St. Paul, MN: West, 1985.

⑦ E. Lawler, D. Nadler & C. Cammann (eds.), *Organizational Assessment*, New York: John Wiley, 1980.

织发展[①]十分相似，包括评价的结构、操作和管理，因此，内部评价更像是管理活动，管理者和内部评价者都发挥着强化组织管理的关键作用。

（三）内部评价（诊断）的问题、缺点和意义

首先，从很大程度上而言，内部评价即为诊断，二者仅是对同一含义的不同表达。其次，二者均是相对于外部评价而言的。一直以来，很多国家过分倚重外部评价来保障学校教育质量，尽管外部评价也具备促进学校改进的功能，但在一定程度上限制了学校的自主性与创造性。在外部评价模式主导下，学校处于被动地位，致使学校为自身改进承担责任的空间和动机不足，改进的幅度十分有限。

在诊断的不同阶段，可能会出现以下几种不同的情况：一是针对每项标准或准则提供相关的基础数据和信息；二是做出分析和评价；三是有时应就达到的层次，即实际达到的标准或准则的程度做出报告。具备形成自评报告的能力，即达到了院校质量保障能力发展的一个理想阶段。然而，做好自评工作是很难的事，学校自我评价的能力亟须提高。

在开展内部评价时，院校内部的学术及行政管理人员会就所在单位的优缺点进行讨论，并根据一系列开放性问题或指标数据的收集找出问题的潜在原因。为了提高质量，部门或院校通常会自行决定评价的策略。这样做的优点是，未来负责改革事务的一些有能力的专业人士能够直接参与进来。从长期来看，这样就可以形成一种重视质量的文化，也可增强学术界缺少的集体意识。让学校完成有意义的内部诊断是有困难的，如缺乏重组的条件（信息系统、参与机制或者是全日制教职工数量庞大）和评价文化等因素。这就会使自我评价降格为对所要求问题的简单描述，毫无批判力。当所涉及的风险较高时，就更无法起到学校进行严格自我评价的效果了。

1. 内部评价的意义

坚持内部诊断这一基本假设是为了让学校真正审视自身的优势和

---

① M. I. Harrison, *Diagnosing Organizations*, Beverly Hills, CA: Sage, 1987.

劣势、潜力和局限性，执行自我评价的院校比未执行自我评价的院校可能会更好地完成教学任务。内部诊断因此被认为是质量保障流程的支柱。外部评审小组在进校实地考察之前，正是通过内部诊断报告来对学校或专业进行了解和初步评价的。

近些年来，越来越多的国家在学校评价中引入内部评价（诊断），将其作为促进学校发展的重要手段。内部评价并非排斥外部评价，而是将其作为外部评价的有益补充。内部评价或诊断的重要意义体现在这些方面：第一，有助于提高外部评价的质量与效率。评价小组在开展外部评价之前会先与学校内部管理者加以互动，了解学校的自评情况，更能聚焦于学校的问题，从而提高评价的针对性和效率。第二，有利于学校自我改进。在自评和诊断过程中，能够发现自身潜在或存在的问题，有针对性地寻找问题的解决策略，形成改进计划，比外部评价更能激发学校的主动性。第三，学校自我评价和诊断的质量与效果可以很好地反映出学校管理水平，有助于学校管理质量的提升以及自我治理能力建设。学校是否能够对自身优势与不足有清晰的认识，是否能够抓住机遇和利用各种支持条件做出改进，是衡量学校领导与管理质量的重要指标之一。

2. 内部评价实施的问题及原因

在职业教育领域，虽然评价发展历史较长，但是将内部评价或诊断作为促进学校发展的一项基本制度，发展并不完善，职业院校自身对其意义的认识不足，也导致在实践中存在着一些不容忽视的弊端，这主要表现在如下方面。第一，许多学校将自评当成外部评价的前奏和准备，主要目标是迎接上级检查，因此内生性动力不足，往往流于形式；第二，学校自评方法单一，收集数据的途径有限，没有充分了解利益相关者对学校发展的意见和建议；第三，很多学校在自评中花费大量时间整理文字资料，甚至制作材料弄虚作假，以应付外部评价，这不仅增加了学校负担，也不利于外部评价真正发现学校需要改进的地方，影响了评价的信度、效度和时效性。①

---

① 赵德成：《学校评估理论、政策与实践》，华东师范大学出版社 2015 年版，第 76 页。

所有的治理保障机构都强调并认识到了让人们经历这种剖析与自我批评的价值，但同时也认识到，让学校开展内部诊断有时并不可行，原因包括：

（1）在“评价文化”缺失的情况下，内部诊断通常十分无力。要求被评者提交自评报告或诊断报告来管理学校的运行，但通常它所发挥的价值是非常有限的。

（2）评价者不具备自我诊断的能力和方法，且缺少独立性和必要的距离。由于评价者和被评者往往是一类群体，他们本身会受到项目的影响，认识不到还有其他更好的选择途径。

（3）当存在重大利害关系时（如当治理保障程序涉及奖惩、批准或制裁时），或者当评价通过与否对专业或院校继续运行起到决定性作用时，奢望院校毫不做作地开展批评性的自我剖析是不切实际的。

当治理保障机构在国际范围内开展工作时，会更倾向于接受（院校）提供的数据并由机构自行实施评价。由治理保障机构所设定的一系列标准及准则构成了自我评价的基础。在制定标准及准则的过程中，质量保障机构通常会在全国范围内征求意见，并确保各利益相关者的广泛参与。有时，情况也会有所不同，例如，有些机构只会将预先设定好的一套标准应用于所有的院校和专业（基于标准法）。另外一些机构可能会针对院校的自身目标、目的来进行评审（基于适切法）。然而，在实施质量保障程序之前，必须向各利益相关者阐明质量保障的一些基本内容，比如留给院校自身目标的空间有多大，以及质量保障机构所制定的标准是什么。接受质量保障程序的院校或专业被要求进行自我评价，并就自身达到质量保障机构所设标准或准则的情况做出报告。

（四）内部和外部评价

内部评价和外部评价不是非此即彼的关系。很多评价机构发现，对被评价项目来说，内部评价比外部评价更有价值，特别是旨在进行能力建构时。如果内部评价旨在发现问题并使问题得到管理层的关注，那么它所发挥的效用将会对大型组织的发展方向和运作产生深远的影响。[①] 在实践中，独立应用内部评价和外部评价都会使其陷入两难境地，解决方法是尽可能地充分运用这两种模式，而不是只选择其中之一。[②]

六 职业教育质量

（一）内涵

质量的概念具有悠久的历史，对文献的分析表明，对于职业教育质量的本质，每个人都有各自的回答。具有代表性的质量术语有“高就业率”“高收入”“满足社会需求”“办学规模”等，这些术语从本质上反映的是人们对于所谓“好的职业教育”的理解或期望，也反映出“教育质量”及其评价问题的多样性和复杂性。

从国际组织来看，世界银行虽然未就教育质量的概念进行系统分析，但将质量（quality）、通道（access）、传递（delivery）定义为良好教育体系的三大支柱。[③] 世界银行提出的质量概念并未区分普通教育和职业教育的质量，而是主要聚焦于教和学的过程、员工激励和课程开发三个方面，每一方面均内含了质量要求。欧洲国家对质量研究表现出了极大的兴趣。根据德国《联邦职业教育法》（BBiG）[④] 的描述，职业教育质量主要表现为学生的职业行动能力，比如能够在变化的工作中完成合格的职业技能工作。《欧洲公共质量保障框架》认为，“质量与所处的环境相关”，没有具体的环境，很难界定质量（或没有意义）。这一观点与海德格尔的观点趋于一致，他认为，质量是“事物高级与低级之间的区别”[⑤]。准确而言，事物质量高低主要取决于它所处的环境和人们对这一事物的期望。在这个意义上，可

---

① ［美］大卫·M. 菲特曼：《使能性评估原理》，张玉凤译，教育科学出版社 2015 年版，第 111—112 页。

② M. Scriven, “Empowerment Evluationn Examined,” *Evaluation Practice*, 18 (2): 165 - 175, Avalible on-line at http://www. stanford. Edu/ - davidf/ scriven. html. 1997.

③ World Bank, *Education Sector Strategies*, World Bank, Washington D. C., 1999.

④ 姜大源：《联邦职业教育法》，刘立新译，《中国职业技术教育》2005 年第 11 期。

⑤ G. Heidegger, “Evaluation Research,” F. Rauner & R. Maclean, *Handbook of Technical and Vocational Education and Training Research*, Dordrecht: Springer, 2008, p. 839.

将教育质量理解为一个相对的概念①，所有对职业教育质量概念的界定，只能代表某一个时期特定的“教育”，是相对的质量观。② 这样，系统化的质量保证（管理）就变得尤为重要。因此，质量管理更加关注教育机构的学习能力，而不仅仅是教学质量或其他某一方面的质量。③

职业教育质量的重要性得到了高度认同，但学界对于“职业教育质量”的内涵却没有达成一致，原因在于“职业教育质量”是一个动态的概念，很难归纳出一个固定的和公认的定义。将“职业教育质量”的关键要素界定为职业教育质量的高低需要用学校教育活动的结果满足预期需要的情况来衡量；职业教育质量评价需秉持持续提高学校教学质量和工作效率理念；注重教育产出和影响；职业教育质量改进依赖于全体员工共同参与评价活动、长期的持续学习；关注内部评价和自我评价能力建设，强化外部质量支持是职业教育质量提升的必要条件。

（二）参与式质量保障

自 20 世纪 90 年代起，质量保障就与系统化的机构管理过程紧密相关，与企业、教育和社会机构相联系。在教育环境中，利益相关者参与质量保障问题越来越受到关注。但在相关文献中，“参与式质量保障”这个词组不是一个专门术语。在教育百科全书中，并没有“参与”和“质量保障”这些词条，也很少成为文献中的关键词。德语解释认为，参与式与教育民主化讨论有关，经常作为“合作”的同义词。这两个词都用来指学生、教师、家长等有关人员积极参与的权力。④

---

① ［美］萨丽斯：《全面质量教育》，何瑞薇译，华东师范大学出版社 2005 年版，第 16 页。

② 闫志利、杜风伟：《中职教育质量概念的内涵、外延与主要特征》，《河北科技师范学院学报》（社会科学版）2014 年第 1 期。

③ Minelli, Mauro/Walliser, Felix. Mitarbeiterorientiertes Qualitätsmanagement in einer Schweizer Schule, Ergebnisse und Erfahrungen (Unveröffentl. Lizentiatsarbeit), Bern: Universität, 1997.

④ ［德］劳耐尔：《国际职业教育科学研究手册》，赵志群等译，北京师范大学出版集团 2014 年版，第 433 页。

在成人教育和继续教育中，参与的概念显得尤为重要。因为学生都是成人，学习者的参与是课题讨论的必要条件。参与是一个教育原则，参与式学习是社会化进程的一部分，也是企业技术发展的一部分。员工在工作中的参与，不仅仅为工作质量和企业竞争力的提高做出了贡献，也成为欧洲公司竞争力的基本要素。这对质量保障也同样适用。按照成人教育对质量的理解，质量保障的重点是开展“对话式”的质量发展。在其他教育领域，参与式质量保障的应用更为明显，如社会教育学认为，“参与是质量的一个特征”，然而，学界并不清楚参与式质量保障的教育学影响。教育学通常强调“专家”所提出的技术标准。从这个方面来讲，自我组织也成为质量的关键因素。

在职业学校中，人们也在考虑能够替代“传统”质量保障系统的方式。在职业教育课堂教学中，合作决策的缺失对教学质量具有直接影响。职业学校作为一个组织，承担了组织改革和创新的任务。传统的职业教育环境一直被认为是独行者的天下，因为缺乏建构性而受到批判，提高反思能力、采用社会交流式的行为方式具有重要的意义。所有研究均表明，提高参与度是必需的，特别是对特定领域和功能所要求的质量指标进行调查时更是如此。①

研究表明，所有相关方的投入和参与程度是质量保证的重要组成部分。这种对质量保证理解的基础，是认为所有员工都应当建设性地参与解决问题，而不是委托个别专家或管理人员对质量进行控制。一项员工导向的学校质量管理实证研究发现，员工反馈和教师间的讨论，对提高教育质量具有很大的帮助。② 因此，使职业教育的利益相关者长期、持续地从事评价活动，是质量得以持续改进的关键。③ 在

---

① ［德］劳耐尔：《国际职业教育科学研究手册》，赵志群等译，北京师范大学出版集团2014年版，第433—437页。

② Minelli, Mauro/Walliser, Felix, Mitarbeiterorientiertes Qualitätsmanagement in einer Schweizer Schule, Ergebnisse und Erfahrungen（Unveröffentl. Lizentiatsarbeit）, Bern：Universität, 1997.

③ G. Heidegger, "Evaluation Research," F. Rauner & R. Maclean, *Handbook of Technical and Vocational Education and Training Reasch*, Dordrecht：Springer, 2008, pp. 835 – 836.

未来的教育中，以学习者为导向的参与式质量概念将会逐渐明朗化。[①]

第二节　研究概述

梳理相关文献发现，我国对“授权评价”的研究相当匮乏。通过Web of Science 等外文数据库检索发现，与 Empowerment Evaluation 直接相关的文献有25篇，但研究集中在公共管理、社会学等领域，对职业教育授权评价的相关研究不足10篇。根据研究内容，笔者从职业教育评价指标、评价方法、授权评价思想、授权评价工具、授权评价的特点、授权评价的参与性、授权评价的有效性研究几个方面进行综述。

一　职业教育质量评价指标

职业教育质量评价指标回答了“应评价什么”的问题，它是评价活动开展的依据。关于职业教育评价指标的研究，目前存在以下四种观点。

（一）输入—过程—输出指标

大部分学者认为，质量评价指标应该涵盖“输入—过程—输出”三个要素。刘（L. Lau）认为，研究教育最简便的方式就是从教育输入（input）、教育过程（process）、教育输出（output）三部分切入[②]，这三部分也就是所谓的教育生产架构（educational production framework）。以此逻辑，很多学者将职业教育作为一个完整体系进行评价。邢天才建议从学校的基础设施、师资、教学过程、课程、专业、学生等方面进行评价，强调注重学校内涵建设。[③] 格拉布（W. Grubb）等

① P. Gonon, “Participative Quality Assurance,” F. Rauner & R. Maclean (eds.), *Handbook of Technical and Vocational Educational Education and Traning Research*, Dordrecht: Springer, 2008, p. 835.

② L. Lau, “Educational Production Functions,” *Economic Dimensions of Education*, Washington, DC: National Academy of Education, 1979, pp. 33 – 69.

③ 邢天才：《试论高等职业教育质量评价体系和标准的构建》，《评价与管理》2006年第4期。

人指出，职业教育质量评价既要重视劳动力市场结果，又要关注学习过程、学生行为的改变，以及对长期就业和非就业方面的影响。[①] CEDEFOP在2007年《职业教育质量指标：致力于促进欧盟合作》（Indicators for Quality in VET to Enhance European Cooperation）的报告中所提出的职业教育质量指标包括教育与接受教育的比例、对教师的投入、弱势群体参与教育的比例、完成或未完成职业教育的比例、毕业率、就业率、所学技能情况、背景八个方面[②]，这一提法与塔弗尔比姆的CIPP模式，即“背景、投入、过程、产出”模式具有异曲同工之处。

（二）内部—外部质量指标

众多学者研究认为，职业教育质量评价包括内部和外部两个子系统。外部评价是由教育管理部门自上而下组织实施的，以宏观层面的行政管理为主。内部评价指职业院校基于自身需求开展的自下而上的自我评价活动，属微观层面的自我保障。[③] 这与国际上通行的“（内部）监控”和“（外部）评价”的划分方式基本一致。上海市教育评价院从内部组织和外部环境两个层面构建了职业教育质量监控与评价体系框架，从微观、中观、宏观三个层面，提出了构建高职高专教育教学质量监控与评价体系的对策建议。[④]

（三）职业能力指标

随着职业教育从规模发展向内涵建设的转变，很多学者提出仅根据职业教育质量外部指标并不能反映职业教育质量发展的真实状况，学界开始关注职业教育内部质量评价指标，如教学、教师、管理、学生学习效果等。陈宇认为，职业教育是就业导向的教育，而高质量的就业需要学生具备综合的职业能力，因此，职业能力是衡量职业教育

---

① W. N. Grubb & P. Ryan, *The Role of Evaluation for Vocational Education and Training*, International Labour Organization, 1999, p. 85.

② CEDEFOP, Indicators for Quality in VET to Enhance European Cooperation, http://www.cedefop.europa.eu/en/publications-and-resources/publications/5167, 2009-11-30.

③ 韩奇生：《高等职业教育质量保障体系建设述评》，《高教探索》2012年第4期。

④ 《完善高职高专教育教学质量监控与评价体系的思考与建议》，《中国高等教育评价》2003年第4期。

质量的重要指标。[①] 这方面，赵志群也有系统的研究。[②]

（四）动态化指标

有学者认为，质量是动态变化的，不能用简单的数字来表示，特别是教育作为培养人的复杂的社会活动，其质量指标包含质量意义和教育成果的价值判断。伍德豪斯（D. Woodhouse）用“代理服务器”（proxies）一词来说明指标的动态性特点，他提出“环境依赖型”假设，即当环境发生变化时，“代理服务器”（指标）需要适应变化并做出改变。[③] 布洛姆（K. Blom）等人对澳大利亚等 11 个国家的职业教育质量指标进行了研究，这些指标涵盖宏观、中观、微观三个层面和 20 个方面的内容，体现了各国在发展职业教育过程中的多角度取向，难以用统一性指标来衡量不同国家和地区的职业教育质量情况。[④] 世界银行没有通过对指标的定义来确定有操作性的质量要求，其中提及的“指标”概念，也没有被理解为一个公认的变量，甚至在世界银行的战略文件中，也没有对质量内容及相应指标做出具体描述。[⑤]

梳理以上研究发现，目前关于职业教育评价指标的研究所存在的问题有：将质量指标内涵泛化，指标内容涉及面较广，对具体评价内容的指标研究不够；实证研究匮乏，难以为实践操作和政策制定提供必要的数据支持。根据国际教育评价理念[⑥]，未来职业教育评价指标的趋势为：（1）产出导向的职业教育评价指标成为当前研究的重点。（2）教育评价重心从外部评价向内部评价转移。（3）微观层面的指

---

① 陈宇：《职场能力是检验职业教育质量的主要标准》，《中国教育报》2010 年 12 月 14 日第 3 版。

② 赵志群、何兴国、沈军、张志新：《产出导向的职业教育质量监控》，《中国职业技术教育》2015 年第 9 期。

③ D. Woodhouse, “Research Issues in Quality in Open Distance Education,” *Indian Journal of Open Learning*, 2000, 9,（1）: 105.

④ K. Blom & D. Meyers, “Quality Indicators in Vocational Education and Training: International Perspectives,” http: //www. ncver. edu. au, 2006 – 07 – 16.

⑤ ［德］劳耐尔：《国际职业教育科学研究手册》，赵志群等译，北京师范大学出版集团 2014 年版，第 150 页。

⑥ S. Kurz, “Output Orientation as Aspect of Quality Assuruance,” F. Rauner & R. Maclaen, eds. , *Handbook of TVET Research*, Dordrecht: Springer, 2008.

标研究将成为重点。（4）没有统一和固定的评价指标，依据评价目的和评价内容来确定具体指标。

二　职业教育评价方法

“方法”通常指一种更广泛、不够集中的概念体系，它可能会包括一组相关的模式。① 评价方法的开发者有着不同的背景和迥异的世界观，因而就出现了各式各样的评价方法，同时也产生了多种哲学观念、认知方式、方法偏好、价值观和实践倾向。这些不同的取向与偏好，使各种评价方法的开发者们提出了种类繁多的设计方式、收集和分析数据的方法以及解释数据的方法。我国社会科学研究倾向于思辨和逻辑推理，加之对先进评价理论研究的滞后，国内职业教育质量评价方法研究并未呈现出有特色的研究成果。因此，本节主要梳理国外相关研究。

（一）测量导向的方法

早在1845年，学业成就测验是评价学校教育质量的主要手段。后来，学者赖斯通过调查33000名学生的拼写能力来检验学生的学习成果。这一时期，标准化测验成为评价学生学业成就的重要工具。20世纪30年代之后，泰勒作为“评价之父”使用实验设计模式，通过接受新的教育教学措施的处理组和接受传统常规项目的控制组进行成绩与目标比较来衡量教育结果。哈蒙德（Hammond）对泰勒的方法做了一些修改（EPIC模式），在教育评价方法中引入了教学变量和学校变量，对教育质量和效果进行测量。在泰勒之后的25年里，泰勒式评价方法在教育领域里的使用非常普遍，人们提出的其他评价方法也都运用了泰勒方法中的一些基本原则。

（二）质的取向的评价方法

自20世纪60年代开始，评价者认识到测量导向的评价方法对目标达成方面具有很好的效果，但对过程性评价的效用很低。于是，部分教育者和评价者提出，在教育研究和评价中使用人种学或质的研究

① ［瑞典］胡森：《教育评价》，张莉莉译，西南师范大学出版社2011年版，第41页。

设计①，强调在自然情境下利益相关者的参与，评价目的就是理解和解释正在被观察的现象。受此影响，交互式评价模式强调评价过程本身所带来的反应。② 佩勒特（M. Parlett）和汉密尔顿（D. Hamilton）认为，评价的目的就是描述和解释以上所有这些方法的共同特点，以利益相关者为中心，秉承在自由主义的观念下追求主观主义的伦理和认识论。③

（三）诊断性方法

国内研究者尚没有针对诊断性方法在评价中的应用进行系统研究。可查阅到的文献是国外企业组织运用“诊断”进行组织发展和管理。莱文森（H. Levinson）介绍了全面诊断方法的四个过程：对组织的历史进行了解；将组织作为一个整体进行分析，得到关于组织结构和流程的数据；收集关于员工、人际关系和组织功能的解释性数据；对数据进行分析以得出结论。④ 马西克（Marcic）首先介绍了大学作为一个非营利组织，如何通过诊断来发现问题、解决问题的实践研究，并对所有团队成员都应该完成大学概况的描述（提供了相应表格）。其次，他以团队为单位用大学诊断表来评价每个区域的优势和劣势（包括学术、教学、社交、文化和管理）。最后，对每个区域的组织发展介入方法提出建议。要求每个团队的诊断和建议要尽量详细，然后在班上做诊断陈述。

诊断性方法是一种典型的内部评价方法。在学校研究方面，威斯乔（Visscher）认为，学校内部评价应该遵循“协商模式”，相关人员共同协商如何裁定和解决相关问题，即采用自下而上的创新（bot-

---

① E. G. Guba & Y. S. Lincon, *Effective Evaluation*, Jossey Bass, San Francisco, California, 1981. Y. S. Lincon & E. G. Guba, *Naturalistic Inquiry*, Sage, Newbury Park, California, 1985. M. Q. Patton, *Utilization-focused Evaluation*, Sage, Newbury Park, California, 1986.

② 转引自［瑞典］胡森《教育评价》，张莉莉译，西南师范大学出版社 2011 年版，第 42 页。

③ M. Parlett, D. Hamilton, “Evaluation as Illumination: A New Approach to the Study of Innovatory Programmes,” In D. Hamilton (ed.), Beyond the Numbers Game, London: Macmillan, 1976, pp. 6 – 22.

④ H. Levinson, *Organizational Diagnosis*, Cambridge MA: Harvard University Press, 1972.

tom-up innovation）方法，增加评价结果运用的可能性。斯克利文也表达了相同的观点，认为评价方法不仅仅是简单的描述，还应该获得足够的信息，揭示学校存在的问题及原因，并通过制度化措施形成持续化改进机制。① 这些观点与方法与本书提出的评价理论和方法十分契合。

（四）多元化方法论

斯塔克（R. E. Stake）认为，研究者对评价方法的研究不能过于简单化，单纯的量化和质的取向的评价方法都不可能满足所有的评价目的，应提倡评价模式和评价方法的多元化。② 随着时间的推移，斯塔弗尔比姆（D. L. Stufflebeam）的 CIPP 模式在其最新的论述中也支持了斯塔克的观点（早期观点并非如此）。在社会多元化发展的背景下，混合式的评价方法得到了越来越多学者的支持。此后，库克（T. D. Cook）提出了后实证主义者的多元化思想，其评价方法提倡利益相关者的多元化参与、多种互相对立的数据分析结果和解释，多元化界定、动态因果建模，针对不同的总体，在多种情境和不同的时间段评价结论的可推广性。③ 库克承认这一思想的问题之一就是在实践运用中对多种方法的选择。对此，斯克利文提出运用其关键评价量表来解决对多个选择进行筛选时所遇到的实际问题，即从评价者的角度出发，在不同的评价设计中做出筛选。④ 沙迪什等人也赞同科隆巴赫等人的“连续性理论”，即试图具体地确定出不同的评价方法在什么条件下更有效。⑤ 费特曼提出的授权评价是参与式评价方法的典型代表，

---

① M. Scriven, “The Methodology of Evaluation,” R. W. Tyler, R. M. Gagne（eds.）, *Perspectives on Curriculum Evaluation*, Chicago: Rand McNally, 1967, pp. 39 – 83.

② R. E. Stake, “Program Evaluation, Particularly Responsive Evaluation,” G. F. Madaus, M. S. Scriven, D. L. Stufflebeam（eds.）, *Evaluation Models*, Kluwer-Nijhoff. Boston, Massachusetts, 1973.

③ T. D. Cook, “Postpositivist Critical Multiplism,” L. Shotland & M. Mark, *Social Science and Social Policy*, Sage, Beverly Hills, California. 1985, pp. 38, 30, 57 – 58.

④ M. Scriven, “Truth and Objectivity in Evaluation,” E. Chelimsky, W. Shadish（eds.）, *Evaluation for the 21st Century: A Handbook*, Thousand Oaks, CA: Sage, 1997, pp. 477 – 500.

⑤ L. J. Cronbach, *Toward Reform of Program Evaluationan*, San Francisco: Jossey-Bass, 1980.

其著作《授权性评价原理》(*Empowerment Evaluation Principles in Practice*)专门论述了确立目标、评价现状、发展策略、记录通向未来的证据四个步骤中的参与式评价方式，详细阐述了如何通过量化和质性相结合的方法来实施评价。① 可见，多元化方法论得到越来越普遍的认同，但是，虽然在理论上有所探讨，如何在教育实践中选择适用于特定情境的评价方法仍是未解的难题。

在 20 世纪 70 年代早期，多数教育评价研究者均倾向于逻辑实证主义的量化方法，对自然主义和质的方法均采取回避的态度。随着“批判—理性主义”思想对传统评价的冲击，质性研究在教育评价领域逐渐占有一席之地。特别是第四代评价理念的兴起，评价者逐渐认识到了质的方法的合理性，在社会科学领域越来越受到重视。因此，未来的教育评价方法的趋势可能是：质的评价范式开始成为传统量化方法的一种补充，虽然后者仍然居于主要地位；量化与质的研究方法如何在实践领域相结合，以及在实施与检验程序上开拓出新的道路，是未来研究的重点；随着评价方法的不断发展，对评价的专业化要求必将提高。因此，如何培养相关人员掌握评价的方法、理论、技术，开展自我评价并提高自我学习的能力，也是评价方法论需要突破的重点和难点。

三 授权评价的思想

(一) 授权评价创始人的研究

关于授权评价思想的研究主要集中在创始人费特曼及团队的三本著作中，分别是《授权评价：自我评价与问责的知识工具》(*Empowerment Evaluation: Knowledge and Tools for Self-assessment and Accountability*)、《授权评价的基础》(*Foundations of Empowerment Evaluation*)、《授权评价的理论应用》(*Empowerment Evaluation Principles in Practice*)。这三部著作对理论的哲学框架、适用范围到操作步骤、案例支持、应用原则都做了深入的讨论。费特曼提出了授权评价过程的四个

① ［美］费特曼：《使能性评价原理》，张玉凤译，教育科学出版社 2015 年版。

阶段，即确立目标、评价现状、发展策略、记录通向未来的证据。[①]评价过程强调由项目参与者全程参与评价，整个过程需遵循授权评价的十个原则，包括“促进、集体共有、包容、民主参与、社会正义、群体知识、基于证据的策略、能力构建、组织学习、问责”[②]。在实践方面，费特曼对斯坦福大学医学院的课程改革进行了授权评价实践，且取得了显著效果[③]；旧金山加州整合学科研究院转型学习研究所的教师、学生和职员，在各种工具中使用授权评价来绘制他们未来的课程图；奥克兰功力学校系统局长室的成员使用授权评价途径来决定其学区达到5年教育计划目标的程度。[④] 在授权评价诞生不到10年的时间内，已经发展形成一种全球普遍公认的评价理论。[⑤]

随着企业管理授权思想的影响和第四代评价理念的兴起，授权评价被逐渐运用到了教育领域。20世纪80年代，随着美国国家教育改革运动（National Educational Reform Movement）、学校促进项目（Accelerated Schools Project）等的实施，美国教育管理更加强调赋予家长、教师、管理员以及其他员工教育质量评价的权利，以期提高教育效率和教育质量。[⑥]

（二）其他学者的拓展研究

授权评价的理论思想源于参与式评价。类似的参与式评价还有效用导向评价、CIPP模式评价等，巴顿（M. Q. Patton）指出，参与性理论、合作性方面的评价都对授权评价的发展产生了重要影响，必须

---

① D. M. Fetterman, “Steps of Empowerment Evaluation: From California to Cape Town,” *Evaluation and Program Planning*, 1994, 17 (3): 305 - 313.

② 孙芳芳、赵志群、李红敏：《职业教育专业建设的授权评价研究》，《职教论坛》2016年第3期。

③ D. M. Fetterman, J. Dennifer & N. Gesundheit, “Empowerment Evaluation: A Collaborative Approach to Evaluating and Transforming a Medical School Curriculum. Evaluating Curricula,” *Evaluating Curricula*, 2010 (5): 813 - 819.

④ ［美］斯塔弗尔比姆等：《评价模型》，苏锦丽等译，北京大学出版社2007年版，第467页。

⑤ D. M. Fetterman & A. Wandersman, *Empowerment Evaluation Principles in Practice*, New York, The Guilford Press, 2005, p. 1.

⑥ Ibid., p. 5.

将其与参与评价、合作评价、利益相关者参与以及实用导向的评价区别开来，否则会对授权评价内涵的理解产生混乱。[①]

第一，参与式理念为授权评价提供了坚实的哲学和政治基础。评价过程的参与性代表了对参与者的尊重，集体智慧和知识共享是授权评价的主题。卡辛斯（Cousins）等人对参与式评价下了定义：它是将社会研究融入其中，评价者培训核心评价人员，让其获得基本的评价能力，并共同参与评价的形式。[②]

第二，协作方式（Collaborative approches）[③] 也是授权评价的重要方式[④]，表明了对共同体知识的尊重，也是授权评价的主题。卡辛斯等对协作式评价做出了明确界定：任何评价者和利益相关者之间存在协作或合作评价的关系，都可以称为协作评价。[⑤]

第三，效用导向评价（Utilization-focused evaluation）强调评价的使用[⑥]，它是授权评价的核心原则。从这个角度讲，授权评价各个阶段的设计是有意义的、有帮助的和实用的。

第四，民主评价（Democratic evaluation）[⑦] 旨在赋予弱势群体权

---

① M. Q. Patton, "Toward Distinguishing Empowerment Evaluation and Placing it in a Larger Context," *Evaluation Practice*, 1997：18（2）：147 – 163.

② R. O'Sullivan, *Practicing*：*Evaluation*：*A Collaborative Approach*, Thousand Oaks, CA：Sage, 2004.

③ 协作评价研究表明，共同体参与评价的深入将会增强评价的质量；反之，评价质量将会降低。

④ D. Stull & J. Schensul, "Collaborative Research and Social Change：Applied Anthropology in Action," Boulder, CO：Westview, 1987.

⑤ J. B. Cousins, J. J. Donohue & G. A. Bloom, "Collaborative Evaluation in North America：Evaluators' Self-reported Opinions, Practices, and Consequences," *Evaluation Practice*, 1996, 17（3）：207 – 226.

⑥ M. Alkin, R. Daillak & P. White, *Using Evaluation*：*Does Evaluation Make a Difference*?（Sage Library of Social Research, Vol. 7a6）, Beverley Hills, CA：Sage, 1979. M. Q. Patton, *Utilization-focused Evaluation*, Newbury Park, CA：Sage, 1996.

⑦ E. R. House & K. R. Howe, *Values in Education and Social Research*, Newbury Park, CA：Sage, 1999. B. MacDonald, "A Political Classification of Evaluation Studies," D. Hamilton, D. Jenkins, C. King, B. MacDonald & M. Parlett（eds.）, *Beyond the Numbers Game*：*A Reader in Educational Evaluation*, London：Macmillan, 1977, p. 360. D. Papineau & M. C. Kiely, "Participatory Evaluation：Empowering Stakeholders in a Community Economic Development Organization," *Community Psychologist*, 1994, 27（2）：56 – 57.

利，增强共同体的认同感。民主评价和授权评价都强调为了项目策略改进而在利益相关者之间展开“对话”（dialogue）。

第五，客观主义评价（Objectivism evaluation）根植于道德原则，严格控制偏见或歧视，寻求价值中立。依据评价标准从多个数据源获取和验证结果，提出并证明结论的合理性。评价报告向所有应当知道的知情人透露。[①] 从参与的角度来说，评价的利益相关者没有任何“参与性”。

第六，利益相关者导向评价（Stakeholder-oriented evaluation）涉及利益相关群体，但不包括赞助商或投资人，他们可以在任何评价活动中表达问题。[②] 早期的利益相关者导向评价研究关注该模式的乐观发展，近年来讨论更多的是其所存在的困难。比如不能明确界定利益相关者的信息需求[③]；不同利益相关者多样化的需求超出了评价研究能力的范围[④]；一些利益相关者认为，这种评价没有价值。[⑤] 尽管如此，因为利益相关者导向评价的理念符合了现代社会的需求，所以在社会科学研究中得到越来越多的推崇。

以上几类评价模式的发展均源于组织发展和变革理论及其所反映的实践者理论[⑥]，它们之间的相似性从历史、组织和文化角度为授权评价提供了支持。其不同之处的区分也很重要，一些学者为授权评价区别于以上评价模式做出了重要贡献，主要观点集中在如下方面。

---

① D. L. Stufflebeam, "Empowerment Evaluation, Objectivist Evaluation, and Evaluation Standards: Where the Future of Evaluation Should Not Go and Where it Needs to Go," *Evaluation Practice*, 1994, 15 (3): 321－338.

② A. Bryk (ed.), *Stakeholder-Based Evaluation* (New Directions for Program Evaluation, No. 17), San Francisco: Jossey-Bass, 1983.

③ D. K. Cohen, "Evaluation and Reform," A. Bryk (ed.), *Stakeholder-Based Evaluation*, San Francisco: Jossey-Bass, 1983, pp. 73－81.

④ C. Weiss, "The Stakeholder Approach to Evaluation: Origins and Promise," A. Bryk (ed.), *Stakeholder-Based Evaluation*, San Francisco: Jossey-Bass, 1983, pp. 3－14.

⑤ C. Weiss, "Toward the Future of Stakeholder Approaches in Evaluation," A. Bryk (ed.), *Stakeholder-Based Evaluation*, San Francisco: Jossey-Bass, 1983, pp. 83－96.

⑥ ［美］唐纳德·舍恩：《反映的实践者——专业工作者如何在行动中思考》，夏林清译，教育科学出版社2007年版。

（1）卡辛斯、多诺霍（J. J. Donohue）和布鲁姆（G. A. Bloom）强调利益相关者的参与和控制程度是授权评价区别于其他参与式评价、利益相关者导向评价和客观主义评价的主要标志。[①]（2）授权评价基于证据策略（evidence-based strategies），而证据策略并不是其他参与式评价的特点。[②]（3）授权评价从起始到结果的整个过程、各个层面都发挥着作用，而在其他评价模式如民主评价中，利益相关者评价仅在有限的方面（limited aspects）发挥作用。[③] 阿尔金（M. Alkin）和克里斯蒂（C. Christie）指出，尽管授权评价与其他参与式评价模式在实践中有很多相似之处，但若将其视为同义词，不仅会使授权评价的内涵产生混乱，也会导致理论研究的误区[④]，授权评价的真正关注点是评价过程中“发生了什么”，评价结果关注利益相关者的参与度和满意度，而授权、参与、协作、利益相关者都是授权评价过程必不可少的元素。[⑤] 授权评价需要合作性和参与性的活动，合作和参与是授权评价的方法和特色，利益相关者是各种类型评价的重要参与者。

授权评价不是一个单一的原则、概念或方法，其本质是系统化的思维方式[⑥]，是运用评价理念、技术、成果这一集合体，让人们学会如何像评价者一样去思考，在评价个人工作影响的过程中建构其评价能力，促进自我决策和发展。

卡辛斯等用图表的形式从两个维度比较了授权评价、客观主义评

---

① J. B. Cousins, J. J. Donohue & G. A. Bloom, “Collaborative Evaluation in North America: Evaluators’ Self-reported Opinions, Practices, and Consequences,” *Evaluation Practice*, 1996, 17 (3): 207 – 226.

② A. Wandersman, P. Imm, M. Chinman & S. Kaftarian, “Getting to Outcomes: A results Based Approach to Accountability,” *Evaluation and Program Planning*, 2000, 23 (3): 389 – 395.

③ C. Christie, “What Guides Evaluation? A Study of How Evaluation Practice Maps onto Evaluation Theory,” *New Directions for Evaluation*, No. 97, 7 – 35, 2003.

④ M. Alkin & C. Christie, “An Evaluation Theory Tree,” M. Alkin (ed.), *Evaluation Roots: Tracing Theorists’ Views and Influences*, Thousand Oaks, CA: Sage, 2004.

⑤ N. L. Smith, “Empowerment Evaluation as Evaluation Ideology,” *American Journal of Evaluation*, 2007, 28 (2): 169 – 178.

⑥ 孙芳芳、赵志群、李红敏：《职业教育专业建设的授权评价研究》，《职教论坛》2016 年第 3 期。

价与其他参与式评价模式[①]（见图 1－1）。

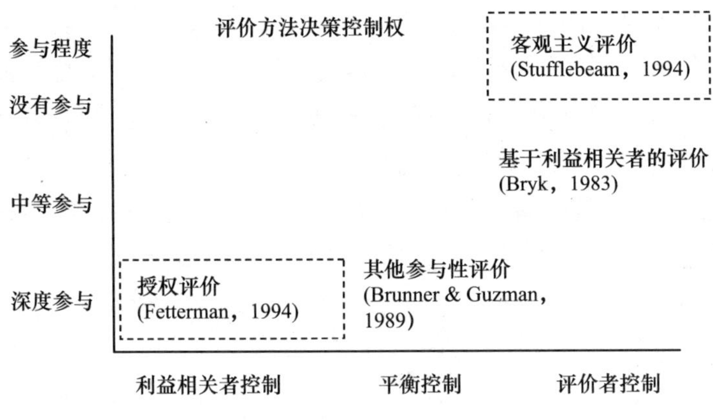

图 1－1　不同评价模式的参与维度

图 1－1 中的两个维度分别是参与的深度和评价方法决策的控制权。授权评价是由利益相关者控制并深度参与，处于图 1－1 中左下角最深层次的位置。参与式评价属于平衡控制类型，与授权评价具有相同的参与程度。基于利益相关者的评价[②]是评价者控制类型，具有中等的参与程度。客观主义评价[③]则相反，它是评价者控制类型，被评价者没有任何参与。

评价人员的参与度成为评价过程的核心。参与者参与程度越深，就越能掌控整个过程。但是如果参与者的范围过大，那么评价问题也会变得十分复杂，在很多情况下，这些评价模式在实践运用中并没有严格的界限（客观主义评价除外）。总体而言，研究表明，将授权评

① J. B. Cousins, J. J. Donohue & G. A. Bloom, "Collaborative Evaluation in North American: Evaluator' Self-Reported Opinions, Practices and Consequences," *Evaluation Practice*, 1996, 17 (3): 201－226.

② A. Bryk (ed.), *Stakeholder-based Evaluation* (New Direction for Programe Evaluation, Vol. 17), San Francisco: Josssey-Bass, 1983.

③ D. L. Stufflebeam, "Empowerment Evaluation, Objectivist Evaluation, and Evaluation Standards: Where the Future of Evaluation Should not Go and Where it Needs to Go," *Evaluation Practice*, 1994, 15 (3): 321－338.

价从参与的深度和实践操作方面应用于教育领域，具有更大的优势。

（三）国内对授权评价思想的研究

国内对授权评价的实证研究均较为匮乏。大多数研究是对费特曼教授及其团队研究成果的译本和介绍，如张会杰对授权评价理论从产生的背景、概念、特点、步骤、要素等做了简单介绍，建议我国教育改革评价应努力汲取授权评价的意义，如转变评价观念、建立完善多元参与的评价机制、加强自我评价能力建设等。① 宁晓芳、呈毅、鲁富宇也对授权评价理论进行了类似的研究，但主要限于一般性的介绍。有关授权评价理论在职业教育实践领域的应用研究也仅限于个案。2008 年，北京农业职业学院引进了授权评价法，通过学生、督导、教师、社会等评价主体对教学质量进行多方面评价，建立了内部、外部评价相结合的质量评价体系②，但没有进行真正意义上的实证研究。巫兴宏等人运用授权评价理论对“汽车自动变速器维修”课程进行了评价③，该研究的特点是仅对授权评价的流程以案例的形式做了介绍，但对其有效性没有进行深入研究。2013 年，北京某职业院校利用授权评价法进行职业院校质量发展评价。④ 2014 年，北京师范大学与广州职业技术教研室合作，再次引入授权评价法，对广州某职业学院专业建设、校企合作、课程质量等方面进行评价⑤，这些研究都是在北京师范大学的技术支持下开展的，是对传统评价模式加以改革的初步尝试。

从实践来看，无论是关于职业继续教育还是职业学校的质量讨

---

① 张会杰：《美国赋权性评价理论探析及其启示》，《黑龙江高教研究》2012 年第 12 期。

② 黄彦芳：《授权评价法在职业院校质量管理中的运用》，《教育与职业》2009 年第 31 期。

③ 巫兴宏、鲍静：《中职学习任务参与式评价的实践》，《中国职业技术教育》2012 年第 8 期。

④ 史枫：《授权评价在北京职业院校质量发展评价中的运用与影响》，《北京工业职业技术学院学报》2013 年第 1 期。

⑤ 孙芳芳、赵志群、李红敏：《职业教育专业建设的授权评价研究》，《职教论坛》2016 年第 3 期。

论，都存在着基于“团队发展”的方案和方法。可见，团队发展是质量管理过程中的一个重要指标。传统的职业教育环境一直被认为是“独行者”，基于“团队发展”的参与和授权方法很少被认为是一个质量话题。但随着质的研究方法的兴起，以量化为导向的评价研究因为缺乏建构性而受到批判，因此，提高反思能力、采用社会交流式的研究范式越来越具有重要的意义。①

四　授权评价的应用

授权评价的应用包括四个步骤：第一，评价状况（taking stock）；第二，设定目标（setting goals）；第三，发展策略（developing strategies）；第四，记录迈向目标的进步证据（documenting progress toward goals）。

美国学者 Cell 等人利用授权评价对旧金山加州转型学习研究所的教师、学时和职员进行评价，评价重点是合作学习与社会改变。根据授权评价的应用步骤，开展了实践工作。②

第一，评价状况。将授权评价视为一种建立当前绩效的工具，教师以此判断他们个人当前课程的实施情况。教师聚集在一起，评价他们课程中的个人要素，如教学、研究、行政程序、教师团队工作等。研究所的不同成员对相同课程的要素产生不同的评价，包含分享分数和解释分数，评价的分数可显示出人们对于进步的看法与如何评价的内隐假定。

第二，设定目标。通过询问与交流，参与者设定方案的目标所达到的程度，目标是在监督者与委托人达成共识的基础上建立起来的。这一过程常采用脑力激荡法以产生新的目标。参与者陈述这个目标应该如何执行，在脑力激荡之后列举出目标框架，经过批判性讨论和达

---

① P. Gonon, “Participative Quality Assurance,” F. Rauner & R. Maclean (eds.), *Handbook of Technical and Vocational Educational Education and Traning Research*, Dordrecht: Springer, 2008, pp. 835 - 837.

② [美] 斯塔弗尔比姆：《评估模型》，苏锦丽等译，北京大学出版社 2007 年版，第 464—473 页。

成共识的过程，使得目标更加完善、缩小范围和合乎现实需要。

第三，发展策略。转型学习研究所的教师拟订具体策略与优先任务。制定方案与实施方案通常是同步进行的，这样虽然增加了评价的难度，但也让评价成为计划和日常工作的一部分，使学校能够在发展进程中改进此课程方案。

第四，记录迈向目标的进步证据。参与者需要提出必要的文件，解释文件与方案实施的相关性。这一过程困难且费时，但可避免浪费时间与解释失误。收集相关数据，是建立基准和监控进步的有用证据。

五　诊断工具

（一）职业教育的授权评价工具

基于先进评价理念，一些研究者开发了以授权评价理论为基础的操作工具。教育部河北唐山中德职业教育项目采用“质量指标控制法”（Quind，即 Quality 和 Indicator 的简称）对职业学校教育教学工作质量进行自我控制，这一方法被称为“唐山模式”。其基本做法是：以共同开发的指标为依据，参与者集体研究、讨论、诊断与分析所存在的问题，共同制定今后的“工作目标”和“改进措施”；经过一定时间的改进和发展后，再次对改进效果进行评价，从而保证教学质量得到持续改善和不断提高。[①] 北京教科院和北京师范大学利用 ERC（Evaluation of Regional Cooperation）评价法对北京市校企合作情况进行内部评价研究[②]，其基本做法与“唐山模式”类似。

2014 年，“中国现代职业教育质量保障体系”重大攻关项目引入“授权评价法”对工学结合学习任务、专业建设、课程质量等进行了内部控制和评价。[③] 该方法以组织学习理论、过程管理理念为基础，是系统化的内部质量评价工具。评价的最高目标不是对当前现状进行

---

① 赵志群：《课程的质量监控与评价体系（M & ES）》，《职教论坛》2008 年第 24 期。

② 北京市职业与成人教育研究所：《北京市职业院校建筑类专业教师培训基地 ERC 评价会总结报告》，2008 年。

③ 孙芳芳：《职业教育课程质量评价的实证研究——基于赋能评价法》，《中国职业技术教育》2016 年第 5 期。

评分，而是大家共同根据自己的知识经验，相互交流，诊断出具体问题及原因，从而构建改进机制。[①]

（二）其他领域的授权评价工具

1. 基于企业管理发展起来的工具

考虑到评价与质量管理的紧密联系，一些学者借鉴企业质量管理理论，特别是将工业生产领域的质量管理方法应用于职业教育质量管理。布朗（B. L. Brown）研究认为，鲍德里奇国家品质奖（Malcolm Baldrige National Quality Award）、戴明（W. E. Deming）应用奖（Deming Application Prize）、国际标准化组织（ISO 9000）三大国际知名的质量管理体系不仅适用于工商业领域，而且适用于职业教育领域。布朗对这三大质量控制标准与职业教育质量评价之间的关系进行了分析，认为鲍德里奇国家品质奖的评价标准可用于评价教育机构满足“顾客”（学生、家长、校友、纳税人）需求与期望的效率；戴明应用奖中的统计学方法可被用来评价职业教育的招生、就业及学生入学方式、学生学习进展以及教师的绩效表现。布朗认为，ISO 9000 管理体系提出的为满足质量要求而建立的标准化制度使得职业教育课程、教学目标以及管理程序等都得以被测量。[②] 这种根据经济标准建立起来的成本效益分析方法已经深入社会的方方面面，尽管它与教育理念，特别是与传统的洪堡教育思想（非功利性目标）格格不入。但很多学者认为，ISO 9000 系列标准框架是中性的，加上职业教育组织与企业组织具有相似之处，全球很多国家已尝试运用这一标准进行学校质量管理[③]，但对于 ISO 9000 是否能够从根本上提高教育质量，尚待深入研究。批评者认为，ISO 9000 仍然是以泰勒模式和行为主义模式为指导的，不适合应用于非营利组织机构的质量评价。

---

① 赵志群：《职业教育工学结合一体化课程开发指南》，清华大学出版社 2009 年版，第 120 页。

② B. L. Brown, Quality Improvement Awards and Vocational Education Assessment, http: //www. eric. ed. gov/PDFS/ED407574. pdf. 2013 - 01 - 28.

③ 《ISO 9000 族质量认证体系应用于学校教育管理的探讨》，《职教论坛》2002 年第 5 期。

在“最初的ISO热潮”过后，企业继续教育引进了更加多样化的质量管理方式。一项对欧洲企业的调查显示，包括自我测评等方式在内的参与式质量保证方法是必要的。按照成人教育学对质量的理解，这与“专业化发展和伴随性道德”有关，其重点是开展“对话式的质量发展”①。所有这些均充分体现了利益相关者参与职业教育质量评价的重要性。

2. 基于新公共管理理论发展起来的评价工具

新公共管理理论具有“精简、重建以及不断改进”三个典型特征。② 按照“新公共管理”思想，职业教育引入了“欧洲质量管理基金会”（EFQM）管理模式。为防止人们对这些来自工业领域的管理模型和质量管理手段在（职业）学校中的适用性产生怀疑，研究者在引进该质量管理体系时，将自我评价和外部评价结合起来。研究实践证明，瑞士的“Q2E”（quality by evaluation and development，即通过评价与发展提高质量）模型对职业质量评价非常有效。“Q2E”模型的基本理念是，学校自我评价体系是一个“整体化”机制，通过独立设计，员工对本机构的使命形成共同愿景，从而帮助相关人员参与评价活动，之后通过相关工具的引入，形成支持共同学习的反馈过程。③“Q2E”着眼于系统性评价，并在推广过程中加以不断完善，被学界视为教育质量评价研究的重要模式。可见，授权评价与“Q2E”模型都遵循了新公共管理理念。

评价和质量管理被当作现代社会的重要工作，被奉为现代化的标志，然而，评价与全面质量管理的根本区别在于评价本身不是质量管理体系，但是质量管理体系又需要评价力量的介入。外国的实践证明，“若没有评价的支撑，则几乎无法运用新公共管理理论模式（NPM）”，

---

① P. Gonon, “Participative Quality Assurance,” F. Rauner & R. Maclean (eds.), *Handbook of Technical and Vocational Educational Education and Traning Research*, Dordrecht: Springer, 2008, p. 837.

② 陈振明主编：《政府再造——西方“新公共管理”述评》，中国人民大学出版社2003年版，第5页。

③ G. Heidegger, “Evaluation Research,” F. Rauner & R. Maclean, *Handbook of Technical and Vocational Education and Training Research*, Springer, 2008, pp. 825 - 833.

所以，“不管哪种质量管理体系，都应该与评价联系在一起，管理体系越开放、越灵活，评价就会在管理体系中发挥更大作用”①。

3. 借鉴 PISA 理念开发的评价工具

国际经济合作与发展组织（OECD）统筹的 PISA（Program for International Student Assessment）被世界各国公认为是最具影响力的学生能力国际评价项目。由德国劳耐尔教授（F. Rauner）等开发的 COMET 能力模型可以被看作“职业教育的 PISA”，针对特定职业领域的认知能力特征进行考查，以检验是否实现了职业教育的目标。COMET 能力模型和测评模型的基础是设计导向职业教育思想、行动导向教学、发展性任务、职业成长逻辑规律和工作过程知识等先进的职业教育理论，得到国际职业教育研究和实践的广泛认同。从 2009 年开始，赵志群将 COMET 职业能力测评模型引入中国，在全国多个职业教育创新项目中开展大规模的教师和学生职业能力测评工作。由于该模型能较好地反映职业能力的静态结构和动态发展的特点，较全面地测试出职业院校学生和专业教师的职业能力发展情况，为学校管理者制定发展计划提供了有效的参考数据，也为教师教学设计提供了支持。② 但是由于掌握 COMET 职业能力测评技术需要具备多学科背景知识和较强的研究能力，对研究者和实践者要求较高，因此，这一方法目前尚未成为职业院校质量评价普遍采用的工具。

上述评价工具为我国职业教育质量评价提供了多样性视角；以新公共管理理念、第四代评价为导向的评价工具是将来职业教育质量评价改革的方向。

六　授权评价的参与性

（一）授权评价的参与性思想

研究者对“参与式评价”作为质量保证文献的专门术语表现出极

① 赖因哈德·施托克曼：《非营利机构的评估与质量改进》，唐以志、景艳燕等译，中国社会科学出版社 2008 年版，第 96 页。

② 赵志群、何兴国、沈军、张志新：《产出导向的职业教育质量监控——职业院校的职业能力测评案例》，《中国职业技术教育》2015 年第 9 期。

大的热情，这种评价允许与被评价对象相关的人员参与到评价中来，被称为“参与式评价研究”，其优点在于可提高效度。但反对者认为，通过提高参与度也可能会降低评价的客观性。

参与式思想源于实用主义者查尔斯（P. Charles），他被认为是“探究群体的参与者和试验者”，其核心思想为“人是理解人类思想的关键”。杜威（J. Dewey）进一步丰富了这一思想，提出调查要解放思想，不能停留在表面改善（ostensibly ameliorative）上，需要聚焦于个体与环境的相互作用。[①] 其他相关研究主要集中在学校、大学与社区的合作、非营利机构等领域。[②]

“参与式评价”在国际上一般被称为参与式监控与评价（Participatory Monitoring and Evaluation，PM & E），但在多学科领域的研究背景下，文献中出现了多种不同的表达方式，常见的有参与式评价（Participatory evaluation，PE）、参与式监控（Participatory Monitoring，PM）、参与式测量、监控与评价（Participatory Assessment，Monitoring and Evaluation，PAME）、参与式影响监控（Participatory impact Monitoring，PIM）、过程监控（Process Monitoring，ProM）、自我评价（Self-evaluation，SE）、利益相关者导向评价（Stakeholder-based evaluation/Stakeholder assessment）等。参与式评价出现多种名称，除说明研究者对参与式评价展现出极大的兴趣之外，也表明研究者的研究领域和个人对其内涵的理解有差异。尽管研究者对参与式评价的理解不同，但对参与式评价的基本假设观点较为一致，即通过授权给利益相关者参与的权利，以提高评价的适当性和有效性。

（二）授权评价参与性的争议

参与式评价最早是由斯德克（R. E. Stake）于1967年提出的。[③] 随后，众多学者从各个角度对之加以丰富、发展和修正。如帕利特和

---

① J. Dewey, *Reconstructions in Philosophy*, Boston: Beacon Press, 1960.

② J. B. Cousins and L. M. Earl (eds.), *Participatory Evaluation in Education: Studies in Evaluation Use and Organizational Learning*, London: Falmer, 1995.

③ R. E. Stake, "The Countenance of Educational Evaluation," *Teachers College Record*, 1967, (7).

汉密尔顿（M. Parlett & D. Hamilton）的说明性（illuminative）评价[①]，麦克唐纳德（B. MacDonald）的民主评价（democratic-evaluation）[②]，菲特曼的授权评价（empowerment evaluation）[③]等。古贝（E. G. Guba）与林肯（Y. S. Lincoln）批判性地分析了传统评价范式的弊端，在吸收参与式评价思想的基础上，提出了反应性建构主义评价模式，强调评价者要在认识、理解、分析和诠释利益相关者多元观点的基础上，形成一个整合的价值体系。[④]

在古贝等人的支持下，斯塔佛尔比姆提出了 CIPP 模式，认为方案管理者最终将会面对决策，评价是决策层（Entscheidungsträger）通过与利益相关者共同参与评价而获取信息的过程，获得的评价结果将为决策层所运用。因此，信息的收集包括背景（Context）、输入（Input）、过程（Process）和结果（Product）。[⑤] CIPP 模式以满足管理者的信息需求为关注点，决策层可快速做出反应，因此受到美国教育部的欢迎。斯克利文（M. Scriven）却对这一模式提出了批评，认为这种评价模式对教育体制有太多的价值偏见，忽视了利益相关者的利益[⑥]，而 CIPP 模式在美国渐受冷落的主要原因是管理者或决策层不愿意或不能将反思与自评工作视为评价的一部分。费特曼的授权评价却对此进行了专门强调[⑦]，认为评价要顺利进行，必须将反思与自评工作内化、制度化为日常管理的一部分。巴顿的发展性评价（develop-

---

① M. Parlett & D. Hamilton, "Evaluation as Illumination: A New Approach to the Study of Innovative Programs," G. V. Glass (ed.), *Evaluation Studies Review Annual*, California: Beverly Hills, Calif., 1976.

② B. MacDonald, *Evaluation and the Control of Education*, Norwich, England: Centre for Applied Research in Education, 1974.

③ D. M. Fetterman, "Theme for the 1993 Annual Meeting: Empowerment Evaluation," *Evaluation Practice*, 1993: 4 (1).

④ [美] 古贝、林肯：《第四代评价》，秦霖等译，中国人民大学出版社 2008 年版。

⑤ D. L. Stufflebeam, "The CIPP Model for Program Evaluation," G. F. Madaus, M. S. Scriven, D. L. Stufflebeam (Hg.), *Evaluation Models: Viewpoints on Educational and Human Services Evaluation*, Boston: Kluwer: Nijhoff, S. 1983, pp. 117 – 141.

⑥ M. Scriven, *Evaluation Thesaurus*, Newbury Park, CA: Sage, 1991.

⑦ D. M. Fetterman & A. Wandersman, "Empowerment Evaluation: Yesterday, Today and Tomorrow," *American Journal of Evaluation*, 2007 (2): 179 – 198.

ment evaluation）使参与性评价模式达到了一个新的高度。该模式将评价使用者的意图作为焦点，根据潜在使用者的不同特性，从目标导向、方法导向、比较导向、判断导向与决定导向等评价中，选择适当的评价方法、技术和模式。①

参与式评价模式的支持者根据实用主义思想强调，该模式在评价的规划和实施中十分重视"人"的要素，并明确将关注点集中在利益相关者的需求上，特别强调了评价研究中各种观点的交换。对于参与式评价模式中所出现的矛盾与冲突，则主要依靠参与程度来解决。当然，对这种模式的批评也有多种声音：一是否定了参与式模式满足客观性、有效性和可靠性的科学标准，认为不是一种科学的理论；二是将评价者的任务转嫁给项目参与者，已经抛弃了评价本来的概念；三是参与式评价模式的结论缺乏代表性和普遍性。然而，虽然参与式评价模式饱受质疑，但作为一种有着国际先进理念的评价模式，因满足了多元的价值需求而极大地丰富了教育评价研究。在很大程度上有效解决了传统评价的不足，并逐步发展成为一种独立的评价形式。

（三）授权评价的参与过程

参与是一种理念，没有一个格式化的方法论模板，或者说没有一个所谓的"正确"方法让人一步一步地实施。尽管如此，仍有学者提出了参与式评价的基本过程②（见图1－2）。

惠特莫尔（E. Whitmore）提出了几条授权评价的参与式评价原则。③ 一是参与式评价对使用者来说是有用的；二是参与式评价是在特定情境下，关注使用的需求和被评项目的问题；三是参与式评价方法论要尊重和使用利益相关者的知识和经验；四是评价者与利益相关

① M. Q. Patton, *Utilization-Focused Evaluation*: *The New Century Text*, Thousand Oaks, CA: Sage, 1997, pp. 23－25.

② S. Karen, Participatory Monitoring and Evaluation: Principles, Action Steps, Challenges, http://siteresources.worldbank.org/INTPAME/Resources/Training-Materials/Training_2002－06－19_Sirker－Ezemenari_PovMon_pres.pdf. 2002－06－19.

③ E. Whitmore, *Understanding and Practicing Participatory Evaluation*, Josssey-Bass Publishers, San Francisco, 1998, pp. 43－46.

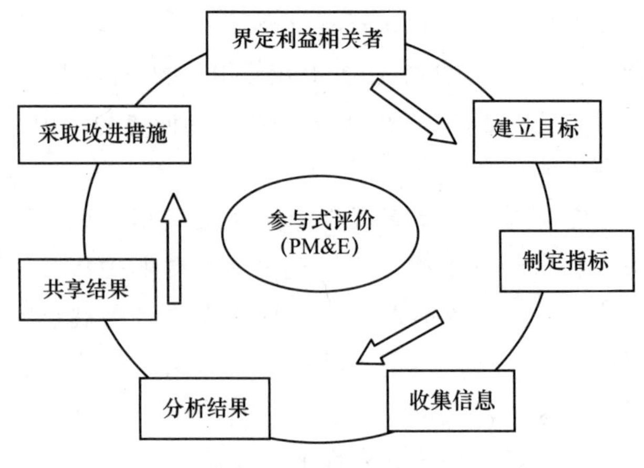

图 1－2　授权评价的参与过程

者分享权利；五是评价者不断地、批判性地反思自己的态度、观点和行为；六是评价过程应该以建构评价能力为目标，特别是利益相关者具有掌控未来评价过程的能力；七是利益相关者能够代表不同群体的声音。

七　第四代评价理论的应用研究

林肯（S. Lincoln）和古贝（G. Guba）在《第四代评价》中对第四代评价的定义进行了明确的阐述："第四代评价是以利益相关者的主张、焦虑和争议作为组织评价焦点决定所需信息的基础的一种评价形式，它主要用于建构主义调查范式的方法论。"① 国内多数学者在进行相关研究时，对这一定义都持认同态度。我国学者卢立涛、杨彩菊和周志刚从"回应""共同建构""协商"的角度对第四代评价理论的内容进行了介绍，并且详细描述了利益相关者共同协商的流程。② 温萍也对第四代评

① 杨彩菊、周志刚：《第四代评价理论对高等职业教育评价的启迪与思考》，《中国职业技术教育》2012 年第 30 期。

② 卢立涛：《测量、描述、判断与建构——第四代教育评价理论述评》，《教育测量与评价》（理论版）2009 年第 3 期。杨彩菊、周志刚：《第四代评价理论对高等职业教育评价的启迪与思考》，《中国职业技术教育》2012 年第 30 期。

价理论的内容进行了说明。① 刘五驹则对第四代评价理论的立论基础进行了剖析，并引发了评价标准的科学性和人文性思考。② 关于教育评价及其历史分期、第四代评价理论的本质和特点的论述，我国学者已经做出了相当多的尝试，在中国知网上以“第四代评价”为关键词进行全文搜索，相关文献占“第四代评价”期刊类文献的一半，很多研究者对于第四代评价理论本身的探讨观点趋向一致。可见，国内对于第四代评价理论本质的研究较为成熟。相关应用研究在国外开展得较早。

（一）非教育领域的研究

系统的社会评价最早出现在教育和公共健康领域，外部质量保障来源于政府对公共事业管理的需要③，因此，评价并不是教育领域的专用术语。关于第四代评价理论在护理与心理保健中的应用研究较多。研究主要以评价一项改革或者干预措施对护理和心理保健服务的作用为主，选取的研究对象包括接受医疗护理和心理保健服务的客户及客户的代理人、提供服务的医生和护理人员、服务提供机构的管理者等。研究方法主要采用结构式访谈和半结构式访谈，收集研究对象对于干预措施的实施体验，并且部分研究非常注重研究时间上的持续性，使各类利益相关者在不同的时间段针对研究问题的焦点表达其诉求。如 Fernanda B. Mielke 在阿雷格里港的一个家庭卫生单位进行了一项关于地方卫生委员会在包含家庭健康策略的心理健康行为讨论中参与的研究，该研究以第四代评价理论——方法论原则为基础，开发了一个定性评价模式。在资料搜集方面，它采用了与卫生中心的 14 名员工进行个人访谈的方法，对所得到的数据使用比较的方法进行分析。④ 根据评价过程的教育性本质，该资料向当地评价委员会成员公开。此外，澳

① 温萍：《论“第四代评价理论”对我国本科教学评估的启示》，《中国成人教育》2010 年第 17 期。

② 刘五驹：《评价标准：科学性还是人文性——“第四代评估”难题剖析》，《教育理论与实践》2014 年第 16 期。

③ 刘康宁：《“第四代”评估对我国高等教育外部质量保障的启示》，《国家教育行政学院学报》2010 年第 9 期。

④ Fernanda Barreto Mielke, “The Local Health Council and the Discussion of Mental Health Actions in Family Health Strategy,” *Text Context Nursing*, 2012, 21 (2): 387 - 394.

大利亚的 Alan Fox 和 Fiona Mcdermott，英国的 Colin Macduff 和 Bernice J. M. West、Denise S. C. Tribble，巴西的 Agnes Olschowsky 和 Cecilia H. Glanzner 也进行了类似的研究。①

在教育教学领域，第四代评价理论也有所应用。其研究问题主要集中在教师培训项目、学生的学业评价、专家培训课程、高等教育评价上。与在护理和心理保健中的应用相类似，主要采用问卷调查法和访谈法对教师、学生、课程和项目的接受者进行意见的收集，以评价课程或者项目的有效性，在对有关学校评价的研究中，主要是收集利益相关者对于评价标准的看法和观点。下面，通过国外两个较为完整和典型案例对之加以介绍。

（二）教育领域的研究

1. 在美国大学和社区合作项目中的应用②

首先，美国学者 Angela J. Huebner 和 Sherry C. Betts 运用基于价值协商的第四代评价方法来评价青少年的正向发展，该项目利益相关者的确定尽可能包含男性和女性，范围上也涉及了不同的种族、经济、职业、阶层和教育背景的参与者。其次，从资料收集的方式来看，采用了非结构性问卷的访谈，请利益相关者描述其所居住的社区的生活。最后，从结论的形成上看，每个参与者在完成各自的建构时，需要对其他受访者和群体的建构做出评论和反应，进而获得关于

---

① Alan Fox, Fiona Mcdermott, "Insider/Partnership Evaluation: Approach and Concept Development," *Evauation and Program Planning*, 1996, 19 (3): 199 – 207. Colin Macduff, Bernice J. M. West, "An Evaluation of the First Year of Family Health Nursing Practice in Scotland," *International Journal of Nursing Studies*, 2005, (42): 47 – 59. Denise S. C. Tribble, "Empowerment Interventions, Knowledge Translation and Exchange: Perspectives of Home Care Professionals, Clients and Caregivers," *BMC Health Services Research*, 2008: 1 – 9. Agnes Olschowsky, Cecilia H. Glanzner, "Evaluation of a Psychosocial Care Center in Fozdo Lguacu, Brazil," *Original Article*, 2009, 43 (4): 780 – 786.

② 本案例相关素材主要来源于：Angela J. Huebner, "A Constructivist Approach to Evaluation Methodology: Implications for Positive Youth Development," Ph. D. dissertation, The University of Arizona, 1995; Angela J. Huebner and Sherry C. Betts (1999), Examining Fourth Generation Evaluation: Application to Positive Youth Development, *Evaluation* 7, Vol. 5: 340 – 358. 转引自杜瑛《我国高等教育评价的范式转换及其协商机制研究》，学位论文，华东师范大学，2010 年。

社区的描述、对成功的定义以及对成功的必要组成要素的建构。

通过对该项目三个层面的总结，可以为研究方法、确定访谈对象提供指导。并且，该项目的研究者虽然认为第四代评价方法在操作层面上具有局限性，但仍对第四代评价方法的优点进行了详细的阐述，如有利于利益相关者表达诉求，体现价值多元化等。

2. 在澳大利亚校本评价中的应用①

为监测计算机技术在学校课程中的实施情况，澳大利亚的教师、研究者和教育部门人员在昆士兰州立小学和 Coombabah 中学启动了昆士兰阳光工程项目。该项目旨在评价澳洲年轻人对于新技术的使用情况，为创设新的学习环境和技术的未来应用指明方向。

本次校本评价采用的是基于协商的第四代评价，选择的利益相关者包括家长、学生、教师和教育部门的官员。本案例研究最后表明，在第四代评价方法中，利益相关者通过协商达成共识是非常重要的，因此，花费在该方法上的组织和实施精力是值得的。

首先，以上两个案例从评价实践的角度向我们详细展示了第四代评价理论在教育教学中的实际应用，且获得了较好的效果，表明第四代评价理论在评价实践中存在着优势。其次，关于利益相关者的界定和资料收集方式的选择对研究具有非常重要的借鉴意义。此外，荷兰的 Judith T. M. Gulikers（2009）认为，学校对评价、质量保障和提高学生成绩负有更多的责任，教师对于新的、以能力为基础的评价知识的匮乏，以及主要利益相关者参与的缺失阻碍了有效和高效的教师创新和以能力为基础的自我评价。他在农业职业教育与培训机构评价两项以能力为基础的测评中，评价过程的两项干预措施旨在解决这些被检测到的问题：开始时采用一种具体的解释格式在教师群体内进一步阐释 CBA；在混合采访组中，CBA 质性评价涉及关键的利益相关者

① 本案例素材主要来源：Glenn Finger & Neil Russell（1994），School Evaluation Using Fourth Generation：A Case Study，*Evaluation Journal of Australia*，Vol. 6，No. 1：43 – 54. Neil Russell and John Willinsky（1997），Fourth Generation Evaluation：The Impact of Post-modern Paradigm on School Evaluation，*Study in Education Evaluation*，Vol. 23，No. 3：192. 转引自杜瑛《我国高等教育评价的范式转换及其协商机制研究》，学位论文，华东师范大学，2010 年。

（比如教师、学生、雇员）。结果表明，两项干预工作需要外部的帮助。然而，在这种情况下，CBA 质性评价在教师中产生了更加完整、具体和共享的理解，混合群体访谈导致了基于能力测评质量的更加具体而细致的评价，以及更多的改进意见。两项干预工作有利于建立更具体、有效、完善的自我评价和创新性评价中的 CBA 质量。由此得出的结论可以为其他创新性项目评价的整合干预提供指引。①

3. 在英国教师教学项目中的应用

英国的 Brian Marsh 在萨塞克斯大学开展了一项教师教学项目研究。该项目旨在探索在校内使用互动视频技术对于受训科学教师的帮助作用。该项目在学校实验室安装了 4 台互联网协议摄像机和麦克风，实习者和他们的导师能够与学校实现实时互动。这里以第四代评价模型为基础，采用对大学导师与培训导师半结构访谈和对实习者群体采访的方法获得数据。研究结果表明，校内教师教育项目增强和加快了实习教师专业知识的增长，这些是通过促进反思性实践、协作学习和支持教学语言发展而实现的。②

4. 在荷兰高等职业教育中的应用

荷兰的 Liesbeth Baartman 认为，在高等职业教育中，与评价专业能力相适应的测评发展需要评价方法、质量标准和自我评价的复议。他在一项研究中考察了一所大型高等职业教育学院 9 门课程的自我评价方式，每门课程有 4—11 名教师和 3—10 名学生参与。该研究的目的在于批判性地检验高等职业教育的评价质量，以识别影响评价质量的重要因素，并研究自我评价对于改进是否有具体作用。结果表明，其优势是，自我评价可用于不同课程间的比较，弱势是决策的再生性和自主学习的提升。关键影响因素是从能力到日常课程评价标准的转化以及工作领域的参与度。自我评价对于提高有很大的作用，但并不

---

① Judith T. M. Gulikers, "Facilitating Evaluations of Innovative, Competence-based Assessments: Creating Understanding and Involving Multiple Stakeholders," *Evaluation and Program Plannning*, 2010, (33): 120 - 127.

② Brian Marsh, "Interactive Video Technology: Enhancing Professional Learning in Initial Teacher Education," *Computers & Education*, 2010, (54): 742 - 748.

是所有的自我评价都能转化为现实。[①] Liesbeth Baartman 认为，由于教师经常设计关于职业学校的评价方案，他们必须参与到质量评价问题中，因此，该项研究向职前准备教师和职业教师发放了调查问卷，旨在调查教师关于评价质量标准的意见。与预期相反，教师认为，传统和以能力为基础的质量标准同等重要。职业教师给出的分数要高于职前教师，这可能是由于他们承受着要提高评价质量的压力所致吧。[②] 此外，英国的 Brian Marsha 和 Nick Mitchell、Stephen Darwin 也进行了类似的研究。[③]

综上所述，从国外的研究现状来看，第四代评价被应用到了医疗、卫生、教育教学、课程等诸多领域，从理论到实践的发展越来越成熟，在包括教育评价在内的各个领域，其应用的有效性得到了证实，可以说，它已成为国际上教育评价理论发展的趋势。而我国教育评价学科的发展时断时续，直至 20 世纪 70 年代末才获得了较为稳定的发展。[④] 从国内的研究现状来看，我国高等职业教育评价的研究内容日益丰富，研究方法更加多样化，与第四代评价理论相结合的研究规模也不断扩大，这说明高等职业教育评价的发展受到了越来越多的重视。然而，当前我国高等职业教育评价正处于不断的发展变化当中，在理论指引和实践操作上还存在很多问题，这就更需要我们紧跟国际上教育评价发展的潮流——第四代评价理论，来探寻我国高等职业教育人才培养工作评价与其核心思想“价值多元、全面参与、共同建构”的契合程度，以期借鉴其合理内核，为我国高等职业教育评价

---

① Liesbeth Baartman, “Factors Influencing Assessment Quality in Higher Vocational Education,” *Assessment & Evaluation in Higher Education*, 2013, 38 (8): 978 – 997.

② Liesbeth Baartman, “Teachers' Opinions on Quality Criteria for Competency Assessment Programs,” *Teaching and Teacher Education*, 2007, (23): 857 – 867.

③ Brian Marsha, Nick Mitchell, “Interactive Video Technology: Enhancing Professional Learning in Initial Teacher Education,” *Computers & Education*, 2010 (54): 742 – 748. Stephen Darwin, “Moving beyond Face Value: Re-envisioning Higher Education Evaluation as a Generator of Professional Knowledge,” *Assessment & Evaluation in Higher Education*, 2010, 37 (6): 733 – 745.

④ 陈玉琨、李如海：《我国教育评价发展的世纪回顾与未来展望》，《华东师范大学学报》（教育科学版）2000 年第 1 期。

的发展提供方向指引。

八 研究述评

学术界对职业教育的评价研究不断深化，在评价研究的各个层面取得了有价值的研究成果。但这些研究还存在明显不足，主要表现在以下方面。

（一）缺乏评价理论基础的研究

梳理我国在职业教育质量评价方面的研究，会发现相关理论研究较为薄弱。一是很多职业教育评价研究是由职业院校管理者和一线教师展开的，虽然扎根于实践，但主要基于对职业教育现实问题的朴素理解和个人工作经验的总结，很少上升至理论层面。职业教育评价工作要取得突破性进展，不仅要立足现实，面向实践，而且要超越实践，上升至理论层面。二是受职业院校人才培养评价工作的影响，当前职业教育评价研究内容的选题覆盖面十分宽泛，涉及人才培养的方方面面。不同的研究内容之间呈现出孤立状态，缺乏凝练度和持续度，使相关研究内容难成体系。

（二）缺乏对国外经验的本土化实践研究

对国外职业教育质量评价研究主要限于理论介绍，研究范围狭窄，深度不够，且忽视了对国外评价理论的产生背景、制度因素、文化传统等大量深层次问题的剖析。奉行不加取舍的“拿来主义”，其结果会导致这样的假象：似乎出现问题的国家的情况都是相同的，收集到的数据也具有可比性。这样的研究也许能够暂时缓解现状，但最终会给教育实践带来更大的困惑，所以必须深入探究理论产生的背景和使用条件。对国外质量评价实施效果研究得不够，谈“应该”或“需要”的较多，谈“怎样”或“如何做”的较少，谈“经验”的较多，谈“教训”的较少。

（三）评价范式有待进一步改进和完善

“教育评价范式”是指教育学术共同体对教育评价活动所持的共同的基本理论、观点和研究规范。由于我国职业教育评价研究起步晚，其研究方法和思路常常移植或借鉴教育学、管理学、经济学、社会学等学科的相关理论，这一方面导致职业教育自身学术地位不高，难以体现其自身特色；另一方面，对于其他领域的理论能否直接套用于职业教育评价，没有经过系统的深入研究，缺乏严谨性。对未来的职业教育评价研究，首先应明确职业教育人才培养目标，区别于其他教育类型的特色所在，以此作为职业教育质量评价研究的逻辑起点；其次，借鉴发达国家职业教育质量管理与评价的经验，特别是国际职业教育评价发展的最新趋势，拓展研究视野；最后是转换研究视角，引导并加强对职业教育评价基本理论等重要问题的研究。

（四）职业教育质量评价方法的研究较弱

我国研究者在社会科学领域，喜好“思辨”式研究，即依靠研究者个人认识和主观判断进行推论；极少数的实证研究多以简单问卷调查为主，通过数据的简单分析来获得结论，统计分析不够深入，研究方法比较单一，缺乏高质量的实证研究。事实上，单纯的定量和定性研究方法都不能有效解决复杂的教育问题。[①] 国外关于评价理论研究的成果相对丰硕，但是运用量化与质性方法相结合，在职业教育领域开展实证研究的并不多见。如何通过将定量和定性方法相结合来探索先进的评价理论在职业教育领域的应用，是当前亟须解决的重要问题，也是本书在研究方法上所持的新视角。

（五）职业教育内部质量评价工具的研究匮乏

已有研究大多集中在外部评价范式上，即以教育管理部门开展的自上而下的评价范式为主，相关研究也以外部评价居多，而基于院校自身的内部评价和自我评价的研究相当薄弱，少有的研究仅限于理论性、介绍性、应然性的内容，缺少对内部评价工具的操作性研究。这一方面说明我国关于内部质量评价工具的理论基础薄弱，另一方面说明内部质量评价研究，无论在理论还是实证研究方面都较为困难。随着由关注投入性评价向关注过程和产出评价方向的转移，关于内部质量评价理论和实践的研究将呈现出极大的需求空间。

---

① 孙芳芳、李红敏、魏立萍、韩军：《授权评价理论及对职业教育的启示》，《河北科技师范学院学报》（社会科学版）2016 年第 1 期。

梳理以上研究可见，对于谁参与、依据什么参与以及参与的程度问题，在各种评价模式中均可得到不同的回答。虽然在教育评价领域依然存在着很多问题和争论，但总体研究能够反映出评价理念的一个重要转变，即从理性主义到自然主义，从简化到全部，从控制到授权，从评价探究到评价技术，从证明到说服，对此，斯塔弗尔比姆也提出了相同的观点。① 从参与者的协商（应答性评价）延伸到深度参与（自然主义模式），再到完全独立自主的实施评价（授权评价），可以发现各利益相关者广泛、深入、持续的参与是授权评价质量的重要参数。授权评价区别于其他参与式评价的一个重要特点在于：不仅强调全员参与，以协商、建构为评价机制，而且强调利益相关者在评价过程中逐步掌握评价理论和技术，实现自我学习和自我评价能力的提高，为基于学校的内部评价机制建设提供了理论基础。

第三节　职业院校质量评价现状

本书通过文本分析和访谈法来描绘我国职业教育评价工作的现实状况。文本分析旨在解读职业院校人才培养方案、《中国高等职业教育质量年度报告》等相关文本，从评价目的和功能、评价指标的选择、评价结论等层面透析我国职业教育质量评价的现实矛盾与冲突。访谈法以政府管理部门人员、职业院校负责人和一线教师为访谈对象，旨在从实践层面明确职业教育质量评价的现实。

运用文本分析方法，考察职业院校质量诊断的现状。由于诊断研究起步较晚，本书以职业院校相关评价资料入手，选取与职业教育评价相关的期刊资料、自评报告和政策文本作为资料来源，从这三种资料类型中分别选取代表性的资料作为分析样本来设计类目表，通过量化处理得出结论，文本分析设计模式如图 1－3 所示。

---

① ［美］斯塔弗尔比姆：《评估模型》，苏锦丽等译，北京大学出版社 2007 年版，第 33—34 页。

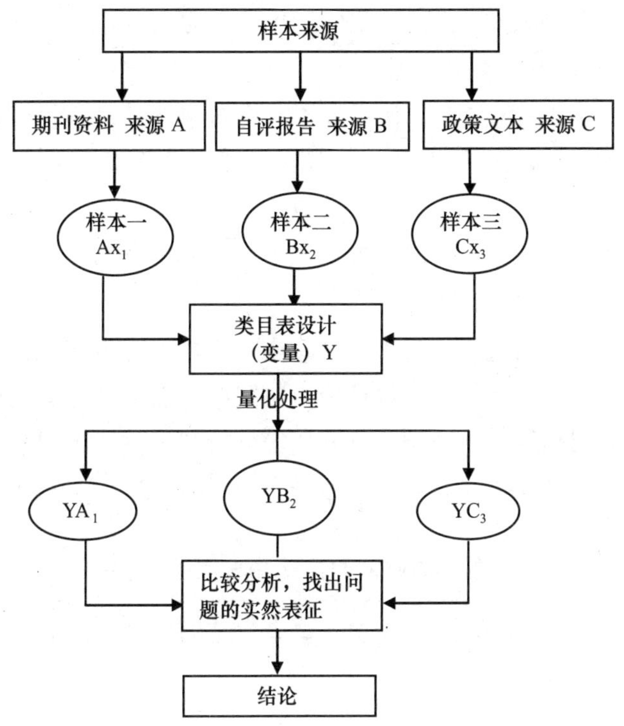

图 1－3　文本分析模式设计

说明：A、B、C 代表反映研究对象特征的资料来源，样本 1、2、3 分别代表资料来源中选取的样本，A_1、B_2、C_3 则分别代表经过处理后的资料样本。Y 则表示类目项，即为观测变量。

一　文本角度的分析

（一）样本一：期刊文献角度的分析

按照内容分析法的一般步骤，即明确研究问题、确定研究范围、抽样、确定分析单元、建立分析类目、对材料进行编码和分类以及分析汇总来进行研究。① 通过对 2008—2016② 年发表在核心刊物上的“篇名”或者“主题”中包含“职业教育（院校）评价（评估）”的

① 柳俊、王求真、陈珲：《基于内容能分析法的电子商务模式定义研究》，《浙江大学学报》2010 年第 5 期。

② 2016 年 6 月，教育部废止和宣布失效一批规范性文件，其中包括 2004 年发布的《教育部办公厅关于全面开展高职高专院校人才培养工作水平评价的通知》，因此，研究未将 2004 年及其之前的相关资料纳入研究范围。

文章进行检索，共检索到期刊文章98篇，剔除不符合要求的文献，最后共有78篇纳入研究范围。

符合要求的文献资料应满足以下三个基本条件：资料介绍的是职业院校迎评工作的真实状况；资料应是写实性而非评论性或经验总结，以期更加符合评价实际；作者应是本校参与评价的工作人员。为防止个人知识架构对资料的发掘和取舍，研究人员和媒体的反思性与评论性资料暂不作为分析样本。

通过研究主题分布情况，考察职业院校教师对当前评价问题的关注点，试图总结职业教育评价理论与实践的实然特征。采用内容分析法中常用的词频统计、归类、百分比等分析技术对我国职业教育评价的现状进行定量的描述。评价主题分布情况（频次）如表1-2所示。

表1-2　**我国职业教育评价期刊论文的主题分布**

主题要素	词频（次）	百分比（%）	归类	百分比（%）
现状问题	20	19.6	实践记录	49.2
原因分析	3	2.9		
影响因素	4	3.9		
建议对策	24	23.5		
评价体系/指标	20	19.6	评价自身	38.3
评价方法	9	8.8		
评价标准	2	2.0		
评价趋势	3	2.9		
评价方案	2	2.0		
评价制度	1	1.0		
评价价值取向	1	1.0		
元评价	1	1.0		
顶岗实习	3	2.9	过程和结果评价	8.8
学习质量	1	1.0		
教学质量	4	3.9		
职业能力	1	1.0		
内部/自我评价	2	2.0	评价改革	3.0
诊断改进	0	0.0		
评价范式	1	1.0		
合计	102			

内容分析结果显示，首先，当前对职业教育评价的关注点共有 19 项，其中“现状问题”“原因分析”“影响因素”“建议对策”四部分的关注度最高，比例为 49.2%，说明当前我国职业教育评价存在较多的亟待解决的现实问题。其次，评价指标、评价方法、评价标准、评价趋势、评价方案、评价制度几个方面的关注点居其后，比例为 38.3%，其中评价体系指标的研究比例最高，达到了 19.6%，根据文献研究可知，“评价指标的统一性”难以满足职业院校多样化发展的特点，因而饱受诟病。从“投入导向”转到“过程和结果导向”的评价趋势也逐步表现出来，主要体现在“顶岗实习”“学习质量”“教学质量”“职业能力”几部分，占到所有主题研究比例的 8.8%。随着内涵建设的推进，依靠职业院校自身保障职业教育质量逐渐受到普遍认同，当前这类文献的占比为 3.0%。该结论也印证了前文文献分析的结果。

（二）样本二：职业院校自评报告角度的分析

自评报告是职业院校对社会问责的回应，也是自身诊断问题、发现问题和改进问题，进而保障职业教育质量的重要过程，在一定程度上反映了学校的工作成效。分析自评报告的目的在于分析其背后所体现出来的自评方法、自评过程、自评结果的特征，进而探析是否符合当前评价理论与实践发展的要求。本书所指的自评报告是指参评院校提交给教育部主管部门的正式文本。《高等职业院校人才培养工作评估方案》关于评估程序的规定是，学校要组织干部、教师认真学习有关文件，准确理解开展高等职业院校人才培养工作评估的基本精神，掌握实质内涵；认真回顾总结学校教育教学改革与发展的思路、成果、经验和特色，对学校的人才培养质量做出基本判断，找出存在的主要问题，提出解决的对策，形成自评报告（不超过 1000 字）。自评报告环节的设置旨在让学校先进行自我评价，这是给学校一个站在自身立场来阐述自身对于本校人才培养工作认识的机会。专家组在进校前通过阅读学校的自评报告，以及现场考察第一天所听取的学校领导的自评工作汇报，了解学校的观点和诉求，并在现场考察中有所侧重。这在一定程度上体现了尊重被评院校的主体地位，让被评院校充分参与到评价中来，成为评价结论形成的重要推动者这一意图，这极大地调动了被评院校的积极性，有利于院校建立和完善内部质量保障机制。然而，研究者从各学校官网上所搜集的资料中，发现其中有一个值得注意的问题，那就是任务分解问题。各院校在组织部门负责人、教师学习评价材料之后，将评价任务下达到各个部门、院系，由不同的教职人员完成评价任务表上的工作。

1. 关键词统计

采用目的性随机抽样方法，兼顾评价结论、学校类型不同等因素，选取2008年之后参评院校的自评报告作为样本，在参评学校网站上和相关网页检索自评报告文本。① 对自评报告的结构进行词频统计，其结果如表1－3所示。

表1－3 **自评报告及其标题关键词、百分比与归类**

要素	关键词（个）	词频（次）	百分比（%）	归类	百分比（%）
自评报告一级标题关键词	学校概况	22	10.8	宏观工作总结	57.4
	办学思想和特色	27	13.2		
	主要成效	24	11.8		
	迎评工作	19	9.3		
	领导能力/作用	10	4.9		
	社会服务/评价	15	7.4		
	师资队伍	14	6.9	中、微观工作总结	26.6
	设施环境	15	7.4		
	课程/教学/专业	14	6.9		
	实践教学	11	5.4		
	问题与措施	31	15.2	诊断与改进	16.2
	未来规划	2	1.0		
合计		204			

内容分析结果显示，各院校基本围绕教育部所要求的指标来撰写报告。首先，整个自评报告所涉及的一级指标共有12个，共同构成

① 自评报告并非完全的开放性资料。教育部规定，参评院校在迎评开始前的一个月里，把自评报告及相关资料公布在学校主页上，接受社会各界的检查和监督。因自评报告涉及院校发展的部分机密内容，所以评价工作结束后，很多院校会将其从网站上及时撤掉。为使样本具有代表性，在可查询的范围内，研究挑选国家级示范校、省级示范校和新建院校三类院校的自评报告进行分析。

了自评报告的结构体系。一级指标“学校概况”“办学思想和特色”“主要成效”“迎评工作”“领导能力/作用”“社会服务/评价”占到整个自评报告的57.4%，主要内容以介绍学校办学特色、办学目标、办学成果以及迎评期间的工作为主，更倾向于工作总结和汇报。其次，各院校的自评报告还包括“师资队伍”“设施环境”“课程/教学/专业”以及“实践教学”，这种中、微观层面的工作总结占据了整个自评报告的26.6%，从具体的二级指标内容来看，涉及顶岗实习、管理规范、质量监控等。各院校尚未建立起自身的质量监控体系。“问题与措施”“未来规划”理应是自评报告的主体和重点，但仅占到总体结构的16.2%。总体而言，本应作为重点呈现的“问题分析”部分，多数学校均有“避重就轻”之嫌。

自评报告的总体结构呈现出“总、分、总”和“分条排列”两种形式，从对自评报告一级标题的数据统计来看，“总、分、总”的撰写方式所占比例非常高，一方面说明各院校受教育部提供的统一框架影响较大，弱化了创新性和自身特色；另一方面说明各职业院校对自评报告和教育质量的认识不到位，缺乏质量保障实践经验及相关的科研伴随机制。

2. 结构内容比重统计

根据上文统计结果，从已有样本中随机挑选出20所学校的自评报告，对出现频率较高的“学校概况”“评建工作”“办学思想和特色”“主要成效”“问题与措施”等几个方面进行字数统计，进而得出每部分内容所占整个报告的比重（见表1－4）。

表1－4　**职业院校自评报告正文各部分内容比重**

学校序号	总字数	学校概况	评建工作	办学思想和特色	主要成效	问题与措施	其他
1	20505	$6\%^{1189}$	$8\%^{1628}$	$16\%^{3201}$	$59\%^{12030}$	$10\%^{2111}$	$2\%^{346}$
2	15195	$19\%^{2958}$	$9\%^{1332}$	$10\%^{1481}$	$53\%^{8080}$	$8\%^{1190}$	$1\%^{154}$
3	11000	$12\%^{1367}$	$8\%^{876}$	$0\%^{0}$	$66\%^{7249}$	$5\%^{537}$	$9\%^{971}$
4	36255	$9\%^{3250}$	$3\%^{1254}$	$0\%^{0}$	$78\%^{28366}$	$8\%^{2915}$	$1\%^{470}$

续表

学校序号	总字数	学校概况	评建工作	办学思想和特色	主要成效	问题与措施	其他
5	37251	6% 2230	2% 864	6% 2201	85% 31497	0% 0	1% 459
6	20672	10% 2018	7% 1524	11% 2275	57% 11705	7% 1348	9% 1802
7	9564	10% 980	10% 946	18% 1689	48% 4590	14% 1359	0% 0
8	30790	11% 3398	9% 2654	5% 1586	66% 20459	7% 2006	2% 687
9	17643	13% 2347	11% 1971	8% 1386	50% 8790	9% 1590	9% 1559
10	23800	11% 2568	6% 1543	7% 1678	66% 15790	8% 1890	1% 331
11	15690	8% 1305	9% 1409	8% 1236	49% 7655	13% 2076	13% 2009
12	15109	10% 1558	4% 660	7% 1081	67% 10080	8% 1190	4% 540
13	22251	15% 3230	9% 1996	6% 1370	70% 15590	9% 2098	9% 2033
14	12195	13% 1558	10% 1198	7% 889	52% 6385	10% 1190	8% 975
15	23508	4% 1008	6% 1328	9% 2207	64% 15030	9% 2111	8% 1824
16	29075	10% 2943	5% 1562	7% 1954	61% 17776	8% 2390	8% 2450
17	7895	17% 1334	0% 0	10% 761	65% 5123	9% 677	0% 0
18	15544	14% 2223	13% 1987	7% 1156	36% 5570	21% 3292	8% 1316
19	17789	5% 876	6% 1004	9% 1598	75% 13332	14% 2498	9% 1519
20	14076	5% 731	6% 815	4% 534	76% 10711	6% 845	3% 440
均值	19790	10% 1954	7% 1328	8% 1414	62% 12790	9% 1666	5% 994

说明：总字数为包含目录的总字数。上标数字为该部分内容的字数，百分比为该部分内容字数与总字数的比例。

内容分析结果显示，在抽取的20所职业院校自评报告中，自评报告总字数最高的为37251字，最低的为7895字，二者相差3.7倍。从自评报告正文各部分的比例来看，“主要成效”部分比例最高，占自评报告总字数的62%，其次是“学校概况”和“问题与措施”占10%和9%。个别院校在自评报告中没有出现“问题与措施”的相关内容。

分析自评报告正文内容，可以发现诸多典型问题。一是院校自身对人才培养问题认识不足，缺乏深入的剖析和详细的阐述；二是对自身问题的分析缺乏系统的支撑材料，多为笼统概括；三是存在“保护主义”思想[①]，报告大多罗列成绩，自评结果倾向于优秀或良好，没有不合格的结论。

3. 自评结果的词频、百分比与归类统计

本书随机选取50所职业院校的自评报告为样本，分析自评结果情况，具体的词频、百分比与归类，并对比教育部2003年对部分院校的试评结果（见表1-5、表1-6）。

表1-5　**职业院校自评结果词频、百分比与归类**

要素	关键词	词频（次）	百分比（%）
自评结果	通过	12	24.0
	暂缓通过	0	0.0
	优秀	20	40.0
	合格	12	24.0
	良好	6	12.0
	不合格	0	0.0
合计		50	100.0

表1-6　**2003年教育部对部分职业院校的评价结果**

要素	关键词	院校（所）	百分比（%）
	优秀	8	30.8
	合格	3	11.5
	良好	15	57.7
	不合格	0	0.0
合计		26	100.0

对自评结果词频分析显示，50所职业院校的自评结果为“通过”“合格”的院校比例均为24%，自评结果为“良好”的院校比例为

① 刘尧：《本科教学质量报告要全面真实》，《教育与职业》2012年第3期。胡伶、范国睿：《从关注过程、结果导向到“共享领导”：教育政策监测与评价的理论模型构建》，《教育发展研究》2013年第4期。

12%，其中自评结果为“优秀”的比例最高，为40%。结论为不合格的院校为0所。根据相关统计数据，2003年教育部对职业院校的试评价结果显示，“优秀”院校的比例为30.8%（8所），良好院校的比例为57.7%（15所），合格院校的比例为11.5%（3所）。[①] 两组数据对比结果表明，职业院校自评结果优秀率比例明显高于教育部的评价结果。

瑞典教育家罗宾逊（K. Rubenson）创立的“期待价量模式”可对此现象做出解释[②]，期待价量模式的评价期待由“评价奖赏期待”和“参与评价期待”两方面组成，二者共同构成了参与评价的动机。从参与期待角度解释，目前所有的评价均不是职业院校自愿或自发行为，而是一种被动行为，因此参与期待所形成的参与动机不大。就奖赏期待角度而言，评价是主管部门拨款、招生指标分配、资金扶持等的重要依据，很多职业院校将“优秀”“示范性”“骨干”等视为追求目标，而这一目标往往不是实际水平的反映。因此，职业院校的自评结果在很大程度上是在参与评价期待和评价奖赏期待共同作用下所形成的需求结果，可能没有真实地反映职业院校发展的状况。

（三）样本三：政策文本角度的分析

评价作为一个政策性极强的教育行为，政策本身所体现的价值取向在所有的教育现象中的影响最大。这里选取2000年以来职业教育评价政策作为研究对象，根据文献分析和实际调查，基于“现有的教育政策似乎难以满足教育现实的多元化需求”这一假设，考察我国职业教育评价政策现状，试图依据时间脉络来窥探我国职业教育质量评价政策的实然形态。这里所称的“职业教育政策文本”是指由中国政府、教育部及相关部委、地方政府颁发的、以正式书面文本为表现形式的各种职业教育法规性文件。[③]

为保证获得较为准确、有代表性的政策文本，这里选择北大法律

---

① 陈英杰：《中国高等职业教育发展史研究》，中州古籍出版社2007年版，第209页。

② 转引自胡寿根《高职院校教育评价指标研究》，高等教育出版社2014年版，第70—71页。

③ 王迎、魏顺平：《教育政策文本分析研究》，《现代远距离教育》2012年第2期。

信息网（http://vip.chinalawinfo.com）作为样本来源，该数据库实时更新，保证了研究样本的准确性和全面性。以“职业教育评估/评价”“职业院校（学校/学院）评估/评价”“职业教育质量”为检索词，在北大法律信息网“中央法规司法解释”和“地方法规规章”界面，检索到教育部和国家督导办发布的相关政策。由于职业教育评价工作开展得比较晚，相关政策文本数量极少。因此，这里将官方政策的解读文件也纳入研究范围。

对自评报告和期刊的分析发现，我国职业教育评价在评价取向、评价主体、评价方法、评价结果等方面均存在问题，因此，内容分析法以这几方面为分析框架对政策文本进行分析。

1. 评价取向

评价取向代表了评价主体在特定时期内、基于特定价值观在面对各种问题与矛盾时所持的基本立场、态度以及表现出来的基本价值取向。根据研究需要，将评价取向关键词分为2000—2005年、2006—2008年、2009年至今三个阶段进行分析，具体的词频、百分比和特征如表1－7所示。

表1－7　**与评价取向相关的词频、百分比与特征**

要素	关键词（个）	2000—2005年			2006—2008年			2009年至今		
		词频（次）	%	特征	词频（次）	%	特征	词频（次）	%	特征
评价取向	宏观管理	2	9.5	鉴定式评价	1	5.3	审核式评价	1	2.1	诊断式评价
	规范管理	5	23.8		2	10.5		1	2.1	
	深化改革	3	14.3		1	5.3		1	2.1	
	基本建设	4	19.0		0	0.0		0	0	
	全面质量管理	1	4.8		0	0.0		0	0	
	健康发展	2	9.5		2	10.5		0	0	
	内涵建设	1	4.8		2	10.5		3	6.4	
	数据采集	0	0.0		2	10.5		2	4.3	
	全面提高质量	1	4.8		0	0.0		0	0	

续表

要素	关键词（个）	2000—2005 年			2006—2008 年			2009 年至今		
		词频（次）	%	特征	词频（次）	%	特征	词频（次）	%	特征
	持续提高质量	2	9.5		3	15.8		1	2.1	
	事中事后监管	0	0.0		1	5.3		2	4.3	
	过程监控	0	0.0		1	5.3		2	4.3	
	重在改进	0	0.0		1	5.3		5	10.6	
	诊断与改进	0	0.0		2	10.5		9	19.1	
	自我发展	0	0.0		1	5.3		12	25.5	
	常态化周期性	0	0.0		0	0.0		4	8.5	
	内部质量保障体系	0	0.0		0	0.0		4	8.5	
合计		21			19			47		

词频分析结果显示，2000—2005 年，可视为“鉴定式评价”阶段，此期政策文本中出现词频最高的是“规范管理”，为 23.8%，其次是“基本建设”和“深化改革”，分别为 19.0% 和 14.3%；“宏观管理”“健康发展”“持续提高质量”均为 9.5%，可见，此期评价的基本取向是规范相对杂乱的办学行为，通过评价对学校办学基准和质量进行控制。此期评价政策中出现一个重要语汇为从企业质量管理实践中移植过来的“全面质量管理”，强调组织结构的质量生成全程，为职业院校的质量评价提供了借鉴。根据此期的评价结果，教育管理部门对水平较高、优秀的职业院校加大了建设和投入，不可避免地会出现“优者更优、劣者更劣”的局面。

2006 年以后，随着内涵建设的加强，首先，我国职业教育评价政策已经开始从工具性价值向目的性价值取向转变，质量内涵从“全面提高质量”的表述变为“持续提高质量”，该词汇比例为 15.8%，在这一时期出现频率最高。其次，“规范管理”“健康发展”“内涵建设”“数据采集”“诊断与改进”也成为这一时期的高频词汇，比例均为 10.5%，同时，这一时期开始强调在“宏观管理”（5.3%）下，注重“事中事后监管”“过程监控”“重在改进”“自我发展”，其词频频率均为5.3%。此期的评价取向借鉴财务审计的基本理念，即“不是直接评价教育质量，而是通过评价学校内部质量保证体系来间接评价教育质量”①。从促进教育增值的意义上看，“诊断和改进”逐渐成为更为重要的目的。

2009年至今，职业教育质量评价政策的功能转向了对职业教育质量的管理、保障和促进上。这一时期的高频词汇按照从高到低的出现频率，分别为“自我发展”“诊断与改进”“重在改进”“常态化周期性”“内部质量保障体系”“内涵建设”，词频比例分别为25.5%、19.1%、10.6%、8.5%、8.5%、6.4%，政策行文从“宏观管理”“规范管理”“深化改革”（这一时期三个词汇的词频比例均为2.1%）开始转向强调对人的发展价值的关注，包括评价的组织、评价的要求、评价的指标体系的变化、评价的措施和评价方法的规范等，具体表现为从关注终结性的评价转向关注诊断性的、发展性的评价，从关注投入向院校自身质量保障体系建设转变，促使评价从实然状态走向应然目标。政策文本的话语转向表明我国职业教育质量评价取向正在做出战略性调整，即由行政问责向社会问责和自我诊断（评价）转变。

2. 评价主体

评价主体直接关系到评价的动机、积极性、真实性和成效性。②依据教育部评价专家杨应崧的观点，评价主体依次是：学生、教师、举办方、家长、用人单位、政府。③ 内容分析显示，出现的与评价主体相关的关键词有“教学管理干部”“一线专任教师”“行业企业人员”“学校”“家长”“社会”“教育评价专家”“中高职专家”“教育

---

① 张晓鹏：《国际高等教育评价模式的演进及我们的选择》，《中国大学教学》2009年第3期。

② 胡寿根主编、上海市教育评估院组织编写：《高职院校教育评估指标研究》，高等教育出版社2014年版，第61页。

③ 杨应崧：《在2009年高职院校评估工作会议上的发言》，http://www.docin.com/p-54628067html. 2009-08-19。杨应崧认为，评估主体应该是高职院校，而非评价专家。除了高职院校这一主要评价主体外，实际上客观存在着六个利益相关者，即“内三个”——学生、教师、举办方，“外三个”——家长、用人单位、政府。

教学专家”。因研究需要，另加入了“学生”“家长”和“政府人员”关键词的检索与统计，共11个关键词，将评价主体关键词分为2000—2005年、2006—2008年、2009年至今三个阶段进行分析，具体的词频、百分比和特征如表1-8所示。

表1-8　与评价主体相关的词频、百分比与特征

要素	关键词（个）	2000—2005年			2006—2008年			2009年至今		
		词频（次）	%	特征	词频（次）	%	特征	词频（次）	%	特征
评价主体	教学管理干部	1	33.3	评价主体较为单一	0	0.0	评价主体趋向多元化	0	0.0	评价主体多元化
	一线专任教师	1	33.3		1	20.0		1	7.1	
	行业企业人员	0	0.0		1	20.0		4	28.6	
	学生	0	0.0		0	0.0		0	0.0	
	政府人员	0	0.0		0	0.0		0	0.0	
	学校	0	0.0		1	20.0		1	7.1	
	家长	0	0.0		0	0.0		0	0.0	
	社会	0	0.0		1	20.0		1	7.1	
	教育评价专家	1	33.3		1	20.0		3	21.4	
	中高职专家	0	0.0		0	0.0		1	7.1	
	教育教学专家	0	0.0		0	0.0		3	21.4	
总计		3			5			14		

注：“教育评价专家”指文件中提到的熟悉教育评价、教学评价理论与方法的人员。

词频分析结果显示，2000—2005年，职业教育政策文本的评价主体出现“教学管理干部”“一线专任教师”和“教育评价专家”各一次，学术专家和行政管理人员共同承担职业教育评价工作，没有吸纳各类社会组织参与，亦没有回应公众的多元需求，评价主体单一。

2006年以后，政策话语开始强调利益相关主体的评价话语权，除“一线专任教师”和“教育评价专家”外，“行业企业人员”“学校”和“社会”作为评价主体开始出现在政策文本中，评价主体开始趋向多元化发展，在一定程度上改变了整个专家组由业内人员掌控

的局面。

2009 年以后，随着社会多元化发展对教育的影响，政策文本进一步强调评价主体多元化，其中“行业企业人员”成为必不可少的评价者，这一时期该词汇出现的频率最高，为 28.6%，其次是“教育评价专家”和“教育教学专家”，均为 21.4%，“一线专任教师”“学校”和“社会”的词频比例均为 7.1%，至此，政策文本中已经逐步形成评价主体多元化格局，但部分利益相关者如学生、家长等仍然没有被纳入评价主体中。

3. 评价方式方法

分析显示，出现的与评价方式方法有关的关键词共有 20 个，根据 2000—2005 年、2006—2008 年、2009 年至今三个阶段将其划分为三类，具体的词频、百分比、特征如表 1－9 所示。

表 1－9　**与评价方式方法相关的词频、百分比与特征**

<table>
<tr><th rowspan="2">要素</th><th rowspan="2">关键词（个）</th><th colspan="3">2000—2005 年</th><th colspan="3">2006—2008 年</th><th colspan="3">2009 年至今</th></tr>
<tr><th>词频（次）</th><th>%</th><th>特征</th><th>词频（次）</th><th>%</th><th>特征</th><th>词频（次）</th><th>%</th><th>特征</th></tr>
<tr><td rowspan="13">评价方式方法</td><td>听取汇报</td><td>1</td><td>6.3</td><td rowspan="13">自上而下的线性评价</td><td>0</td><td>0.0</td><td rowspan="13">线性评价和生成式评价相结合</td><td>0</td><td>0.0</td><td rowspan="13">自下而上的生成式评价</td></tr>
<tr><td>参观设施</td><td>1</td><td>6.3</td><td>1</td><td>5.9</td><td>0</td><td>0.0</td></tr>
<tr><td>查阅资料</td><td>1</td><td>6.3</td><td>0</td><td>0.0</td><td>1</td><td>3.2</td></tr>
<tr><td>实地观察</td><td>2</td><td>12.5</td><td>1</td><td>5.9</td><td>2</td><td>6.5</td></tr>
<tr><td>听课</td><td>1</td><td>6.3</td><td>0</td><td>0.0</td><td>0</td><td>0.0</td></tr>
<tr><td>座谈</td><td>1</td><td>6.3</td><td>1</td><td>5.9</td><td>1</td><td>3.2</td></tr>
<tr><td>个别访谈</td><td>1</td><td>6.3</td><td>1</td><td>5.9</td><td>0</td><td>0.0</td></tr>
<tr><td>深度访谈</td><td>0</td><td>0.0</td><td>5</td><td>29.4</td><td>1</td><td>3.2</td></tr>
<tr><td>技能测试</td><td>1</td><td>6.3</td><td>0</td><td>0.0</td><td>0</td><td>0.0</td></tr>
<tr><td>专业剖析</td><td>1</td><td>6.3</td><td>0</td><td>0.0</td><td>0</td><td>0.0</td></tr>
<tr><td>民主讨论</td><td>2</td><td>12.5</td><td>1</td><td>5.9</td><td>1</td><td>3.2</td></tr>
<tr><td>过程监控</td><td>0</td><td>0.0</td><td>1</td><td>5.9</td><td>2</td><td>6.5</td></tr>
<tr><td>社会参与</td><td>0</td><td>0.0</td><td>2</td><td>11.8</td><td>5</td><td>16.1</td></tr>
</table>

续表

要素	关键词（个）	2000—2005 年			2006—2008 年			2009 年至今		
		词频（次）	%	特征	词频（次）	%	特征	词频（次）	%	特征
	学校自评	1	6.3		1	5.9		3	9.7	
	提交材料	1	6.3		1	5.9		1	3.2	
	分类指导	0	0.0		0	0.0		1	3.2	
	试点评价	2	12.5		0	0.0		2	6.5	
	内部质保	0	0.0		0	0.0		5	16.1	
	自我诊改	0	0.0		1	5.9		3	9.7	
	抽样复核	0	0.0		1	5.9		3	9.7	
总计		16			17			31		

说明："内部质保"是"内部质量保障体系建设"的简称。

词频分析结果显示，2000—2005 年职业教育质量评价的政策文本强调评价方法采用"听取汇报""参观设施""查阅资料""听课""座谈""个别访谈""技能测试""专业剖析""学校自评""提交材料"等自上而下的线性评价方式，以上词汇出现的频率均为6.3%，说明这一时期的评价工作特别重视实地观察和民主讨论，二者出现频率均为12.5%。从问责的角度来看，我国职业教育评价是一种典型的行政问责，是自上而下的垂直问责，尚未开启社会力量问责模式。

2006 年以后，评价开始注重社会参与评价，2006—2008 年的词频分析显示，"深度访谈"和"社会参与"成为高频词汇，词频比例分别为29.4%和11.8%，"自我诊改"和"抽样复核"（二者词频均为5.9%）开始成为质量评价的主要方法。而"听取汇报""查阅资料""听课""技能测试""专业剖析"不再被采用为管理部门的评价方式。此期评价过程强调将毕业生就业率与就业质量、"双证书"获取率与获取质量、职业素质养成、生产性实训基地建设、顶岗实习落实情况以及专兼结合专业教学团队建设等方面作为重要考核指标，评价开始强调从行政问责转向社会问责，要求普通的市民或公民社会组织以直接或间接的方式推进行政问责。自上而下的线性评价和自下而上的生成式评价相结合的评价成为这一时期的主流范式。

2009年至今，评价方式体现出自下而上的生成式评价范式，首先，“社会参与”和“内部质保”在这一时期出现的频率最高，词频比例均为16.1%；其次是“学校自评”“自我诊改”和“抽样复核”，词频比例均为9.7%；由于评价方式方法的改变，需要“试点评价”（词频比例为6.5%）和“过程监控”（词频比例为6.5%），并首次强调评价要“分类指导”（词频比例为3.2%），体现了评价方式方法的灵活性。同时，取消了早期评价要求的“听取汇报”“参观设施”“个别访谈”“听课”“技能测试”“专业剖析”等方式。专家角色开始发生改变，从原来的倾听者转变为“诊断者”和“开方者”，而“专家”水平的高低，取决于他们对数据平台的分析水平，以及“深度访谈”的结果，其目的都是为评价主体——职业院校的发展和建设服务，逐步回归评价的本质。

4. 评价结果

评价结果是评价中最具有实质性和最受关注的内容。“2000—2005年”的评价结果形式为鉴定性评价，以“优秀、良好、合格、不合格”四个等级进行划分。实际结果显示，在首轮高职院校评价中，全国被评为优秀的学校约占总数的30%，良好约为40%，合格率超过90%。[①] 因此，“鉴定性评价”给出的四个等级结论的实际意义不大，甚至加重了高职院校“优秀情结”“量化情结”“主体情结”“本科情结”四大情结。[②] 2004年的评价为水平评价，更多地从评价条件的角度展开，关注办学条件指标，表现为鉴定性和预成性评价。总体而言，这种“高利害”的评价以及评价制度本身的不完善，使一些学院为获得“好的”评价结果出现了“有组织的造假行为”[③]。

① 李洁言：《30%的高职高专院校评价为优秀》，《中国青年报》2007年5月23日。

② 教育部高职高专院校评价专家组组长在总结首轮评价工作时提到了以上四个情结，并指出在下一轮评价时要淡化这四个情结。

③ 蒋伟：《高校本科教学评价暗藏造假行为，引发存废之争》，《法制周报》，http://www.admaimai.com/newspaper/detail10_1471.htm，2008-02-16。

“2006—2008 年”的评价方案更多地从过程和结果的角度展开，表现为诊断性评价和生成性评价，具有更强的建设性。评价结果由原来的“优秀、良好、合格、不合格”四个等级简化为“通过”与“暂缓通过”两个等级，从“四段式”到“二段式”评价结果方式的改变，从一定程度上淡化了评价院校的“优秀情结”，强调更加关注评价的目的，即提高职业教育质量和内涵建设。

2015 年的“诊改评价”政策将评价结果分为“有效、异常、待改进”，强调关注评价结果及对结果的反馈以及根据评价结果进行的质量建设。不论是水平评价还是人才培养工作评价以及“诊改评价”，其评价结论只是将评价的“多元论”模式转换为“二元”或“三元”结论模式，并未发生实质性的变化。根据第四代评价理念，应重视评价的后续反馈工作，加大对评价后续反馈工作及建设工作检查的力度，从而对评价中发现的问题进行及时整改。因此，如何更趋合理地设定评价结果的方式将是今后需要回答的问题。

二 访谈角度的分析

为全面了解职业教育质量评价的实际情况，研究运用访谈法来验证上述文献分析和文本分析结果。

（一）访谈取样

访谈对象的选择采用了分层抽样方法，分别选择了教育管理部门专家、职业学校负责评价的管理者以及一线教师进行有针对性的调查访谈。共选取了 14 名访谈对象，其中教育管理部门专家 4 人，学校评价管理者 2 人，学校参与评价的一线教师 8 人，在此将这 14 名受访者分别以数字 1、2、3、4、5、6、7、8、9、10、11、12、13、14 代表。样本学校类型涵盖国家示范校、省级示范校、普通院校三类，中、高职院校数量比例为 1∶1。从研究的目的看，访谈样本的选择能够满足研究的需要。

（二）访谈对象及方式

为获得更多更全面的信息，笔者采取一对一、一对多、面对面访谈、电话访谈、微信访谈等多种访谈方式，根据访谈的规范性要求，对访谈录音进行了文本转换，访谈对象的编码顺序为随机选择。访谈对象基本情况如表 1 - 10 所示。

表 1 - 10 访谈对象基本情况

机构名称	序号	调查对象	调查对象编码	访谈时长（分钟）	访谈时间
管理机构X	1	教育部评价处负责人	XA1	30	2016. 07. 04
	2	省级评价院负责人	XA2	110	2016. 09. 06
	3	地市级评价院负责人	XA3	40	2016. 06. 18
	4	地市级评价院负责人	XA4	25	2016. 06. 19
S_1学校	5	学院评价负责人	S_1A5	34	2016. 07. 11
S_2学校	6	学院评价负责人	S_2A6	43	2016. 10. 14
S_3学校	7	一线教师	S_3T7	51	2016. 07. 04
S_4学校	8	一线教师	S_4T8	35	2016. 10. 15
S_5学校	9	一线教师	S_5T9	38	2016. 10. 22
S_5学校	10	一线教师	S_5T10	38	2016. 10. 22
S_6学校	11	一线教师	S_6T11	36	2016. 10. 24
S_6学校	12	一线教师	S_6T12	36	2016. 10. 26
S_7学校	13	一线教师	S_7T13	39	2016. 10. 29
S_8学校	14	一线教师	S_8T14	25	2016. 10. 27

（三）访谈框架

笔者采用半结构式访谈，通过访谈大纲引导访谈进行，根据上述文本分析框架和研究假设，访谈过程主要围绕评价主体、内部评价和自我评价、评价的利益相关者参与、评价的方式方法、评价改进策略五个方面（既定框架）进行。

（四）分析方法

采用非标准化归纳，将原始资料根据“既定框架”类别进行编码，即按照三级编码程序进行编码，将其与上述“既定框架”进行比较、分析，试图在“既定框架”和“开放探索”之间寻找异同，进而提取当前职业教育评价所呈现的实然特征，三级编码程序如图 1 - 4 所示。

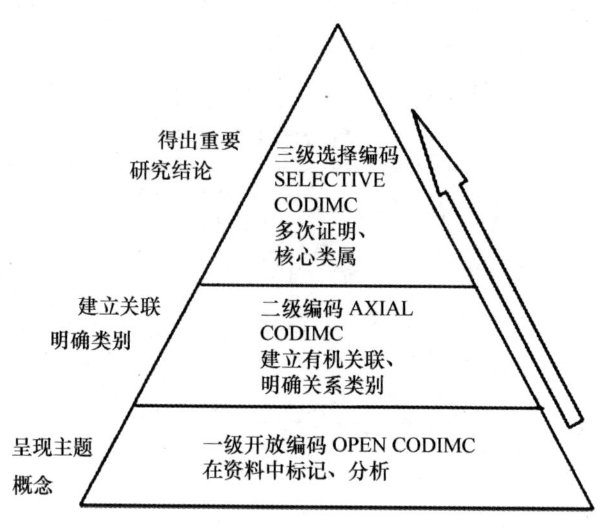

图 1－4　三级编码程序

根据施特劳斯（A. Strauss）所确定的质性研究方法，设定一级编码为开放式编码，即对原始资料进行分析，以识别与研究主题相关的资料并进行精简。资料开始的范围比较宽，经过标记、提炼后，不断缩小范围，以明确主题概念；二级编码为关联式编码，是一级编码的延伸，作用是进一步提炼这些资料，并对形成的概念和类别加以类聚，建立联系，以实现对研究问题形成精确、全面的解释。①三级编码为选择性编码，是对二级编码的逐步凝练，和其他范畴加以系统的联系，并验证其中的关系，将主题提炼为密集思想的过程。

（五）一级和二级编码结论

笔者将访谈资料即编码过程以表格的形式呈现出来。表格中的第一栏为受访者的编码，第二栏是原始资料的呈现，第三栏是依据原始资料所提炼的核心概念，第四栏是在核心概念基础上提炼的核心类属。在对开放式编码进行归纳的基础上，对其“概念化命名”并分

① A. Strauss & J. Coxbin：《质性研究入门：扎根理论研究方法》，吴芝仪、廖梅花译，台湾涛石出版社 2003 年版，第 206 页。

析相互之间的语义关系①，在剔除了与职业院校评价现状无关的内容后，对具有代表性的编码进行归纳整理，详见表1－11至表1－15。针对研究框架的设定，将访谈材料所彰显的主题聚焦在评价现状构成上，由此形成了六个彼此关联的主题，以开放式编码、关联式编码、选择性编码予以呈现。

1. 关于评价主体

表1－11 **关于“评价主体”访谈资料的记录和归纳**

受访者编码	原始资料	一级编码	二级编码
S_3T7	评价人员都是学校的领导，虽然政策规定要将行业企业人员纳入评价主体里，但在实际工作中却没有	政策要求具有多元评价主体，实际工作中未实现	政策要求与实际情况存在差距
S_2A6	有教委和教科院的领导，没有企业、行业的专家，我们不太关心这个，但是我认为评价主体应该有三类人员：第一，教委作为投资主体要参加；第二，商务委要参加；第三，行业协会要参加	只有教育部门领导作为评价专家	教育管理部门的人员为评价主体，一线教师和其他利益相关者的评价权被严重弱化
S_5T9	说是全员参加，但是真正参与评价的都是骨干领导和教师	部分骨干领导和教师为评价主体	
S_6T11	评价专家都是各大院校校长，企业行业专家在专业建设方面没有参与	企业行业专家仅参与平时工作	
S_7T13	我们学校除了领导、教育学专家外，评价专家中没有其他人	评价专家仅限于领导和教育专家	
XA3	专家委员会有很多行政官员，如教育厅厅长、处长等，他们在某些方面是专家，但对于学校自我诊改工作不一定是专家。我认为被评者也是评价者，比如学生、教师等，凡是涉及职业教育利益的人员都要纳入进来	行政官员是评价主体	

① 陈翠容、赵飒：《高校多媒体教学中存在的问题与对策——基于调查访谈法的分析》，《黑龙江高教研究》2013年第5期。

由访谈得知，评价主体以管理人员和专家为主，虽然国家以文件等形式规定了关于职业教育的评价主体，但从实践来看，仍多为政府和教育行政部门控制。访谈中提到最多的观点是：评价专家都是行政官员、各大院校校长，没有企业行业相关人员，没有教师和学生代表参加。这种管理主义的教育评价在某种程度上强化了我国“异治”教育的惯习，因为缺少企业、行业等利益相关者的参与，评价的真实性和公信力招致不满和质疑。根据利益相关者理论，强调分解教育质量的评价权，建立多方参与评价机制，这也是促进职业教育实现开放办学、多主体办学的客观需要。①

2. 关于内部评价和自我评价

表 1－12　**关于“内部评价和自我评价”访谈资料的记录和归纳**

受访者编码	原始资料	一级编码	二级编码
S_1A5	我们有一个专门的机构，叫创建办，负责学校内部的评价	自我评价是某个专门部门的事情	
S_2A6	我觉得任何评价都是自我评价，站在我们的角度上讲，如果想对学校、管理负责，评价是正常手段	任何评价都是自我评价	
S_5T9	在课程设置方面，学校会召集企业的人、中层领导、骨干教师讨论课程的开课学时及其他要求	自我评价就是校级范围内的研讨	
S_7T13	每周四下午的教学研讨算吗	自我评价就是开会研讨	
S_4T8	自我评价有，学校的每一块工作都有相应的管理部门，每个部门都有一套评价体系，我们会按照评价指标准备材料，自己给自己打分，专家评价的时候就一项一项地检查	泰勒式管理方式明显，以检查工作为主	

① 孙芳芳、李红敏、魏立萍、韩军：《授权评价理论及对职业教育的启示》，《河北科技师范学院学报》（社会科学版）2016 年第 1 期。

续表

受访者编码	原始资料	一级编码	二级编码
S_5T10	自我评价这块儿很传统，主要通过教师培训和进修、学校教学就是通过规章制度来规范和检查，还有就是年终考核，但是都说自己好的地方	自我评价就是通过规章制度予以约束	对自我评价的概念模糊；多以检查工作为主
S_6T11	内部评价就是期中教学检查，期末各部门的年度考核	自我评价就是工作检查和考核	
S_6T12	我觉得内部评价开展不下去，领导一言堂的情况很严重，一线教师没有任何发言权	形成民主的自我评价方式很难	
XA3	如何指导建立相应的自我诊改机制，目前做得不足	自我评价机制建设不足	缺乏自我评价机制

访谈结果显示，职业院校对于“自我评价”内涵的理解存在诸多差异，提炼后的核心概念体现在：自评是某个部门的事情，任何评价都是自我评价，自评就是研讨，自评就是检查工作，自评就是年度考核。经过提炼后的核心类属可概括为：对自我评价概念模糊，自我评价方式体现为泰勒式管理方式，缺乏自我评价机制的建立和指导。一位教师描述了学校的自评现状：“我们的自我评价就是在各学期开学、期中及期末三个节点接受检查，我们的工作就是准备材料。”从现实来看，在当前职业教育评价实践中，行业、企业、教师、学生等内部力量的价值需求并未得到足够的重视。长期的传统评价范式不仅使内部评价主体缺少评价知识与经验，而且缺少一种现代教育评价范式下主体意识的解放①观念。授权评价理论的目的之一是通过培训相关评价人员，让其掌握评价的理论、方法和技术，在评价实践中不断探

① 解放（Liberation）是指评价者和被评价者摆脱传统评价模式的局限性角色，转向一种平等的关系。

索，逐步提高自我评价能力。①

3. 关于评价的利益相关者参与

表 1－13 关于“评价的利益相关者参与”访谈资料的记录和归纳

受访者编码	原始资料	一级编码	二级编码
S_2A6	哪些人参与评价，我校是三全：全部老师、全部流程、全部时段都参加。我认为评价就是教学，就是管理，评价无处不在	全部人员都参与了评价	两极分化现象严重，一部分是全员参与评价，一部分是仅领导参与评价，利益相关者的参与性体现不足
S_4T8	每年就专业发展有个座谈会，会请教务处的领导以及相关领导来谈谈工作	仅限于学校领导以开会形式“感受”评价	
S_6T11	没有发现这方面工作	无	
S_8T14	学校召开人才培养分析大会，以校长、教务处处长讲话为主，没有相关人员参与	领导讲话，组织全校开会	
XA2	专家遴选明确要求有行业企业、一线教师参与，但实际情况远没有达到这一要求	行业企业和教师没有成为评价者	

对评价的利益相关者参与的访谈，目的在于揭示已有评价方法与期待方法的吻合度。根据授权评价理论，“利益相关者参与”是评价的核心。访谈结果的关键词为“全部人员参与”“仅学校领导参与”“领导主导会议”“行业企业和教师没有评价权”。可见，当前评价方法与预期假设（当前评价完全没有利益相关者参与）不符。进一步提炼其核心类属，可表达的两个方面：一是个别院校是全部人员都参与评价；二是大部分院校没有利益相关者参与评价，更多的是评价专家与学校管理者进行组织，相比其他“利益人”参与的缺失，学生作为评价主体的权益缺失最为严重。

---

① 孙芳芳、李红敏、魏立萍、韩军：《授权评价理论及对职业教育的启示》，《河北科技师范学院学报》（社会科学版）2016 年第 1 期。

4. 关于评价的方式方法

表 1 - 14　　**关于“评价方式方法”访谈资料的记录和归纳**

受访者编码	原始资料	一级编码	二级编码
S_3T7	像现场考察、查资料、观察等方式根本看不出什么问题来，深度访谈有时能发现问题，如果有一个民主研讨的氛围，会特别好	传统检查式评价方式难以发现学校问题	“泰勒式”管理方式为主
S_5T9	评价对实训比较重视，因为这方面容易评价，但对教学这些内在的东西几乎没有关注，考核也是看你上传的文档，像教案啊、课件啊、注册人数啊等	实践中评价方式更多的是“评硬不评软”	
S_7T13	请评价专家进行培训，然后我们抽调一些骨干老师，关在一个宾馆里，汇总材料	以材料准备和检查为主	
S_6T12	我们不知道什么是自我诊改，谈不上什么评价方法，人家检查什么，我们就准备什么	没有明确的评价方法，以应对检查为主	
XA1	缺少内部质量保障的标准和建设指南；不管外部还是内部评价，都是系统性的，而不是哪一方面的评价	评价应以系统化方式进行	评价的工具性、系统化、微观化方面的内容欠缺
XA2	真正实现内涵建设，还要从宏观的人才培养评价转向专业评价	从宏观评价向微观评价转移	
XA3	提倡多元化，改变过去听汇报、查材料评价方式，强调大数据分析、评价工具开发	以评价工具为基础的方法匮乏	

访谈结果显示，对“评价方式方法”的访谈出现的代表性关键词是“查资料”“考察”“应付检查”“缺少抓手”“汇总材料”“检查什么就准备什么”等，进一步将其提炼为二级编码，可以表达为“泰勒式”管理方式，缺乏评价的工具利用和方法的系统性。这种评

价方法基于传统知识观的哲学体系，强调采用量化研究方法查证、核实、提炼客观事实，与前文政策分析结果截然相反，即实践行为与政策规定出现偏差。因此，我国教育评价需要在实践中改变“线性评价模式”，而非仅停留在“政策层面”。根据授权评价思想，源于“内生评价动力”的评价才是评价的本源，长期管理式评价不仅使职业院校人员形成了被动的心态，也缺乏对评价方法的认知。

5. 关于评价的改进策略

表 1－15　**关于“评价改进策略”访谈资料的记录和归纳**

受访者编码	原始资料	一级编码	二级编码
S_3T7	限制招生，学校和老师会有生存压力，因为招不上生来，就没有饭碗了	用限制招生刺激学校	以“负激励措施”倒逼院校质量改进
S_4T8	内部评价惩罚力度太小，教师无压力	加大惩罚力度	
XA1	评价意识和观念要转变，如何落实更重要，需评价常态化	力争内部评价常态化	评价由外向内转移、由评硬向评软转移
XA2	光理念转变还不行，理念转变完后，还需要有相应的机制做支撑	加强内部评价机制建设	
XA3	借助第三方机构和专业评价，提高自我诊改能力	以专业机构推动自我评价能力建设	
XA3	抓内涵和专业建设、抓师资队伍建设、抓数据平台建设	注重内涵建设	
S_6T11	怎么改进比较重要，不是说专家评价完了，就走人了。还有就是形成一个长效机制	强调改进建议和长效机制	
S_7T13	目前的诊改理念很好，但是没有抓手，没有方法，学校不知道怎么做	没有抓手，学校无法开展工作	强调评价工具和方法的重要性

访谈结果显示，对“评价改进策略”的访谈所出现的代表性的关

键词是“限制招生”“加大惩罚”“加强内涵建设”“加强内部评价”“长效机制”“强调评价的抓手”，对关键词进行类聚、建立联系，提炼出的二级编码为：“以‘负激励措施’倒逼院校质量改进”“评价由外向内转移、由评硬向评软转移”“强调评价工具和方法的重要性”。由访谈得知，虽然部分院校设立了教育教学评价中心等机构，但其职能仅仅限于对内部行政性事务的监督①，并非以问题为起点推进工作，难以实现教学质量的可持续改进。② 可见，职业院校自身迫切希望通过评价来促进质量的提升，但缺乏评价方法和工具使用的相关知识。

6. 三级编码结论

在上述二级编码的基础上，整理出关于职业教育评价实然表征的选择性编码，即当前职业教育评价所存在的突出问题，三级编码结论，如图 1 - 5 所示。

访谈分析结果表明，当前职业教育评价所存在的突出问题集中体现在这些方面：政策规制与实践脱节（评价主体问题）；自我评价并未成为职业院校主流和认可的模式（评价理念问题）；利益相关者参与程度呈现出差异性（评价模式问题），这反映的是“技术专家—行动取向”（the technocratic-action orientation），即政府或管理部门引导和监控评价。这种方法对评价的推动主要在于用专家知识（expert knowledge）在一个正式结构化的官僚政治体系中实施“自上而下”（top-down）的决策，在很大程度上制约了个人和院校对外部环境做出创新、调整的反应能力。

其他问题表现在以传统的泰勒式管理为主（评价方式方法问题）、基于先进理念的评价工具匮乏（评价工具问题）方面，这些反映的是“结果驱动评价取向”，即通过主观感受和计算得出了评价对象的优劣，倒逼职业教育质量改革，通过分析形成“技术专家—行动取

① 申天恩、M. Richard：《高校内部治理保障体系建设国际比较与建设框架》，《高校教育管理》2015 年第 1 期。

② 杨彩霞：《高校内部教学质量保障体系评析——教育部评价中心教学质量保障体系研讨会启示》，《中国高等教育评价》2009 年第 4 期。

向”和“结果驱动评价取向”（见图1－5）。

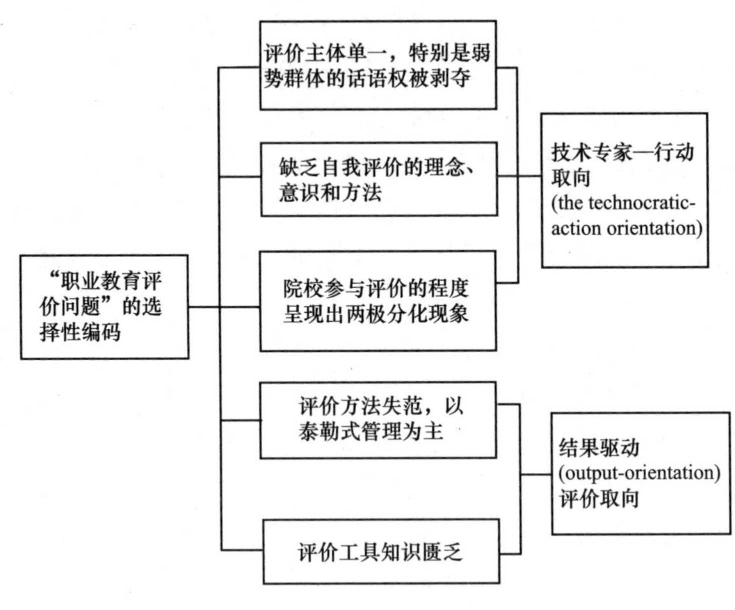

图1－5　三级编码结论

三　分析结论

通过文本分析和访谈调查可知，当前的职业教育评价活动以预设标准为特征，强调组织控制方式，核实教育教学活动过程及其结果与预定标准是否“一致”或“符合”。管理部门从评价目的、评价信息的采集、评价信息的解释到评价结果的运用等各个环节，均进行了自上而下的控制。按照当前的评价方式来提高教育教学质量，主要是由被评价者获知评价结论后自觉努力而取得的。因此，可推断当前职业教育质量评价的实践形式基于如下假设：

第一，事先确定了什么东西是正确的。

第二，评价者的职责是根据评价结果与事先所谓“正确的”标准进行比较，进而做出判断。

第三，评价的功能是按照“正确的标准”检查被评价对象的表现，并将结论告知下属。

第四，一旦被评价对象获知评价结论，他们就会自觉努力地改进工作。

第五，做到了前四项，教育质量就会得到改进和提高。

现在的问题是，上述假设是否合理？这是一个理论问题，也是一个实践问题，我国教育评价改革的努力一直没有间断过，但是评价中所存在的问题却弥久难决，其根本的原因在于，我们追求教育质量进步所依据的基本假设在很大程度上是有问题的。这一结论可从现代教育评价实践中的工具主义价值取向、量化导向的评价方法论、统一的评价标准与规则、为评价而评价的评价结果等方面所表现出来的强制性（忽视评价主体多元化）、僵硬性（忽视发展活力）、片面性（忽视全面发展）、分离性（忽视评价与发展的统合）等现象中得到说明。调查结果表明，自上而下的控制范式在很大程度上已经失能，甚至正在成为高质量教育的障碍，建立自下而上（至少是自下而上和自上而下相结合）的信息生成机制可以促进民主的参与，即罗伯特所提出的“放弃一些控制”[①]，强调将管理的职能授权给利益相关者，授权评价就具备这样的特点和优势。

---

① 转引自［美］泰勒、布莱恩、古德里奇《社会评估：理论、过程与技术》，葛道顺译，重庆大学出版社 2009 年版，第 67 页。

第二章　理论基础

早在20世纪80年代初开始的“学校重构”（restructuring）运动中，爱德华兹·戴明（Edwards Deming）就提出了全面质量管理（Total Quality Management，TQM）这一概念，认为学校质量的问题不在于校长、教师和学生，而在于学校系统本身存在的问题。经合组织（OECD）评价项目参与国的研究者们依据戴明的全面质量管理理论所提出的学校质量诊断基于如下假设：学校发展受学校内部教育教学环境与外部教育教学环境的影响，因此，学校需要通过对内外部教育环境与质量教育的综合评价，来诊断学校需要改进的方面，确定未来的发展目标，然后在此基础上制订学校发展计划。为此，学校发展需要建立学校发展管理团队，并且使学校利益的主要相关者在学校发展计划及实施程序上取得共识。通过收集学校运行的基本数据并在解释数据的基础上形成发展概要，确定优先发展目标，制定为实现目标所需要完成的具体任务，安排与协调人员完成各项任务。最后，对学校诊断效果进行评价，然后开始新的一轮内部诊断与评价。学校质量诊断的价值在于它可以为学校内部管理提供决策依据，为教师参与管理提供机会，为恢复公众对学校教育的问责提供证据。

教育评价研究的支持理论较多。本章在第四代评价理论、建构主义理论、组织学习理论框架下探讨职业教育授权评价问题。第四代评价理论代表了教育评价的总体发展趋势，建构主义理论提供了方法论视角，组织学习理论从组织变革角度为制定解决方案提供帮助。

第一节　第四代评价思想

一　第四代评价的发展脉络

美国著名评价专家古贝和林肯将评价历史划分为四个阶段：（1）第一阶段是测量阶段（20 世纪初至 20 世纪 30 年代），这一时期的评价主要关注学生是否掌握了某个课程或学科的知识，强调评价工具和技术的运用，评价者扮演"测量员的角色"。（2）美国的"评价之父"泰勒在测量的基础上做了一些"描述性"的解释，评价者从"测量技术员"发展为"描述者"，所以这一时期被称为描述时代（20 世纪 30 年代至 50 年代）。（3）1957 年苏联人造卫星发射成功，极大地震惊了美国人，他们开始反思本国教育，这一时期的社会现实要求评价者不仅有能力运用一定的测量手段去收集评价信息，而且要具备一定的判断能力，所以被称为"判断时代"。在 1967 年以后的 10 多年里，"判断"成为第三代评价的标志。从评价的三段发展历史中可见，每一个阶段的评价范式在相应的时代都具有其合理性，并做出了重要贡献，但是随着社会的不断发展，原来的评价范式就逐渐表现出了它的局限性。

以上三种评价范式（下文统称"传统评价"）[①] 对当前的教育评价表现出明显的局限性。一是浓厚的管理主义倾向。评价通过自上而下、由外而内的线性管理模式来实现，被评价对象处于被动的地位，配合评价者按上级主管部门要求提供各类信息，评价旨在通过对教育现象的甄选和辨别做出价值判断。[②] 这种方式的一个严重缺陷是，只能发现"早已存在的问题"，而无法预测未来的发展趋向。二是忽视价值多元性。传统评价都忽视了与之发生各种关系的利益相关者和不同类型院校之间的差异，强调管理部门作为单一的主导力量，评价的

---

① ［美］古贝、林肯：《第四代评估》，秦霖等译，中国人民大学出版社 2008 年版，第 68 页。

② 孙芳芳、李红敏、魏立萍、韩军：《授权评价理论对职业教育的启示》，《河北科技师范学院》（社会科学版）2016 年第 1 期。

真实性和满意度不高。三是过分强调科学的实证主义方法。传统评价范式均以传统知识观为基础，即认为知识是基于“外在于”这个世界的客观真实的观察和测量得来的，在这种哲学体系下，强调采用量化研究方法查证、核实、提炼客观事实，这种评价方法使评价过程形成了严格的、固定不变的程序，从而使评价活动缺少必要的灵活性和弹性。①

二 第四代评价的主要观点

“第四代评价”强调协商建构、全面参与、多元价值，因评价理念和方法论的不同而颠覆了传统评价范式，从而震惊了整个评价领域。第四代评价的核心思想和方法是“建构”，属于自然主义或解释性范式。基于现代社会的多元价值取向，建构主义范式关注不同利益相关者的不同主张、焦虑和争议，认为协商是达成共识的根本途径，评价者的工作就是“诊断”和“开处方”，其任务是与被评价者一起探究原因、谋划对策。建构主义评价范式的特点具体表现在心理建构、意义协商、应答/回应模式、关注资源和过程以及结果认同五个方面。

（一）心理建构

在批判传统评价观的基础上，第四代评价提出“评价就是对被评事物赋予意义，它本质上是一种心理建构。评价关注的不是事物客观性，因为无论如何努力，也难以获得一个所谓的‘正确的结果’，而只能通过参与者共同‘讨论与协商’而形成的深入的理解，即‘心理建构’”。参与评价的所有人，在相互交流的过程中反思对事物的认识。评价结果也是这些人交互作用的“共同建构物”②，即对自己的原有理解形成重新认识。

（二）意义协商

评价是评价参与者基于个人对某一事物的认识，通过与他人的对

---

① 孙芳芳、李红敏、魏立萍、韩军：《授权评价理论及对职业教育的启示》，《河北科技师范学院学报》（社会科学版）2016 年第 1 期。

② 卢立涛：《回应、协商、共同建构——“第四代评价理论”的述评》，《内蒙古师范大学学报》（教育科学版）2008 年第 8 期。

话，相互共享个体知识，从而不断调整价值观，缩短对被评价事物意见分歧的过程，最终妥协达成一种共同认可的结果，即共识。[①] 这种评价的有效性是不断诊断出新的问题、解决问题，循环往复，从而保证质量的持续提升。这只能通过宽松、民主的环境来实现，而不是上级的“强制命令”。

（三）应答/回应模式

评价的出发点应该是对利益相关者各方评价要求的“回应”，而回应主张采取应答模式，即每个人都有机会表达意见，其他人对此做出应答，从而增进沟通，消除官僚倾向并满足多元需求。

（四）关注资源和过程

信息技术的发展使资源特别是软资源建设变得更加重要。另外，随着投入控制向产出控制理念的深入，过程控制和结果评价成为质量保障的重点。

（五）结果认同

评价不是对某一事实得出的鉴定结果，而是评价参与者对评价对象状况交换的意见和认同的结果；评价可能达成共识，也可能产生更多的问题，这些问题是下次建构的逻辑起点。[②]

三　对职业教育授权评价的启示

（一）对评价范式的启示

“第四代评价”并非仅仅基于历史脉络的概念确立，还是评价范式的改变。按照“第四代评价”理论，目前我国职业教育评价基本上停留在第四代评价以前的评价范式（以下称为“传统评价范式”）上，它与职业院校和学习者多元化发展需求之间必然会产生矛盾。尽管人们在反思传统评价范式时也开发了一些改良模式，但这并没有从根本上解决

---

① 卢立涛：《回应、协商、共同建构——“第四代评价理论”的述评》，《内蒙古师范大学学报》（教育科学版）2008 年第 8 期。

② ［美］古贝、林肯：《第四代评估》，秦霖等译，中国人民大学出版社 2008 年版，第 185—227 页。

统一标准和多元化发展之间的矛盾。[①] 即便是在教育部办公厅颁布的《关于建立职业院校教学工作诊断与改进制度的通知》（以下简称“诊改通知”）[②] 文件本身，也明显存在着两种范式的纠结和争斗，这引发其在贯彻实施过程中的困难和困惑。究其原因是：当前线性的科学调查评价模式无法满足现代社会的多样化价值需求。第四代评价范式采用新的哲学理念和方法论，摒弃传统评价范式永远也不可能完全真正实现的乌托邦式的、整齐划一的“科学性”追求。可见，引入符合社会和教育发展趋势的新范式，不仅是对旧范式的修改或扩展，还是系统化的创新。实践中进行评价范式的转化，可能是解决实践问题的重要突破口。

（二）对评价方法论的启示

评价范式的转化归根到底是评价方法论的革新。传统评价强调所谓的科学调查的技术过程。第四代评价秉持社会本体论的观点，超越了一般的科学技术范畴，在实证主义和后实证主义的论战中坚持多元主义的立场，为职业教育评价提供了重要的方法论基础。它认为，社会的深层结构是由观念而不是物质力量构成的，基于这样一种本体论假定，把评价从实时测量和判断的方法层面，上升到关注人的主体地位以及与社会关系的哲学高度。在研究方法上，侧重于对社会事实和社会意义的理解（understanding）和诠释（interpretation）。[③] 根据第四代评价思想，评价方法应采用“建构”或“探索”策略，而非证实，即通过建立评价者与利益相关者的互动模式，在评价各方的相互作用下形成某种结论或判断。正是由于方法论的革新，第四代评价被认为是解决我国传统评价问题（管理主义倾向、忽略价值多元化、强调调查的科学化）的有效途径。[④]

第四代评价理论强调，利益相关者在评价中要建立平等关系，林

---

① ［瑞典］胡森：《教育大百科全书·教育评价》，张莉莉译，西南师范大学出版社 2011 年版，第 60 页。

② 《教育部办公厅关于建立职业院校教学工作诊断与改进制度的通知》，http：//www.moe.edu.cn/srcsite/A07/moe_737/s3876/201507/t20150707_192813.html，2015－06－23。

③ 金新：《建构主义理论的方法论探析》，《党政干部学刊》2011 年第 2 期。

④ ［瑞典］胡森：《教育大百科全书·教育评价》，张莉莉译，西南师范大学出版社 2011 年版，第 61 页。

肯和古贝把这样的关系称为“全面的观念性平等”，即所有评价参与人都有权分享彼此的理解，并努力形成一种公认的、符合常理的、信息量更大的、成熟的共同建构。高等职业院校人才培养工作评价按照“以服务为宗旨，以就业为导向，走产学结合发展道路”的办学要求，坚持“以评促建、以评促改、以评促管、评建结合、重在建设”的方针，保证高等职业教育基本教学质量，促进院校形成自我约束、自我发展的机制。因此，在评价实施过程中应强调评与被评双方平等交流，共同发现问题、分析问题，共同探讨问题的解决办法，注重实际成效，引导学校把工作重心放到内涵建设上。

（三）对评价机制的启示

一直以来，政治霸权和知识霸权共同构成了我国职业教育质量评价的真实图景，外部评价成为实践中的主要形式，学校内部评价被严重忽视。随着国际评价趋势的发展以及认识论的冲击，政府认识到，要想实现教育教学质量的持续提升，仅靠外部监控与管理无法实现，必须建立学校内部质量保证机制，职业教育评价的管控逐步从以外部评价为主向学校内部评价转变。授权评价作为一种全新的评价理论之所以受到如此瞩目，就是因为其理论基础第四代评价与职业教育“内部质量评价机制”构建的需求存在高度契合。目前，“诊改通知”要求按照“需求导向、自我保证，多元诊断、重在改进”的方针，引导职业院校建立“常态化的内部质量保证体系和可持续的诊断与改进工作机制”。这里的“诊断与改进”就是实行“管办评分离”，即管理方和办学方不再组织评价，评价主体逐步转为学校自身。

第二节　建构主义理论

“建构主义”这个术语在第四代评价理论中用来指明实际运用的方法论，尽管我们称之为建构主义，但有时该方法也被称作阐释或解释。[①]

---

① ［美］古贝、林肯：《第四代评估》，秦霖等译，中国人民大学出版社 2008 年版，第 69 页。

一　建构主义理论的发展脉络

建构主义是20世纪80年代以来兴起的一种具有广泛国际影响、集大成的（科学）学习理论。建构主义思想的萌芽可以追溯到18世纪意大利著名哲学家、建构主义的先驱维柯（G. B. Vico）。维柯指出，社会的各项原则可在人类的心理变化中发现，人类能清晰地理解他们建构的一切。[①] 此后，康德的“哥白尼式的哲学革命”、波普尔的“经验证伪原则”、杜威的“经验自然主义”、维特根斯坦的“语言游戏说”和“家族相似概念”、库恩的“范式理论”、罗蒂的“反表象主义”等先后从哲学角度对建构主义思想的萌芽、形成和发展提供了思想渊源。

20世纪初，心理学界的两位巨人皮亚杰（J. Piaget）和维果茨基（L. Vygotsky）分别从发生认识论和心理发展理论角度对建构主义进行系统阐述，并将其应用于课堂，成为建构主义理论的直接来源。此后，科恩伯格（O. Kornberg）、斯腾伯格（R. J. Sternberg）和卡茨（D. Katz）分别从认知结构的性质与发展条件、个体的主动性在建构认知结构过程中的关键作用以及认知过程中如何发挥个体的主动性等方面做了深入探索。20世纪70年代，在布鲁纳（J. S. Bruner）等人的进一步推动下，建构主义不断完善并趋于成熟，在知识观、学生观、学习观和师生观等方面提出了一系列新的解释，形成了一套比较成熟的理论体系。此后，众多学者进一步拓展和实践了建构主义，使其最终发展为一个枝叶繁茂的巨大理论群落，在科学哲学、社会科学、历史科学乃至社会政治中均产生了较大影响。[②] 20世纪80年代，古贝和林肯在《第四代评估》中详细阐述了建构主义方法论（constructivist methodology），在教育评价领域引起了巨大反响。

---

① 高文、徐斌艳、吴刚：《建构主义教育研究》，教育科学出版社2008年版，第4页。

② 陈琦、张建伟：《建构主义学习观要义评析》，《华东师范大学学报》（教育科学版）1998年第1期。

二　建构主义理论的主要观点

作为一个巨大的理论群，建构主义来源驳杂，流派纷呈。有学者将建构主义比作一座容纳各派别的“大教堂”①。尽管建构主义各理论流派有着不同的理论观点，甚至在理论流派内部也存在较多的分歧，在一些具体的主张上存在差异，但他们在认识论的基础上以及学习论等方面仍然形成了许多共识。

（一）建构主义知识观

建构主义学习观极大地影响着教育评价研究。社会从工业化经由信息化向鼓励知识创新、以培养知识创新人才为己任的知识社会转型时，建构主义学习观对知识本质的认识影响了教育评价范式的走向。从20世纪80年代中期开始，在教育心理学和教育工程学领域中，“建构主义”替代了传统的“行为主义”和“客观主义”。针对“学习主体内部的知识是如何建构的”“经历怎样的过程解决问题”这样的争论，建构主义思想的知识观将其归纳为两点：其一，学习是知识的建构。基于“学习是知识的建构”这一隐喻，“能提供认知工具，蕴含丰富资源，鼓励学习者通过与环境的互动去建构个人意义的学习环境”成为教育的要求。其二，学习是知识的社会协商。建构主义认为，知识具有社会性，知识在个人与团体共同的互动张力中生成。②在建构主义的连续体中，社会取向的建构主义理论强调了知识的社会本质，这一隐喻要求教育管理强调沟通、合作、参与、协商和共建。

（二）建构主义学习观

建构主义理论认为，学习者不是被动的信息吸收者，而是个体主动参与整个学习的过程，是以已有经验为基础，在一定的情境下，通过与外界的相互作用来主动建构意义的过程③；与传统学习观不同，建构主义学习观不是信息的积累与记忆，而是学习者相互交流所形成

---

① 李子建、宋萑：《建构主义：理论的反思》，《全球教育展望》2007年第4期。

② ［美］斯特弗、盖尔：《教育中的建构主义》，高文、徐斌燕、程可拉译，华东师范大学出版社2002年版。

③ 王保中：《试论建构主义学习观》，《现代教育科学》2005年第3期。

的对原有观点的重组和重建，他人的信息输入对个体来讲即为学习，从而认识到新的知识角度，深化原有理解。①

三 对职业教育授权评价的启示

（一）承认评价具有多重事实

建构主义与教育评价之间存在着微妙的关联。因为世界和社会是多元化的，人的认知必然也是多元化的，并非能够获得完全相同的事实或结果。从建构主义角度看，所谓“事实”，是思想建构的事实。其基本逻辑是：建构主义评价并不判断哪种事实更“科学”，而参与者的知识经验和认知结构都是真实的。因此，并非评价者就能高高在上地统治话语霸权，被评价者只能唯命是从，按章办事。这里需要转变的观念是，了解每个人的认知和观念，创造民主的环境，鼓励通过交流、协商、讨论等达到探究世界的目的，使建构赋予评价多元的意义。

（二）主张多重价值观并存

建构主义认为：“事实和价值观是相互依存的，事实只有放在价值框架中才能体现其存在本能，否则事实将毫无意义。”② 评价主体不应仅限于“评价的管理者、组织者和实施者”，应扩展为所有利益相关者。在评价者“全面参与”的基础上，坚持“价值多元化”理念，主张听取不同参与者的意见和观点，协调不同价值观下的思想分歧，通过开放性的协商和讨论，形成参与者共同认可的结果。

（三）协商是共同建构的主要手段

传统的线性评价模式实际上是某种程度的泰勒式科学管理在职业教育评价领域的应用，即崇尚实证主义，依赖技术理性等，其评价效果往往导致职业院校办学定位出现偏差，抑制学校特色的形成以及学生个性的发展，也影响到人才培养的质量。要从根本上解决我国职业教育评价中所存在的问题，除了进行评价哲学范式的改变之外，还必

---

① 陈琦、张建伟：《建构主义学习观要义评析》，《华东师范大学学报》（教育科学版）1998 年第 1 期。

② ［美］古贝、林肯：《第四代评估》，秦霖等译，中国人民大学出版社 2008 年版，第 69 页。

须进行方法论的革新：通过多方参与的“解释性辩证过程”，以协商机制设计评价方案与策略，关注利益相关方参与的共同协商式的建构与再建构的评价方法，主张评价者与被评价者一起探究原因、谋划对策，最终将信息整合为系统化的“相对合理的模式”。

第三节　组织学习理论

一　组织学习理论的发展脉络

组织学习的一个基本假设是，学习将提高组织的绩效。[①] 组织学习理论由甘集洛西（V. E. Cangelosi）和迪尔（W. R. Dill）在1965年首次提出。[②] 随后很多学者在心理学、社会学、管理学、经济学等学科领域展开了深入和广泛的研究，对企业组织以及类似的结构组织的发展产生了重要而深刻的影响。较有影响的是阿基里斯和舍恩（C. Argyris & D. Schon）于20世纪70年代提出的单循环、双循环学习理论[③]，认为组织学习是“在过去的行动和绩效与未来的行动和绩效之间产生新的观点、新的知识，建立新的联系，特别是发现错误并进行纠正[④]，这也是目前广为接受的组织学习观点。

到了20世纪90年代，全球化趋势和竞争压力对企业发展提出了更多挑战。企业要适应外部环境的变化，必须具备相应的学习能力。此时，彼得·圣吉（P. M. Senge）使用学习型组织（Learning Organization）这一新的术语将组织学习理论的研究推向了顶峰，改变了世界对学习的看法。1990年，《第五项修炼——学习型组织的艺术与实务》一书的出版，再次引发了学习型组织理论与实践研究的热潮。同

---

① ［美］阿肖克·贾夏帕拉：《知识管理》，安小米等译，中国人民大学出版社2013年版，第129页。

② V. E. Cangelosi, W. R. Dill, "Organizational Learning: Observations towards a Theory," *Administrative Science Quarterly*, 1972, 17: 1-25.

③ C. Argyris, D. Schon, *Organizational Learning: A Theory of Action Perspective*, Menlo Park: Addison-Wesley, Reading, 1978.

④ 赵卫东、吴继红、王颖：《组织学习对员工组织匹配的影响——知识惯性调节作用的实证研究》，《管理工程学报》2012年第3期。

时，该理论也被国际企业界誉为面向21世纪的管理圣经。应该指出，组织学习与学习型组织是两个经常被混淆的概念，二者虽然相似，但其内涵仍具有不同之处。最简单的理解是：组织学习根据“个体学习”概念推衍而来，强调行动；而学习型组织强调行动之后的状态，二者也可以理解为因果关系，即因为有组织学习的具体行动，才能形成学习型组织的静态结果。

二 组织学习理论的基本观点

组织学习包含组织和学习两个基本概念。因为现代组织的基本学习单位是集体而不是个人，所以集体学习是极其重要的。没有集体学习，就没有组织学习。① 组织是由个人和集体组成的社会结构，个人和集体对组织发展具有重大的意义。组织学习指组织为了适应外部不断变化的竞争环境，努力改变自身管理、运行等机制，以保持持续发展的过程。这里的组织学习有三个层次的含义：一是将组织学习视为一个组织的学习，即将组织拟人化，组织成为个体和集体学习的主人，成为一个能够学习，处理信息，反思经历，拥有大量知识、技能和专长的主体，一个能够遵循并超越组织发展目标的主动学习的机构；二是将组织学习视为在组织过程中的学习。基于这一假设，组织学习的推动者是组织的成员，而不是组织本身，这里强调了参与和反思两个核心概念②；三是通过组织学习和在组织中学习，最终发展成学习型组织。即通过个人和集体不断地沟通、持续地学习、主动地反思而形成良性的循环机制，并且利用相关方法和技术达到学习和生产的最大化。

不同学科对组织学习理论进行了多维度研究，并呈现出不同的理论观点和发展形态。尽管组织学习理论纷繁多样，但其展现的核心内核却成为理论和实践研究共同遵守的普遍法则：

---

① ［美］彼得·圣吉：《第五项修炼》，张成林译，中信出版社2009年版，第103页。

② ［德］迪尔克斯等：《组织学习与创新》，张新华译，上海人民出版社2001年版，第30—34页。

第一，关注差异。学习共同体依赖差异而发展壮大。每一个差异都说明个体或群体之间具有不同的观点或策略，差异在组织学习中发挥着巨大作用。不同差异的观点在个体或群体中传递、共享，便是不同知识的建构，当不同知识的建构在参与者之间达成共识时，便为下一步的机制改进提供了基础。因此，适当的差异是发展的关键，而极端的差异有可能引发冲突。

第二，对话。对话与辩论不同，对话不是对立的或对抗的，恰好相反，对话包含了一种暗示搁置自己的信仰而倾听别人和为了群体的需要而屈从和放弃自己观点的意愿。在一个民主的氛围中，合乎逻辑的辩论仍然有一席之地，但前提是所有参与者的对话都要相互尊重和信任。

第三，共享文化。欣赏差异只是学习型组织的起点，参与者之间还是松散的联合，为了尽快发展成共同体，还需要培育共同的目标和共享的文化，如公认的规范、实践、习惯和语言。组织学习的过程就是经历观点差异、进行协商、心理建构、达成共识的过程，同时也是文化共享的过程，文化共享可以使学习共同体与外界的群体或个体建立联盟，组成更大的协作共同体。

三　对职业教育授权评价的启示

（一）对职业教育机构评价的启示

教育组织是公共组织中的一种，教育组织创新当然符合一般的公共组织创新的要求。换言之，教育组织创新要对“主流思想与做法”提出挑战，狭义的教育组织创新要对“社会上的主流思想和做法”进行挑战，广义的教育组织创新要对“组织过去的主流思想和做法”进行挑战。职业教育质量管理的问题已经不再仅仅是《教育测量与评价》的学科“问题”，而是与经济、社会（包括制度）和政治、文化等领域密切相连的社会问题。如果把职业教育机构看作一个社会复杂系统，那么它应该是一个允许适应和转变的系统机构，这种适应和转变本质上就是学习的结果。当教育共同体通过回应与适应彼此共享信息资源时，便发生了组织学习。如前文所述，适应性变化伴随着一定的结构类型而发生——不是等级制的、静止的或中心控制的，而是权力分散的、复杂的、动态的、由协作的贡献者构成的网状物。[①]

（二）对教育评价观的启示

在向知识经济和知识社会过渡的过程中，阶梯式的组织结构和自上而下的管理模式在应对这些变化时已经心有不逮。为了适应组织和市场化的发展，现代职业教育机构不仅要具备技术、组织管理和人员上的灵活性，还必须发展成为具备竞争力的学习型组织。而这种学习型组织的质量已不仅仅是单向度地注重绩效观，而是强调通过共同学习来保障"持续质量改进的"观念。

作为组织学习系统的学校教育质量保障体系，事实上是使评价活动成为学校获得知识和经验的组织学习过程。在学校教育质量的生产过程中，评价最大的用途是学习的工具。就其本质而言，评价不能用于判断，只能用于启发和帮助思考。[②] 评价是一个批判性学习与反思的过程，并将反思的结果付诸实践使其进一步接受检验的过程。在这一过程中，组织及其成员逐步加深对于自身活动的认识，提高其思维和行动能力。高效、持续的不断学习，使组织具有高度的智慧和有效的行动能力，能够在复杂多变的环境中，敏锐地辨识对自身生存和发展具有重要意义的因素，并迅速做出有效的反应。

（三）对处理评价信息的启示

西蒙（H. A. Simon）将组织定义为"人类群体当中的信息沟通与相互作用的复杂模式"[③]，知识被认为是组织发展最有价值的资源，能够丰富组织发展并提供竞争力优势，需要创造民主机制来增进信息的传播、交流与共享。哈耶克（F. A. Hayek）认为，合理的决策以相应的知识与信息为基础，而"知识的分散性会扩大个人的必然物质的范围"[④]。因此，必须依靠一定的组织体系去获取做出具体决策所必

---

① ［美］戴维·乔纳森：《学会用技术解决问题——一个建构主义者的视角》，任友群译，教育科学出版社2007年版，第140页。

② 沈玉顺主编：《现代教育评价》，华东师范大学出版社2006年版，第208页。

③ ［美］西蒙：《管理行为》，杨烁译，北京经济学院出版社1988年版，第9页。

④ F. A. Hayek, *The Sensory Order*, Chicago: The University of Chicago Press, 1952, p. 142.

需的全部知识和信息，以此将获得的评价结果反馈给评价参与者，可有效增加利益相关者对评价的认同感和满意度。

总之，处理评价信息的方式对职业教育评价具有重要影响："高质量的组织"能够把握其选定的领域或方向，将有限的个人知识向组织交流与传播，将评价焦点从传统上对具体活动及其结果的关心，转为对组织学习能力建设的关心，其基础是所有成员的直接参与、持续学习和不间断的经验交流。

本章所阐释的三种理论思想与现代职业教育授权评价思想不谋而合，第四代评价理论提供了一个整体性的指导思想，提示我们不仅应该将职业教育评价研究放置到整个评价的历史发展背景中去考察，而且要在实践中引入符合社会和教育发展趋势的新范式。在社会和教育多元发展的背景下，充分尊重和发挥多元主体和利益相关者的作用，为避免传统的调查、检查工作似的评价霸权方式，更加需要强调协商、深度访谈、自我诊断、内部评价等具体方法，这些都意味着管理部门的放权和授权，也意味着职业院校的自我评价能力建设。建构主义理论为职业教育授权评价提供了方法论，提示评价范式转换需将研究视野放置于本体论和方法论层面，重视质性研究方法以及质性与量化相结合的方法对职业教育评价的影响。改变评价指标一刀切的倾向，通过对话、协商来设计评价方案与发展策略。组织学习理论为职业教育授权评价提供了系统思考理念，即需要从职业教育组织层面系统地思考解决方案。组织学习中的系统思考理念，颠覆了传统评价思想和模式。现代职业教育评价观要求从整个组织角度审视评价范式的症结。

首先，教育部评价方案的评价目的着重突出了职业院校在质量保障体系当中的主体地位，明确了教育行政部门的引导作用，而非主导作用，强调了企业等社会力量的参与在促进高等职业院校革新人才培养模式、加强内涵式发展中的重要作用，可以说，这在一定程度上规避了"管理主义倾向"，体现了"多元价值观"思想。其次，"以评促建、以评促改、以评促管、评建结合、重在建设"的评价方针，强调评与被评双方平等交流，共同发现问题、分析问题，共同探讨问题的解决办法，注重实际成效，引导学校把工作重心放到内涵建设上来，这反映了第四代评价通过协商来达成共识的途径，即所有评价参与者都有权分享想法、观点，并努力形成一种公认的、符合常理的、信息量更大的、成熟的共同建构。最后，评价原则在突出高职院校“主人翁”地位的同时，倡导评价过程的民主，但多数省市对“自主开放”这一原则不够重视，评价原则仍然没有摆脱“科学范式”“价值中立”的影响，这在一定程度上忽视了“价值多元化”理念。综上所述，我国高等职业院校人才培养工作评价政策文本体现了“价值多元”“全面参与”和“共同建构”等思想。本书的理论基础建构如图 2－1 所示。

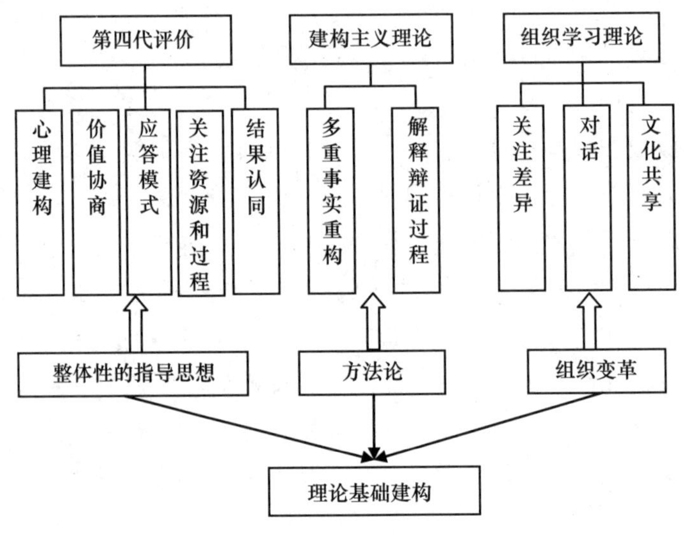

图 2－1　理论基础建构

第三章　评价范式演变及趋势

所谓范式，起初来源于自然科学领域，“是一套相互关联的概念”，它提供了人们观察和理解特定问题和活动的框架，决定了人们的目的、解释观察到的现象以及解决出现问题的方式。当老的范式不能解决突出的问题时，范式便要发生变革。教育评价范式是一个动态的历史发展过程，它不仅受制于当时的时代背景，而且直接受影响于当时的哲学思想的冲击。美国评价专家古贝和林肯在对评价领域进行批判的基础上，提出了教育评价发展的历史阶段划分，即测验和测量时期、描述时期、判断时期、建构时期。以此为基础，把教育评价范式划分为量化的范式、描述的范式、判断的范式和建构的范式，勾勒出了教育评价理论虽然短暂但仍互相补充、世代承续的发展图谱。斯塔弗尔比姆将评价范式分为自然主义探究法和理性研究典范，并描述了基本假设和知识论基础。不论何种形式的划分，不同评价范式之间是相互联系和相互渗透的，这是因为任何一种工作都是连续的，阶段的划分也是相对的。

评价范式的争论与理论的演进如影随形。利益诉求的多元化，使教育评价理论从将科学主义范式奉为圭臬的状态中苏醒，引发了一场旷日持久的关于评价范式的论战，拓展了教育评价理论发展的深度和广度。梳理职业教育评价历史可以窥探其发展趋向与现实定位，本章将教育评价范式分为“科学主义评价范式”和“后现代主义评价范式”。由于职业教育发展历史较短，本章以教育评价理论进展为参照进行梳理。

第一节　科学主义评价范式

一　科学主义评价观的兴起和发展

19 世纪末 20 世纪初，科学技术在帮助人类征服自然的过程中取得了辉煌的成就，形成了唯效率的价值追求、归纳式的思维逻辑以及量化设计的研究范式。按照基于决定论哲学的后实证主义观点[①]，原因可能会影响结果，在教育评价上体现为采用一种“简化的方法论”，即通过“科学手段”和量化方法去收集信息，形成对评价对象客观状态的认识，从而更好地了解事情的“本来面貌”[②]。Guba & Lincoln 1981 年曾将这种源自自然科学的范式称为科学家的或科学的典范（scientistic 或 scientific paradigm），Stufflebeam 称其为理性典范。[③] 评价者只需运用精准的策略工具与方法加以证实，便可准确地获得教育“事实”。在致思理路上，科学主义评价范式追求自然科学取向的分析逻辑，表现出较强的设计性。因此，其评价框架也多通过细化不同类型的变量及其相互之间的一般关系，为探索提供基础，即变量的一般种类是如何松散地组成一个固有结构的。评价目的是找出规律性知识，强调共同性。

100 多年来，科学主义评价范式在自然科学和社会科学领域应用得十分普遍。早在 1843 年，弥尔就将科学研究方法应用到社会科学领域，但批评者认为，对于态度、创造力、能力等因素的测量，科学主义评价又呈现出了自身的局限性。[④] 研究者发现，该范式的研究成果对实际措施没有产生实质性影响，甚至发现根本无法将其基本原则加以辅助实施。为解决这一问题，美国教育家泰勒提出了目标导向原

---

① D. C. Phillips & N. C. Burlules, *Postpositivism and Educational Research*, Lanham, MD: Rowan Littlefield, 2000.

② ［美］约翰·克雷斯威尔：《研究设计与写作指导：定性、定量与混合研究的路径》，崔延强译，重庆大学出版社 2007 年版，第 5 页。

③ ［美］Daniel L. Stufflebeam：《评估模型》，苏锦丽等译，北京大学出版社 2007 年版，第 425 页。

④ 张其志：《西方教育评价发展的心理学基础》，《教育评论》2010 年第 1 期。

则的评价范式[①]，但也未从根本上解决科学主义评价范式的局限性问题。

二　科学主义评价范式的知识论基础

科学主义评价范式的知识论基础是实证主义（positivism），这一偏爱先验（a priori）理论的范式，坚持研究如果没有先验是不可行的。实证主义认为可把事物分解成单一的各个元素，对每个元素都可以独立地加以处理。实证主义者将知识界定为各种命题形式，即研究的问题和假设都围绕先验理论进行。

实证主义坚持一个事先确定的研究设计框架，后面的工作就是“内容填充”。因为遵循实用主义的世界观，存在以稳态的观点研究动态的过程，以孤立的观点研究系统的问题。这样的范式偏爱可控的、可操作的情境，其假设基于只有在这样的情境中才能导出合理的推论和解释。这种假设的动机是寻找因果律，Cook 和 Campbell 基于唯实论立场，指出因果律是一个靠不住的概念，假设关系存在于人的心灵之外，假设有效的因果关系无法从人们不完美的感官知觉和理智能力做出正确的觉知。[②] 休姆（David Hume）指出，因果律是无法明确观察到的，而是由观察者主观认定的，其中一个为因，一个为果。

一个公认的观点是，将实证主义应用在自然和生命科学上，在某种程度上是有意义的，如谈论空气、电流等现象时，用因果关系来解释是没有问题的。但是，社会和行为科学与此完全不同，其处理的实体是建构出来的，这种建构是存在于人们心中的，实证主义范式在很大程度上是不适用的。如果因果关系不是基于经验确立的，而是被赋予某种关系，那么也是相互支持的。如“经过特别的教学方式是否能

---

① 泰勒指出，测验不能以教科书为中心，而要以一定的教育目标为指导，并提出了不同于测量的教育评价概念以及评价的核心思想。一是教育评价要关注目标与结果的比较。二是从多个方面综合评价人的行为。三是拓宽评价方法。四是将评价内容具体化为可操作的行为目标，以便观察和测量，以此控制教育活动。

② D. L. Cook & D. T. Campbell, *Quasi-experimentation*: *Design and Analysis Issues for Field Settings*, Chicago: Rand McNally, 1979.

有效增进学生的学习”这类被赋予了因果关系和有效标准的问题。尽管存在诸多对实证主义的批判和否定，但在社会科学实践中人们仍偏爱“探求因果假设”的评价范式。

我国“以量化为主”的教育政策评价“大行其道”，评价话语权被强势主体所垄断，体现出强烈的决策者和评价者立场与价值取向。2004年的《高职高专人才培养水平评价方案》是典型的在科学主义评价观指导下的评价方案：评价过程采用科学调查法，强调指标量化、评价标准统一和管理主义模式。科学主义评价的显著特征是倾向于外部评价，被评价者试图向外部提供“质量证明”①。在国际上，这种传统评价范式一度被广泛应用。但是随着社会的发展，20世纪50年代以来，纯粹的量化研究是否适用于社会科学领域，已经引发了激烈的争论②，受人文主义思想的影响，评价者开始接受多元化观点，至少承认这一现实的存在。③ 随着这种意识的崛起与合法性的不断提高，质的评价方法在社会科学领域开始成为传统量化方法的一种补充。④

不可否认，在职业院校规模和数量快速发展的时期，传统评价范式一度与职业教育的外延式发展相吻合，具有一定的历史必然性。随着我国社会主义市场经济体制的建立，经济的多元化直接导致利益需求的多元化，教育成为现代社会各主体利益实现的交汇点。传统评价范式与社会的发展产生一系列的尖锐矛盾，并面临三个难题：组织变革对评价方式提出了新的要求；忽视了隐性知识在实践中的作用；难以满足不同利益群体的多元价值诉求。科学主义教育质量评价范式无法满足现代社会多样化的价值需求，预示着新的评价范式的来临。

---

① 戚业国：《高校内部本科教学质量保障体系建设的理论框架》，《江苏高教》2009年第2期。

② E. W. Eisner, "Educational Connoisseurship and Criticism: Their Form and Function in Educational Evaluation," *J. Aesthetic Educ*, 1976, 10 (3－4): 135－150.

③ 戚业国、匡瑛：《教育价值的多元与教育评价范式的转变》，《华东师范大学学报》（教育科学版）2011年第2期。

④ ［瑞典］胡森：《教育大百科全书·教育评价》，张莉莉译，西南师范大学出版社2011年版。

第二节　后现代主义评价范式

一　后现代主义评价观的兴起和发展

20 世纪 50 年代末，以量化研究为主的科学主义遭到以人文科学知识分子为代表的人文主义的批判和质疑。人文主义倡导的科学观认为，科学的任务不应该仅局限于研究纯粹的“客观事实”，还应该包括意义、价值和情感等主观领域。这一时期的人文主义思想提倡管理者的授权和放权、团体凝聚力、合作等，对民主参与的兴趣已经逐渐弱化了等级控制和线性管理模式。[①] 20 世纪 60 年代以来，伴随着各种理论群体的喧哗与骚动，后现代主义登高一呼，成为欧美学界应者云集的理论思潮，其影响遍布哲学、社会学、美学、艺术、宗教、教育等诸多领域。这一模式放弃能发现最正确、最好答案的可能性，支持多元文化主义、道德相对性概念。20 世纪下半叶，美国在率先进入“后工业社会”的过程中，旧的等级制度四面楚歌，大众化成为文化进程的主旋律，昔日现代理念对精英文化的倚重受到威胁，竭力追求的肯定性和普遍性遥不可及，一度对科学方法信心百倍的学者们开始动摇理性和精英崇拜。以怀疑和否定为思维特征的后现代思潮开始被接受。进入 21 世纪，计算机改变了人类的时空观念，多媒体和虚拟现实技术打破了真实和虚幻的界限。信息技术使得各种各样的信息在网络上都有了平等对话的机会。信息技术的出现再次极大地促进了后现代思潮的发展。

后现代主义思想的核心要义是弱化量化研究，重视知识建构、应用条件以及由此带给人们的影响差异。在后现代主义思想的冲击下，社会科学领域的理性价值陨落，非理性价值提升[②]，质性研究方法开始被逐渐接受。强调在资料的获得和解释上，让利害关系人民主地参与。第四代评价是后现代主义评价观的典型代表，由于符合社会多元

---

① 于璨、宋风宁、宋书文：《教育组织行为学》，北京师范大学出版集团 2009 年版，第 18 页。

② 王景英、梁红梅：《后现代主义对教育评估研究的启示》，《东北师大学报》（哲学社会科学版）2002 年第 5 期。

化的现实以及多元利益主体的需求而受到了学术界的高度关注，并引发了一系列公共管理改革措施。由于斯塔克的应答式评价思想和第四代评价都与“自然主义”方法[①]紧密联系在一起，二者具有异曲同工之处。但有人对采用此模式进行评价提出质疑，认为这种模式太过强调社会任务的达成，无法做到良好评价（sound evaluation），即这种评价也许会为了达成社会目标而牺牲某些评价过程的完整性，因而导致错误的研究。

后现代主义思想的代表——第四代评估特别强调评价者的参与性，一时间，参与式评价（Participatory Evaluation）模式成为第四代评价理论的典型代表。参与式评价研究的主要代表是卡辛斯和厄尔（J. B. Cousins & L. M. Earl）、惠特摩（E. Whitmore）。[②] 这一概念立足于行动研究，它要求“评价者不仅要促进公民参与评价，而且要成为社会中被剥夺了发言权的少数民族的代言人”。该模式的主要优点是：评价的规划和实施中十分重视“人”的要素，重视人文社会科学方法的运用，评价方案具有很大的灵活性。1993 年，大卫·费特曼创立授权评价（Empowerment Evaluation）理论，进一步发展了参与式评价模式。经过发展后的授权评价概念是通过提供工具给利益相关者，使之用来评价计划、实施计划及进行自我评价。[③] 评价者的角色是指导者和协助者，不是管理者。

这一时期评价方法论的人文化倾向得到迅速发展，教育评价中更倾向于质性方法论，即通过集中每个参与者的意见，使评价结果逐步“接近”现实。同时需要对讨论过程进行量化，进而得出可视化结果，体现了定性与定量评价方法的融合趋势。本书正是基于后现代主义评价观进行的相关探索。

---

① 自然主义评价的出发点是对所有潜在的利益相关者进行辨别并对他们的观点加以关注，研究是自然发生的，无须对其进行约束、操纵和控制。

② J. B. Cousins & L. M. Earl, “The Case for Participatory Evaluation,” *Educational Evaluation and Policy Analysis*, 1992, 14 (4): 397 - 418. E. Whitmore (ed.), *Understanding and Practicing Participatory Evaluation*, San Francisco: Jossey-Bass.

③ D. M. Fetterman, A. Wandersman, “Empowerment Evaluation: Yesterday, Today and Tomorrow,” *American Journal of Evaluation*, 2007, 28 (2): 179 - 198.

二　后现代主义评价范式的知识论基础

后现代主义评价范式的知识论基础是建构主义，偏爱扎根理论。遵循心照不宣（tacit）的知识：直觉、理解、感受等（这通常是不易表达的）。在建构主义者看来，将知识视为命题性，这一观点过于狭隘了。实体是多元的、不具体的，只能把它当整体来看待，而多元的整体内部之间的差异是显著的，不可能通过工具来被控制和预测。

他们提倡将研究者当作研究工具，尽管这种工具不尽完美，却相当具有弹性，研究者一开始不必对问题进行界定和假设，反而认为问题只有在研究之后才形成的，即需要研究者与研究对象进行互动。这种互动应该在事情实际发生的自然情景中进行，而不是在经过安排的人工环境中展开。评价目的是探讨现象的意义，强调差异和个性。对每个行为的解释可能由多元的因素和互动形成，研究者最多只能对形成的过程做出可能合理的推论。建构主义者特别注重个人的价值取向，就像 Filstead 所言，“存在着多元的实体……个人就是依他所建构并认为有意义的实体在互动”，有多少人就有多少种建构。这种建构存在于人们心中，无法触摸，只能以整体的方式来处理，它们不能被分解成各种变量。

在后现代主义思想观念下涌现出来的教育评价模式有 CIPP、目标游离模式、“应答评价模式”（Responsive Evaluation）等，这些评价模式都认为，评价重点应该是教育过程而非结果，强调持续相互交流，诊断并分析潜在问题，从而对教育过程进行有效干预和改进。这些模式强调了客观描述性的定性分析方法，反映了个体需要的多元化取向，试图考虑人的观念和主观经验在评价中的作用，但这些研究仅以倡导和讨论的形式进行，影响力较小，导致当时的实证研究范式仍旧占据了统治地位。比较科学主义和后现代主义评价观可以发现，二者在社会的不断发展下呈现出互相质疑又共同发展的态势。

职业院校教学诊断与改进采用后现代主义理念，摒弃传统评价永远也不可能真正实现的乌托邦式的整齐划一的“科学性”追求，秉持“系统化和持续改进的质量观”，具有更大的合理性。从“评价”

到“诊改”的转变，说明国家对职业教育质量的干预方式正逐渐由指令式、审批式的显性行政管制转向院校自我保障和外部问责相结合的隐性行政规制。然而，这种转变的背后依然隐藏着政府无处不在的“权力之眼”。就本质而言，新评价范式（诊改）的引入并未颠覆传统评价范式，如“诊改”文件中要求的“复核”程序并没有完全摆脱上级的“督查”，仍表现出外部控制的表征，“诊改”实践中的范式转变不尽如人意。尽管如此，“诊改”内涵和理念符合国际职业教育质量保障发展趋势，是当前我国职业教育评价改革的进步。

三 两种范式的比较

教育评价理论深受实证主义和后现代思潮的洗礼，特别是学界对于哲学与方法论的论争，严重影响了教育评价理论的深入展开。教育评价研究的趋势，除了理论基础的愈加坚实之外，还表现为已渐次跳脱纯粹的技术取向。评价对于利益相关者、沟通及学习等议题的重视，彰显出开放式评价架构的优势，教育评价研究逐渐朝民主化方向发展。对科学主义和后现代主义两种评价范式的比较，可见二者的区别（见表3－1）。

表3－1 **科学主义和后现代主义评价范式的比较**

	科学主义范式	后现代主义范式
事物本质	单一、具体、可放入系统中、可分解	多元、不具体、无法放入系统中、整体的（不能分解）
研究者与研究对象的关系	独立的	投入的、互动的
真理的本质	脱离情况的概括化——律则式命令、强调概括性	与情况相关的假设——个别特质的说明——强调差异
对行为的解释	具体的原因；用前后同时产生的事件来解释；可操作的原因；问题取向	归因塑造的过程；交互式的（有投入和反馈）；不是操作式的；强调可信度
研究中价值的问题	价值中立	价值投入
研究方法	定量研究	定性研究

资料来源：［美］斯塔弗尔比姆《评估模型》，苏锦丽译，北京大学出版社2007年版，第429页。

第三节　发展趋势

对评价演变轨迹的考察有助于明晰职业教育评价思想定位的坐标系。纵观教育评价观的发展历程可见未来质量保障范式的可能走向：从外部评价转向内部诊断，具体表现为评价理念从一元控制走向多元治理，评价重心从“物化”走向“人化”，评价方法由单纯量化走向质、量并举。教育质量评价观在客观上的阶段性变化并不代表教育质量的实际提升。

一　评价理念：从一元控制走向多元治理

早期的评价理念认为，社会应当共享价值观，即价值取向的一元性。从行政管理视角审视，我国教育质量保障体系靠行政牵引推行，缺乏内在动力；学校在建构自身内部教学质量保障体系时，没有充分考量相关利益者的切身需求，价值多元化问题在评价理论与实践中没有受到重视。从教育评价历史发展脉络中可以看出评价理念的发展取向：承认并尊重各利益相关者各自的价值标准和价值取向，希望通过多种方式建构一个各方“认可（公认）”的评价标准，强调评价者与被评价者之间的平等性，体现了评价理念从教育管理者的一元主导向多元主体治理的发展趋势。

二　评价重心：从“物本”走向“人本”

从早期的教育评价重心发现，评价以投入为导向，以硬件资源评价为主，即评价焦点倾向于“以物为本”。随着评价理念的进步和发展，过程性评价和产出导向评价越来越受到重视，这一模式的转变必然要求关注“人”的因素，评价主体强调由“组织者和实施者”扩展到“所有利益相关者”①，体现了“以人为本”的理念，教育评价

---

① 李凌艳、李勉：《从西方教育评价理论发展的视角看我国学校评估研究》，《教育理论与实践》2010 年第 4 期。

的重心要求无论从评价方法、评价指标、评价过程和结果都要从工具理性过渡到价值理性，即从“物本”过渡到“人本”①。

三　技术方法：从单纯量化走向质、量并举

从评价发展的历史中发现，早期的评价研究者都倾向于逻辑实证主义的量化方法，对自然主义和质的方法采取回避的态度。随着后现代思想对传统评价的冲击，质性研究在教育评价领域逐渐占有一席之地。特别是第四代评价理念的兴起，评价者逐渐认识到了质的方法的合理性，在社会科学领域越来越受到重视。因此，未来的教育评价方法将呈现出诸多趋势。一是质的评价范式开始成为传统量化方法的一种补充，虽然后者目前仍然居于主要地位；二是在社会科学领域，量化与质的研究方法相结合，能够更好地解释和分析社会现象；三是由于社会现象的复杂性，评价方法将是开放的、不断发展的，评价的专业化要求也必将提高。如何通过定量和定性方法相结合来建立各方都能接受的评价标准，需要评价研究者不断进行理论推动。

四　评价范式：从外部评价向内部诊断转变

探索“内部诊改为主”和“外部问责为辅”的实践创新模式。质量保证范式应超越问责逻辑，以学校自身的质量管理、监控以及自我诊改为主，形成职业院校“自主评价—自我监控—自行改进”的质量保障机制。目前，有关诊改的探讨大多仍局限在理念层面，相关的实践探索更是相当薄弱，但已有研究机构在这方面进行了有价值的研究。如北京师范大学赵志群教授及其团队开发的“授权评价”，曾作为职业院校内部质量诊断的试验工具，在全国多个地区的职业院校开展质量保障活动，从方法和实施层面总结了相关经验，为教育部诊改通知的具体施行提供了有益的参考工具，为职业院校开展自我诊断与

① 李凌艳、李勉：《从西方教育评价理论发展的视角看我国学校评估研究》，《教育理论与实践》2010 年第 4 期。

改进工作提供了行动指南。[①] 但鉴于授权评价是一种成本相对较高的方法，且受我国权威文化的影响，大规模推广这一方法仍然存在困难。尽管如此，"诊改"理念下的授权评价理论及方法论能够满足多元价值的需求，有利于职业院校更清晰地意识到自身发展的不足和所面临的挑战。本书遵循上述"多元治理"的评价理念，"以人为本"的评价重心和"质、量并举"的评价方法，探索授权评价在职业院校内部质量诊断中的应用效果。

---

① 孙芳芳、赵志群、李红敏：《职业教育专业建设的授权评价研究》，《职教论坛》2016 年第 3 期。孙芳芳、赵志群：《职业院校教学质量诊断效果——基于授权评价的试验》，《职教论坛》2018 年第 7 期。

第四章　职业院校质量诊断工具
——授权评价

评价领域引入授权思想，是基于传统评价［国际上称之为“传统监控与评价”（conventional monitoring and evaluation）］的局限。[①] 研究表明，在项目发展初期，传统评价作为一种外部评价形式，有效地发挥了支持功能（support function）和控制功能（control function）。[②] 随着职业教育外部发展条件的满足，质量提升进入了瓶颈期，对评价工作提出了挑战。面对这种状况，需要秉持外部评价向内部诊断转移的理念，让院校自身逐步掌握诊断、解决问题的能力[③]，这就需要相应的诊断工具予以支撑。那么，授权评价是否可以成为职业院校质量诊断的工具？本章将从授权评价的背景、理论基础以及工作机制等方面解释这一问题。

第一节　背景

授权评价的起源可以追溯到20世纪20年代的“授权思想”和“民主理念”，管理学理论预言家福列特（M. P. Follett）严厉批评企业组织机构等级森严的制度，提倡关注员工权益的更加民主的企业管理方式，他认为，要充分考虑一线员工的知识与经验，让他们有机会

---

① P. Mandakini, “Participatory Evaluation,” http：//www. unesco. org/education/aladin/paldin/pdf/course01/unit_09. pdf，2016 - 12 - 04.

② Ibid.

③ Ibid.

参与管理，并有权利根据个人意愿工作，这样可以提高工作效率。这一思想最早在美国提出，但并未引起重视，反而是日本企业家认识到该理念的重要性，随后将其同戴明的质量理论一同应用于工业生产中，获得极大成功。而后，美国才开始认识到“给利益相关者一定的权利让其参与管理”是强化和释放劳动力潜能，打造企业持续竞争力的关键。①

20 世纪 60 年代初，这一思想已得到欧洲共同体国家的认同。西方学者认为，现代社会的规模及组织发展及其复杂性，政治权力的强化和官僚体制的发展，经济权力的高度集中和垄断，都意味着必须进一步加强传统的西方民主的各种保障措施。有了人们的参与活动，就可能在保障实行民主决策方面发挥一定的作用。② 70 年代初，民主思想被引进文化教育领域，进一步扩大了此概念的使用范围。越来越多的管理者意识到：依靠单纯的外部管理，缺少民主参与的评价方式已不能满足需要。只有提升员工参与度、积极性和内在潜能，才能更快地提升组织效益。③ 授权评价应用领域日益扩大，在公共管理领域、社会评价领域等开始有所应用。学者和实践者的目标开始关注探索成功策略、分享所学经验，以及加强与强大的决策机构进行交流的能力。合作、参与和授权逐步成为授权评价的观念要素。

进入 21 世纪，企业管理的变革和公共管理思想深刻地影响了教育改革的步伐。授权评价影响了行动研究，也强烈地被行动研究所影响。一般而言，在行动研究和授权评价中，由项目的利益相关者指导相关研究和工作。实践者在咨询和行动方面都有自主权。授权评价要求在项目改进中不断进行反思和行动，强调使用最简单的数据收集方法。美国教育改革运动（National Educational Reform Movement）、学校促进项目（Accelerated Schools Project）等的实施，都强调赋予家长、

---

① 秦海敏：《从赋能授权理论谈内部控制》，《经营管理》2006 年第 8 期。

② 汝信主编：《社会科学新辞典》，重庆出版社 1988 年版，第 53—54 页。

③ 景涛、陈丹、李惠先：《基于体系化授权思想的授权管理理论架构整合性创新》，《社会科学家》2009 年第 4 期。

教师、管理员以及其他员工权利，以提高教育效率和质量。① 此外，这种自我决定管理模式在残障工作领域对授权评价的发展也有深刻的影响。② 在此背景下，授权评价开始对社会及教育问题做出回应。

第二节 理论解释

授权评价方法来自不同的学科传统和社会实践，这种异质性支撑了授权评价的生命力。

一 心理学基础

（一）群体心理学

心理学领域的理论研究很多，对授权评价产生重要影响的理论主要是群体心理学（Community Psychology）。③ 群体心理学认为，参与具有社会性，个体特征也只有通过行动参与式研究（activist participation research）才能更好地得以体现，相关者只有通过活动过程，才能更好地控制自身事务。对话与参与的目的是反思与行动，是认识过程不可或缺的组成部分。在这一行动中，任何人都不能被简单地称为一个“行动者”或“行动群体”，而是“在相互交往中的行动者群体”④。在解码对话过程中，参与者对自己的观点会更加清晰，对世界的“真实意思”会更加明确，他们开始意识到，他们是如何思考和行动的，达到一种“对先前认识的认识”，从而改变或拓展其认识

---

① W. S. Hopfenberg, H. M. Levin & Associates, *The Accelerated Schools Resource Guide*, 1993, San Francisco: Jossey-Bass.

② G. Mithaug, Chapter in L. Buchert (ed.), *Education Reform in the South in the 1990s*, Paris: UNESCO, 1991.

③ J. Rappaport, "Terms of Empowerment Exemplars of Prevention: Toward a Theory for Community Psychology," *American Journal of Community Psychology*, 1987, 15 (2): 121 - 148. S. Tax, "The Fox Project," *Human Organization*, 1958, 17 (1): 17 - 19.

④ 《适宜礼仪学科的“参与式”培训方法》，http://blog.sina.com.cn/s/blog_6728f5540102dy6g.html，2012 - 02 - 24。

视野。[①] 群体心理学认为，授权（empowerment）是某一个人、组织或群体对自身事务的控制[②]，从这一角度解释，授权评价特别强调自我诊断。

（二）人本主义理论

人本主义（Humanism）心理学是相对于传统心理学（行为主义、认知主义等）而言的。人们认识到，传统心理学过于关注人的外在行为和认知结构，人本主义对于教育的理解是，在促进认知发展的同时，要重视个人需求和情感以及自我诊断在学习中的重要性。人本主义思想基于对传统教学方式中"教"和"学"的批判而提出的，传统教育体现了"壶杯"理论，即教师（壶）是知识拥有者，学生（杯）是知识的容器，学生只能服从和接受教师的"知识灌输"[③]。人本主义代表人物罗杰斯（C. R. Rogers）倡导废除传统教育方式，认为教师的任务不是传授知识（行为主义导向），也不是教会学生怎样学习（认知理论导向），而是为学生提供学习资源，帮助学生学会自我学习。罗杰斯所提出的"意义学习"概念包括四个要素，分别是"学习具有个人参与性""学习是学习者自我组织的""学习是渗透性的""学习是由学习者的自我诊断过程生成的"。

人本主义学习理论从学习的角度为授权评价提供了解释性支持，特别是对人的关注，强调学习以促进人的发展为目的。因此，评价的过程也是发展的过程，通过评价来促进教师、学生以及其他利益相关者的发展。从建构角度看，评价参与者与学习者一样具有个人知识和经验，能够在已有经验的基础上通过与他人相互学习而建构知识，并主动整合新旧知识，扩展学习者的知识视野和认识深度。

---

① 陈向明：《在参与中学习与行动——参与式方法培训指南》（上册），教育科学出版社2003年版，第160—163页。

② J. Rappaport, "Terms of Empowerment Exemplars of Prevention: Toward a Theory for Community Psychology," *American Journal of Community Psychology*, 1987, 15 (2): 121-148.

③ 陈向明：《在参与中学习与行动——参与式方法培训指南》（上册），教育科学出版社2003年版，第160—163页。

二 社会学基础

从社会学角度讲，授权评价强调各类社会角色在发展过程中的平等参与，相互交往，在社会中建构相互平等的关系。这种关系不仅意味着内部诊断参与者相互之间应该磋商，而且意味着他们的基本愿望和知识系统都得到充分的尊重。[①]

（一）对话理论

对话是日常生活中一个非常普遍的现象，是人的交际活动中最根本的方式，“对话交际是语言的生命真正之所在”，“纯粹的对话关系”是“在各种价值相等、意义平等的意识之间相互作用的特殊形式”。对话关系是人们思维的基本形式，对话的基础是他人和他人互动的话语。在一个谈话的集体里，每个人接受的话语和信息的输入都来自与他人的对话，任何对话都是在他人的观点与个体的原有假设之间张力的融合。[②] 对话理论对授权评价的影响是：人的存在是实际的，人的思维需要人际话语的互动。授权评价方法就是要为这种互动提供足够的空间，创设民主、宽松、平等的环境，让每个参与者都能够平等地对话，自由地发言，在民主的对话中生成新的知识理解。

（二）交往理论

20 世纪 90 年代以来，“相对主义”和“文化多元论”对“科技理性”思维形成了极大的冲击。在这样的气候下，哈贝马斯（J. Habermas）提出了“交往理论”，试图通过建立一个具有普遍性的“规范基础”来描述、分析和批判现代社会。哈贝马斯用“交往理论”代替狭义的“理性”概念，以“真理共识论”批判“实证主义”的“真理对应论”。“真理共识论”基于这样一种假设，即人具有理性讨论和相互学习的能力，而共识可以通过创造条件，相互沟通而形成。哈贝马斯认为，共识形成的前提是：参与者没有内部制约和外部压力，同时能够满足自身需求，因为每个人都期望获得一种被尊

---

① 周忠学：《互动交融教学法探析》，《教学研究》2012 年第 6 期。

② 巴赫金：《巴赫金文论选》，中国社会科学出版社 1992 年版，第 252 页。

重的理想的生活方式。[①]“真理共识”或者说“达至了解”是潜藏在人类语言里的一个“目的”，这个目的蕴涵着一个没有任何制约的、理想的交往情境。

交往理论与授权评价方法的立场非常类似，都认为共识是可以达成的，其唯一途径是参与、沟通，抑或深度参与和不断沟通。参与者在没有内外压力的情况下，个人观念能够得到表达，心理受到尊重，互相以一种真诚的态度和协商的方法进行讨论，达成真正共识或基本达成共识是可以实现的。[②]

（三）社会相互依赖理论

格式塔学派的创始人之一寇夫卡（K. Koffka）是社会相互依赖理论的创始人。他在20世纪20年代提出，相互依赖是在“小组”内产生的，为满足自身需求，不同的组员与其他组员相互依赖，构成一个具有群体动力的整体。20世纪二三十年代勒温（K. Lewin）细化了该理论[③]，提出小组的实质是小组成员的任何形式的变化都会引起其他人的变化，没有引起变化的互动是无效的，他们之间的张力是群体为共同的目标而相互依赖、相互影响、相互作用。相互依赖有正面影响（如合作）和负面影响（如竞争）之分[④]，正面的相互依赖可以形成激励式、促进式互动，负面的相互依赖可以导致对抗性互动。[⑤]

社会相互依赖理论对授权评价的启示是：评价过程应通过多种方式来促进正相互依赖，如通过目标认同、角色尊重、资料共享、想象、身份认可、奖赏等方式使评价参与者共同分享信息，以促进正相

---

① 董青梅：《语言沟通抑或语言权利？——当哈贝马斯相遇布迪厄》，《平顶山学院学报》2013年第3期。

② 王谷仙：《五年制师范〈生物学〉教学中应用参与式教学的理论与实践研究》，学位论文，云南师范大学，2006年。

③ K. Lewin, *A Dynamic Theory of Personality*, New York, USA: McGraw-Hill, 1935.

④ M. Deutsch, "An Experimental Study of the Effects of Cooperatioon and Competition upon Group Processes," *Human Relations*, 1949, 2: 199 – 232. M. Deutsch, "Cooperation and Trust: Some Theoretical Notes," M. Jones (ed.), *Nebraska Symosium on Motivation*, Lincoln, NE, Universtiy of Nebraska Press, 1962.

⑤ J. Rogers, *Adults Learning*, Milton Keynss, UK: Open University Press, 1989.

互依赖的产生，增强对问题的诊断效果。

三 管理学基础

我国关于评价技术和方法的研究呈现出评价主体正在由政府的一元线性主导向利益相关者多方介入的评价格局转变的趋势，这也意味着职业教育评价实践需寻求非线性理性评价机制①，而评价机制的建立又需要科学的工具予以支撑。授权评价作为我国职业教育质量评价工具具有一定的合理性，且具有坚实的理论基础。

（一）基于授权决策理论

决策是管理活动中最重要的内容之一②，西蒙（H. Simon）认为，决策就是管理（Managing）的同义词。③ 传统决策模式表现出自上而下（top-down decision making）的特点，即下级为上级搜集信息，由上级来进行决策。无论在企业组织还是教育组织，决策权通常集中在管理者手中，底层员工几乎没有机会做决策。传统决策模式根植于组织学家所推崇的理性决策（rational decisions）④，但却遭到有限理性（bounded rationality）思想者的批评。有限理性思想者认为，决策者的视野受到决策能力、组织资源数量的限制以及其他因素的影响，人往往缺乏完全客观和纯粹理性的认知方式，不可能列出所有的解决方案并保证“决策完美”⑤。个体决策所带来的不足通常表现在框架效应（framing）、启发式（heuristics）、内隐偏爱（implicit favorite）导致偏见、承诺升级（escalation of commitment phenomenon）方面，这些因素

① 程兰芳、周丽丽、马肖肖：《高等教育质量的评价模型研究》，《统计与决策》2016年第10期。

② H. J. Mintzberg, *Mintzberg on Management: Inside our Strange World of Organizations*, New York: Free Press, 1998.

③ H. Simon, *The New Science of Management Decisions*, England Cliffs, NJ: Prentice-Hall, 1977.

④ 理性决策者会通过系统来寻找解决问题的最佳方案以实现自身利益的最大化，为此，决策者必须拥有完整和精确的信息，而且决策过程必须精确，不带偏见。

⑤ F. A. Shull, L. Delbecq & L. L. Cummings, *Organizational Decision Making*, New York: McGraw Hill, 1970.

皆可归为“自我正当化”（self-justification）倾向所致。[①]

针对传统决策模式所存在的弊端，一种新的决策类型——“授权决策”逐渐风行。首先，授权决策允许员工对工作范围内的一些事情做出决策，而无须请示上级。其次，组织团队也需要被授权，由一个利益共同体发挥“群体决策”优势去决定一些重要的事情。群体决策是否优于个体决策，取决于任务的性质。复杂的决策任务更需要群体决策，反之，简单的决策任务由专家个人做出决策，其优势比群体决策效果好。[②] 职业教育各项工作，从开发、建设到运行的整个过程都是所有利益相关方共同治理的过程，与经济发展、学生发展、社会贡献等的联系非常密切，加之职业教育本身的特殊性，反映出其评价的复杂程度。要想对其进行深入剖析、反思、改进，群体决策更优于个人决策，这一特征正是“授权评价”思想的体现。

群体决策的有效性需要满足两个条件：第一，决策群体必须由有丰富专业技能、不同专业背景的成员构成，对此，职业教育授权评价的参与者由企业人员（行业人员）、教师、管理者、学生以及其他社会组织成员共同组成。这样的群体在针对复杂问题时，比同一领域的专家组成的群体能够做出更英明的决策。第二，群体成员必须平等、开放、透明地进行思想交流。只有充分重视决策群体中大多数专家的意见，群体决策才能为诊断问题、制定决策和组织发展提供帮助。[③]

应用授权评价对职业教育质量进行诊断，一个非常重要的影响因素是信息权力（information power）的使用，即个人头脑中的信息通过

---

① “框架效应”是指由于问题呈现方式的不同，人们有做出不同决策的倾向。“启发式”分两种：“依赖启发式”是指用简单的经验法则指导他们做出一系列复杂决策；“代表启发式”是指如果一个人表现出某一群体所具备的典型特征，人们往往倾向于用社会对这一群体的印象来推断这个人。“内隐偏爱”即最喜爱的备选方案，但决策者自己也没有意识到该方案是他最喜欢的，表现为在决策过程早期早已完成了决策。“决策升级”是指做出错误决策的人为了证明先前决策的正当性而继续投入人力物力来支持质性错误决策的现象。参见［美］格林伯格、巴伦《组织行为学》，范庭卫等译，江苏教育出版社2005年版，第391—396页。

② ［美］格林伯格、巴伦：《组织行为学》，范庭卫等译，江苏教育出版社2005年版，第398页。

③ 同上。

共享可以对事件结果产生重要影响。[①] 授权评价的有效管理对诊断意味着：明确每个组织都有多种利益需求，了解有关个人和群体对评价项目所持的态度，明确完成工作必须掌握一定的权力，组织权力得以发展和运用的基础是权力的分散。[②]

（二）基于利益相关者的治理

利益相关者理论（stakeholder governance）源自企业管理实践，它是在对西方国家"股东至上"企业治理模式的质疑中发展起来的[③]，是由 stockholder（股东）演变为 stakeholder（利益相关者）的。20 世纪 80 年代，该理论的奠基者弗里曼（R. E. Freeman）将利益相关者定义为"任何受组织目标影响的或影响组织目标实现的个人和群体"[④]。利益相关者理论经历了"利益相关者影响"（stakeholder influence）、"利益相关者参与"（stakeholder participation）和"利益相关者共同治理"（stakeholder co-governance）三个发展阶段，从"否认权利"到"赋予参与权利"，再到"授予治理权利"，体现了利益相关者理论的发展形态和实践趋势。影响和参与阶段都是基于工具主义倾向和"股东至上主义"责任观，目的是提高组织的战略可行性和管理有效性，这一倾向遭到了价值主义倡导者的批评，认为企业的全体利益相关者都应该参与企业管理，实现共同治理和相互制衡。[⑤] 利益相关者治理的演进如图 4－1 所示。

职业教育利益相关者治理是各方共同参与职业教育服务与供给的全过程。[⑥] 学校作为一个非营利组织，是典型的利益相关者组织。[⑦]

---

① ［美］奎克、尼尔森：《组织行为学：现实与挑战》，刘新智、闫一晨、邱光华译，清华大学出版社 2013 年版，第 355 页。

② ［美］伊万切维奇、康诺帕斯基、马特森：《组织行为与管理》，邵冲、苏曼等译，机械工业出版社 2006 年版，第 319 页。

③ 卢晶：《专业认证制度的治理模式研究》，学位论文，天津大学，2008 年。

④ ［美］弗里曼：《战略管理——利益相关者方法》，王彦华、梁豪译，上海译文出版社 2006 年版。

⑤ 杨瑞龙、周业安：《企业的利益相关者理论及其应用》，经济科学出版社 2011 年版。

⑥ 荣长海、高文杰、赵丽敏：《教育公共治理视阈下的高职教育评估问题》，天津师范大学学报》（社会科学版）2015 年第 6 期。

⑦ 张维迎：《大学的逻辑》，北京大学出版社 2004 年版。

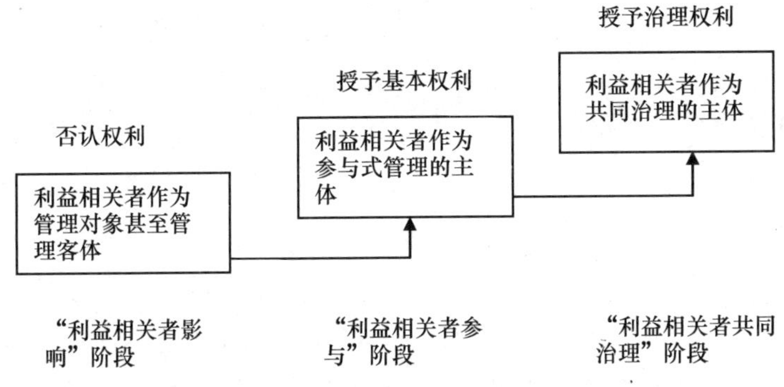

图 4－1　利益相关者治理的演进

实际上，现代学校的发展已超越了单纯依靠政府管理的模式，受新公共管理理念、治理理念的影响，现代学校已逐渐发展成为不同利益相关者的“命运共同体”①，共同治理已成为教育改革的必然趋势。职业教育是一个利益相关者系统，其发展必然要兼顾各方利益相关者的诉求与期望。

授权决策理论和利益相关者治理理论都表明，组织管理模式正在经历“自下而上”的彻底革新，这就需要开发相应的管理与质量保障工具。首先，利益相关者治理语境下的职业教育授权评价表现为治理主体的多元化、治理方法的多样化、治理态势的多变化、治理理念的服务化特征，二者的治理理念不谋而合。其次，从制度视角看，我国职业教育治理仍处在政策、法规的制度设计之中。2014 年，国务院颁布的《关于加快发展现代职业教育的决定》指出：“职业院校要依法制定体现职业教育特色的章程和制度，完善治理结构，提升治理能力”②，可见，职业教育授权评价是驾驭利益相关者治理的路径选择。

① 刘德宇、白洁：《大学利益相关者与高校课程管理制度创新》，《河北科技大学学报》（社会科学版）2014 年第 3 期。

② 《国务院关于加快发展现代职业教育的决定》，http：//jycg. nvq. net. cn/htm/8541/191224. html，2015－05－19。

第三节　过程、原则与工作机制

从评价层次来说，评价目的可分为鉴定、诊断和改进三个层次。我国职业院校人才培养评价早期阶段也采用了鉴定方式，用以鉴定目标达成度，或根据某种准则和标准鉴定教育活动结果合格与否、优劣程度或水平高低以及进行排名或比较、分层或分等、筛选或选拔。随着职业教育内涵建设的逐步加强，当代教育评价活动不再将鉴定作为主要目的，而是通过“诊断”来获取各类信息，提供关于评价对象的问题、原因，提出有针对性的“疗法”与“处方”。与“诊断”相比，“改进”要求提供关于“进步”的描述和对教育的促进作用。诊断最重要的意图不是证明（prove），而是改进（improve）①，即以被评价对象接受诊断时的现状为基线，新的诊断会与上一时期的成就、结果做对比，以寻找差距，判断自身是否进步的一种评价方法。换言之，以“自身进步”作为质量评价标准，以发展为导向，强调标准的动态性和不断提高是授权评价的主要价值取向。② 此方法减轻了评价对象接受外部评价的压力，体现了诊断与改进的评价观。

一　授权评价的过程与原则

（一）过程

授权评价的核心在于“自我诊断”和“利益相关者参与”，评价由利益相关者共同融入评价的计划与执行过程中，从“制定目标”“诊断现状”“改进规划”“追踪反馈”的整个过程都要有利益相关者的参与和共同治理（见图4－2）。

授权评价理念已得到国际上的公认。③ 在实施过程中评价者与参

---

① ［美］斯塔弗尔比姆：《评价模型》，苏锦丽等译，北京大学出版社2007年版。

② 沈玉顺、卢建萍：《制定教育评价标准的若干方法分析》，《高等师范教育研究》2000年第2期。

③ D. M. Fetterman & A. Wandersman, *Empowerment Evaluation Principles in Practice*, New York, The Guilford Press, 2005, p. 1.

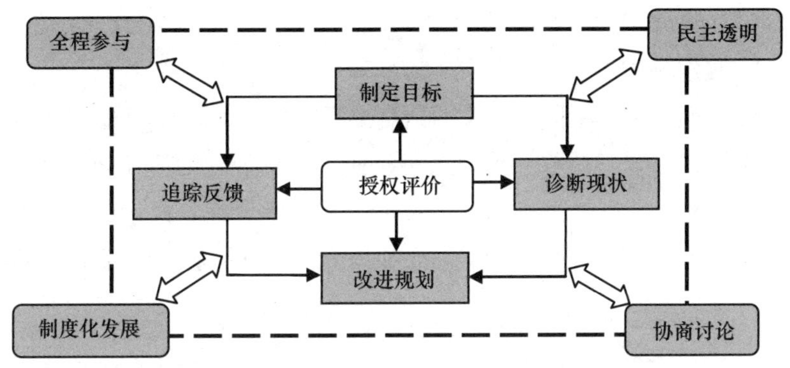

图 4－2　授权评价的过程与原则

与者共同主导评价进程。评价者的角色是指导者，主要任务是努力创造宽松的、民主的氛围，让每一位参与者充分表达个人观点，通过与他人观点的碰撞进行个人意义构建，以此促进自我诊断、自我决策和组织发展。① 在这种理论体系下，授权评价强调学习是“社会化”的，即通过从别人经验中学习来提高整个组织的学习能力，因此显示出其强大的生命力。②

1. 制定目标

授权评价的第一步是要求所有参与者明确目标和使命，通常由第三方机构与项目单位共同协商，确定评价的目标，若有可能还可以签署协议，明确双方的诉求、担心和争议。这一步在正式诊断之前，可以通过多种方式进行沟通来加以明确。

2. 诊断现状

授权评价的第二步是诊断现状，通过召开开放式的研讨会，会议由项目的利益相关者参加，人员一般是职业院校选择的与项目密切相关的核心人员。诊断现状需要分两个步骤完成。第一个步骤需要确定诊断指标的权重，即对当前活动的重要性进行排序。第二个步骤是

① 孙芳芳、李红敏、魏立萍、韩军：《授权评价理论及对职业教育的启示》，《河北科技师范学院学报》（社会科学版）2016 年第 1 期。

② 孙芳芳、赵志群、李红敏：《职业教育专业建设的授权评价研究》，《职教论坛》2016 年第 3 期。

“未来如何改进”。

3. 改进规划

在诊断完现状并提供相关的证据之后，下一步需要考虑“未来如何改进”的问题。授权评价要求小组使用评价现状的活动列表作为对未来做计划的基础，也就是说，目标指导评价现状，而诊断现状的结果用来指导改进计划，使得评价和行动计划的每一步都具有可观测性。

4. 追踪反馈

这一需要对照计划找问题，弄清楚取得哪些成果、不足。不足的方面有哪些，大概是什么原因造成的，需要明确具体措施、负责人员、时间限制。对于不能解决的问题将自动转入下一个 PDCA 循环。如此周而复始，螺旋式上升，一轮一轮地解决问题。

（二）原则

整个评价过程的基本原则是：全程参与、民主透明、协商讨论、制度化发展。

1. 全程参与

评价者和被评价者是平等民主的，都应积极参与和投入整个评价过程中。通过参与项目评价的各个阶段的变化，以保证评价过程的合理性，增强参与者的认同感。卡辛斯（Cousins）等人对北美评价者和实践者的调查结果显示，参与使得实践者重新思考他们的实践并质疑其基本假设。①

2. 民主透明

评价创造了一种开放性的、民主的对话环境，在评价者的帮助下，参与者不断进行交流、反思和自我评价②，允许相互冲突，以此反映不同的立场和观点。

---

① J. B. Cousins, J. J. Donohue & G. A. Bloom, “Collaborative Evaluation in North American: Evaluator’ Self-Reported Opinions, Practices and Consequences,” *Evaluation Practice*, 1996, 17 (3): 207 –226.

② 孙芳芳、李红敏、魏立萍、韩军：《授权评价理论及对职业教育的启示》，《河北科技师范学院学报》（社会科学版）2016 年第 1 期。

3. 协商讨论

评价过程是一个协商、妥协，再协商、再妥协的系统反思过程。参与者解读和反思评价指标的优点和不足，反思的过程可以帮助形成或修订新的方向，或对自身的观点进行重新建构，以此提升自我诊断能力。

4. 制度化发展

评价的结果能被有效运用是保证评价有效性的前提条件，因此，需要将评价的逻辑和价值制度化为日常活动和组织管理的一部分①，将评价作为工具以促进自我决策和项目发展，否则，评价结果很难为质量改进提供指导和帮助。②

二 授权评价的工作机制

授权评价的工作机制是参与者之间知识建构的过程，通过“知识工作”（knowledge work）所创造的价值越来越大。③ 每一位参与者都将个体经验和知识共享到群体中，评价者关注的焦点不是客观的事实，而是建立民主文化，注重关注差异、价值协商、应答模式、心理建构、知识转换和结果共识一系列过程，授权评价工作机制如图 4 -3 所示。

图 4 -3 的圆形代表了一个知识建构共同体，开展知识建构面临着两个基本矛盾。一是未知与已知的矛盾。人的未知引发了自身的求知欲和求知行动，个人的求知行动引发他人的反馈，从而形成新知识和新理解。二是个体知识与共同体知识之间的矛盾。个体将原有知识共享到共同体中，推动了共同体知识的发展，个体也通过与共同体成员的互动，重新构建了自己的知识和理解。未知—已知，个体—共同体两个基本矛盾构成了授权评价工作机制的两个坐标轴。

---

① ［美］斯塔弗尔比姆：《评价模型》，苏锦丽译，北京大学出版社 2007 年版，第 37 页。

② 孙芳芳、李红敏、魏立萍、韩军：《授权评价理论及对职业教育的启示》，《河北科技师范学院学报》（社会科学版）2016 年第 1 期。

③ 张建伟、孙燕青：《建构性学习——学习科学的整合性探索》，上海教育出版社 2005 年版，第 177 页。

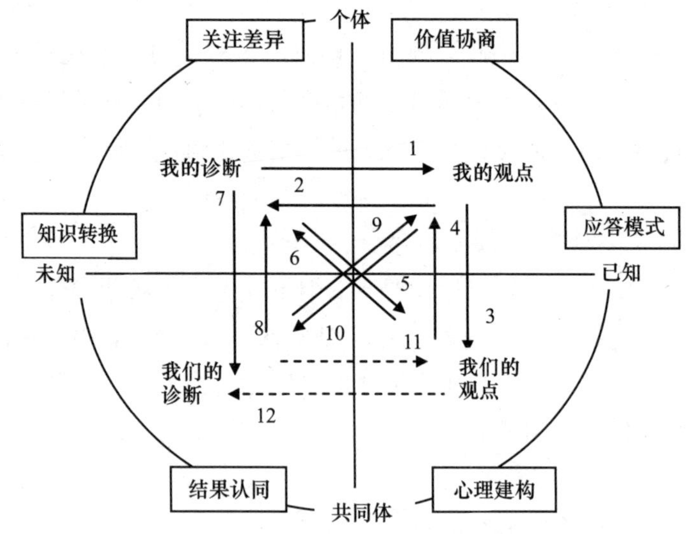

图 4－3　授权评价工作机制

说明："1"表示"根据我的诊断分值，解释我的观点和理解"；"2"表示"通过我的解释来思考我的诊断的合理性"；"3"表示"把我的理解和知识传递到他们的观点（其他参与者的建构）中"；"4"表示"通过我们的观点解释，反思并建构我的观点"；"5"表示"针对个人关心的问题，从我们的观点中寻找可能的答案"；"6"表示"根据我们的观点，重新修正我的评价"；"7"表示"把我的诊断分享到我们的诊断中"；"8"表示"从我们的诊断中发现与自己诊断的不同之处"；"9"表示"针对我们的诊断，联想到个人已有的相关知识经验"；"10"表示"生成新的理解和建构，并对我们的诊断产生影响"；"11"表示"反思重组我们的理解和建构"；"12"表示"重新修正我们的诊断"。

由此出现了四个象限，分别代表知识建构中的四种状态：我①的诊断、我的观点、我们②的诊断、我们的观点。每一种知识流动和交互形成了新的知识建构，反映了六对知识交互和自交互，其含义如图 4－3 所示。

三　授权评价与诊断的适切性

从理论角度分析发现，授权评价能够满足现代组织自我诊断要

---

① "我"指每位参与者。

② 我们指除了我之外的其他参与者。

求，为依据授权评价思想设计我国职业教育质量诊断（评价）方案提供了基础。

首先，授权评价理论已经在企业领域、公共管理领域以及其他社会生活领域得到了公认。在西方国家，教育领域已经进行了多种改革运动，但关于教育评价授权的研究依然薄弱。

其次，关于授权评价的心理学和社会学基础分析表明，授权评价之所以具备旺盛的生命力，是因为其理论思想来自不同的学科理论。群体心理学研究提示我们，评价不仅仅是对某一教育现象做出的价值判断，还是一个反思与行动的过程。评价参与者都是评价过程的影响者，在相互交往中共同影响评价过程和结果。评价强调对话、参与、交往以及小组成员之间的相互依赖，这些因素构成了授权评价过程必不可少的要素。

再次，授权决策理论和利益相关者理论分析表明，组织变革过程要求每个人都参与其中，共同诊断问题，应对外部环境的冲击。有研究表明，只要给员工提供机会、时间及相应的支持，他们就能够很快地掌握新技术，并能够自主决策和解决问题。①

最后，授权评价过程、原则和工作机制表明了授权评价是一种不同于传统评价的管理模式②，即评价方法由以外部制度性控制为主转为以自我诊断为主。

本节从授权的心理学和社会学基础、授权决策理论、利益相关者治理理论方面说明，授权评价满足组织变革的要求，为职业教育质量诊断提供了坚实的理论基础和科学解释。

---

① ［英］卡纳尔：《组织变革管理》，皇甫刚译，中国人民大学出版社 2015 年版，第 180 页。

② 秦海敏：《从赋能授权理论谈内部控制》，《商场现代化》2006 年第 8 期。

第五章　授权评价的设计与组织

明确评价的设计与组织流程，能给人们提供一种科学、便捷、高效的运行模式。学校评价是一项专业性很强的工作，必须遵循一定的程序和要求。如果在某个环节出现问题，很可能会出现连锁反应，影响整个评价效果和质量。深入了解授权评价每一个过程的操作规范和要求，对于职业院校质量诊断来说十分重要。

第一节　准备工作

授权评价过程和效果在很大程度上取决于评价组织的规范与严谨程度，通过建立授权评价标准，并根据这一标准开展授权评价以保证研究的效度。基于第四代评价理论，本书提出不同于实证主义范式的评价标准来规范评价过程，并在此基础上构建分析框架。

第四代评价理论提出，有效评价的关键是达成一种大多数利益相关者同意的行动计划。与经典的科学原理不同，最重要的不是对“客观”真理的探寻，而是经过一个公开透明的过程得到实际结果。① 德国评价专家施托克曼（R. Stockman）提出，“好”的评价标准不是客观性和可靠性，而是沟通、干预、透明和相关性，评价指标的制定应该有助于提高参与者的参与程度，并对自身的状况进行自我改善与提

① ［美］古贝、林肯：《第四代评估》，秦霖等译，中国人民大学出版社2008年版。

高。[1] 20世纪90年代，授权评价的创始人费特曼有意识地抛弃了客观性、可靠性这些“经典标准”，认为评价不是“中性的”（neutral），无论怎样也无法得到一个科学的真相。因此，参与是评价的主要需求，而参与的目标不是获得一致结果，而是对某一观点形成深入的理解。[2] 综合上述观点，本书将授权评价的元评价标准界定为适切性、参与性、可信性和效用性。

根据第四代评价，适切性（fitness）是指没有一个评价方法是科学的，只有根据评价目的选择最适切的。

参与性（participation）是为了提高评价的效果和质量，强调评价的利益相关者必须全程参与整个评价过程，且在这一过程中能够平等、民主地发表个人观点。[3]

可信性（feasibility）意味着评价方法、工具、环境、时间、标准以及结果的使用必须对所有的参与者是公开透明的。[4]

效用性（validity）是指研究结果可以为工作改进提供帮助，相关证据支持评价结果。[5]

一　关键点及控制措施

（一）适切性标准及控制措施

研究者在开展研究之前，与被评价院校负责人及参与者就评价目的、理念、方法、指标与结果进行了深入沟通，确定评价方案与被评价院校价值诉求的吻合度以及在评价进程中需要调整的内容，保证授权评价方法、目标的适切性。

---

① ［德］赖因哈德·施托克曼、沃尔夫冈·梅耶：《评价学》，唐以志译，人民出版社2012年版，第172页。

② D. M. Fetterman & A. Wandersman, *Empowerment Evaluation Principles in Practice*, New York, The Guilford Press, 2005.

③ CEDEFOP, *Ensuring the Quality of Certification in Vocational Education and Training*, Luxembourg: Publications Office of the European Union, 2015, p. 58.

④ ［美］古贝、林肯：《第四代评估》，秦霖等译，中国人民大学出版社2008年版。

⑤ 同上。

（二）参与性标准及控制措施

第一，建立协商机制。第二，创建开放、民主的环境。第三，参与者样本需具有不同知识背景的人全程参与。第四，关注赋值最高者、分值最低者和分值中间者的观点差异，以保证发言人的代表性，并给其他倾听者反馈与应答的机会。尽量做到平等、民主。①

（三）可信性标准及控制措施

尽量使参与者所“建构的现实”接近“真正的现实”，研究者采用了三种控制方式。一是长时间的投入。每场授权评价最少用 3 个小时以上，克服时间不足所导致的信息量小、沟通不足等问题。保证主持人和参与者之间建立信任基础，有利于参与程度的深入。二是持久的观察。制作观察记录表，观察并记录评价过程中参与者的对话与应答情况，包括评价过程的各个环节，特别是参与者的人物角色、互动时间、次数、争论内容、心理建构、冲突解决等现象，为分析所隐藏的评价文化奠定基础。三是指定专门人员记录评价中所产生的观点和质疑，通过记录可再组织针对性讨论，避免发生对决策无益的行为，例如重复讨论、偏离重点、参与程度不均甚至决策混乱等。

（四）有效性标准及控制措施

一是确保评价不会因为种族、性别或其他差异而出现不平等情况，不会由于某个特别的参与者或群体参与而产生对某一群体有利或不利的影响。② 评价结果要求所有参与者共同完成。二是严格信息核验：评价过程的信息采集由参与者的对话与交流产生。每一位参评人的发言都需要得到其他参与者的回应。同时，要注意给每位成员提供纠正事实或解释错误的机会；给倾听人员提供补充信息的机会，特别是主持人要引导其从不同于发言者的立场来解释信息，这将刺激发言者对自己观点的反思和重构，这一步可以避免重要信息的遗漏。研究者对回答者和信息补充者的观点在记录的基础上进行小结。

---

① ［美］古贝、林肯：《第四代评估》，秦霖等译，中国人民大学出版社 2008 年版。

② 同上。

二　人员选择

（一）利益相关者

在正式评价开始前，研究者与所在院校负责人就评价内容、时间、人员、指标等进行充分协商，制定适合被评院校实际的评价方案。根据被评院校的要求及特点，编制“授权评价会议手册”，明确评价思想、评价人员、评价指标、流程等准备工作。在评价开始之前，参与者可随时与研究者就相关问题进行协商。

在关于项目管理过程的理论中，人的要素被排在了第一位，是评价主体要素。评价主体是指具备一定评价知识技能，能够实际参加评价活动的人，结合关于利益相关者的界定，根据石伟平在高职办学模式研究中对高职办学利益相关者的描述，认为职业院校人才培养工作评价的主体包括学校、学校教师及行政人员、学生及学生家长、政府部门、行业企业、社会团体，他们在高职评价中都有各自的利益诉求。在《高等职业院校人才培养工作评估解读与问答》中，杨应崧认为，方案强调评价要以需求方为主体，以主要需求方为基本主体，评价的各个环节都要体现他们的意志、维护他们的权益、吸引他们的参与。其中，评价专家组在评价主体中占据着重要位置，其构成越复杂多样，就越能表达高职评价各类主体的诉求，因此，对其构成进行分析，能够从侧面反映我国评价实施在人的要素上的价值多元化程度。

评价参与者的选择是影响评价效果的关键因素。所有利益相关者从不同的管理层面共同对质量保障发挥作用。教师和培训师在教育教学质量诊断中是最重要的利益相关者；管理者和学生也对教与学具有发言权；外部评价者根据个人经验发挥指导作用，帮助界定质量监控与评价指标，为预期目标的实现提供支持；高级管理层为组织发展的总体工作负责。[①] 利益相关者在质量发展不同层面的参与程度如表 5 - 1 所示。

---

① Cedefop, *Handbook for VET Providers: Supporting Internal Quality Management and Quality Culture*, Luxembourg: Publications Office of the European Union, Cedefop Reference Series 99, 2015, p. 27.

表 5－1 利益相关者在质量发展不同层面的参与程度

利益相关者	机构管理	教与学	质量管理
高级管理层	★	●	●
外部利益相关者	□	□	□
教师与培训师	●	★	□
学生	□	●	□
质量管理者	□	□	★

说明：“★”表示最重要的行动者；“●”表示比较重要的行动者；“□”表示起到辅助和支持作用的行动者。

利益相关者的参与程度为选择参评人员提供了标准。在评价前，样本学校提供评价的利益相关者 8—12 人，对相关人员的人数及要求为：(1) 学生方（教育服务对象）2 人、教师方（教育服务提供者）3—4 人、学校管理方（教育服务提供管理者）1—2 人、企业方（教育服务使用者）2—3 人、家长与行业方（根据实际情况确定）等。(2) 对利益相关者的要求是：身份在其群体内部具有代表性，能够代表群体利益；个人综合素质应具较高水平，在相应工作岗位上业务能力强，善于表达与沟通。(3) 利益相关者对职业教育的被评项目比较熟悉，长期参与项目开发与建设过程。授权评价利益相关者构成如图 5－1 所示。

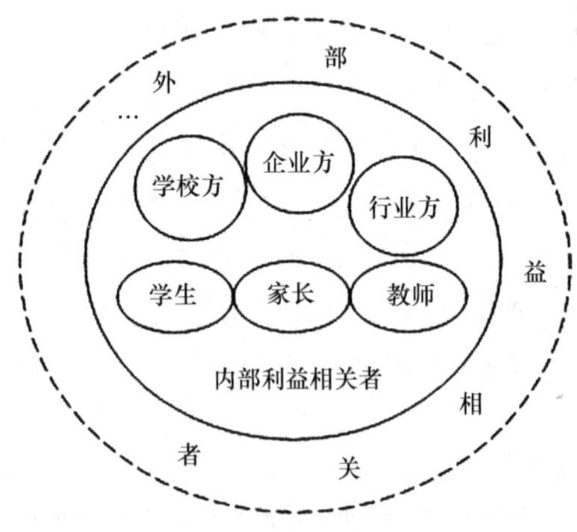

图 5－1 授权评价利益相关者构成

（二）主持人

授权评价会需要一名具有评价专业知识和主持基本功的人员。这样的人员一般是专门从事教育评价（诊断）的专家，利用其知识、智慧和经验，为学校提供管理知识的无形服务。有时也将这类人员称为“咨询师”或“顾问”。他们的工作是组织学校的代表性人员，共同协商、对话，从而发现问题，提出改进方案。在这个过程中，主持人是协调者、引导者，不是决策者。

在我国，咨询师或顾问作为专业职称还没有得到社会上的普遍承认，但是已有相当数量的专业人员从事这项工作。我们将从事这项工作的人员称为“诊断人员”或“诊断师”，这些人员一般由在高等学校或教育管理部门从事相关研究的专家、学者组成。就授权评价而言，我们将这类人员作为会议的主持人。主持人的基本要求包括：

1. 渊博的知识。一是关于职业院校外部环境的知识。涉及国家企业行业发展概况、职业发展趋势；教育管理部门出台的政策文件；最新的实践活动等。二是职业院校内部管理知识。包括学校人、财、物运行知识，其他院校的经验做法等。三是个人专业知识。包括教育学、心理学、管理学、评估学等与院校质量诊断相关的知识。

2. 丰富的经验。主持人应该具备一定的社会经验和学校管理的实践经验。最好在毕业之后，具备在院校一线实际工作的经历，主持过相关的评价实践活动。

3. 主持能力。首先，要具备主持人的基本功，在授权评价开展过程中，能够营造宽松、民主的环境，引导不同背景的代表就某一项目展开讨论，做到气氛融洽、轻松严谨、张弛有度。其次，对自身素养和性格特点也有要求，评价效果的成功与否与主持人能否让有关人员的想法达成认同，充分得到各方面的协助和支持有关。

三　准备工作

（一）评价前的准备工作

1. 自愿申请

诊断机构与被诊断学校为了明确诊断双方应当承担的责任和义

务，应当签订诊断协议。开展诊断活动，一般必须坚持企业自愿申请的原则。为了做到企业自愿，要求被诊断学校必须向诊断机构递交诊断申请书，或以招标的形式选择咨询机构。

2. 双方洽谈

诊断工作开始之前的洽谈会是十分重要的，诊断机构派出的代表，应当是具有丰富经验的诊断人员。参加洽谈的学校代表，应当是学校具有决策权的人，通常是校长参加，有时主要职能部门也要参加。洽谈会的目的主要是：

（1）了解学校管理者对管理中所存在问题的看法和所持的态度。

（2）了解学校申请诊断的理由、动机、愿望和诉求。

（3）诊断人员向学校介绍自己的工作性质、范围和一般工作方法。

（4）就诊断工作的目标和双方所承担的义务达成协议。

3. 签订协议

在诊断双方意见一致的基础上，诊断机构和被诊断学校可以商定诊断计划等事宜。如果双方取得一致意见，就可以就有关事项写成书面协议，最后双方签订协议。

协议的主要内容可以包括：（1）诊断的目的、范围和方法。（2）信息资料的来源。（3）诊断机构和参加诊断工作的人员。（4）学校应提供的工作条件（包括会议室、工作设施和用具等）。（5）诊断起始日期。（6）诊断费用及报酬。（7）保密事项等。

（二）现场的准备工作

除评价利益相关者外，还需要相关工作人员予以支持。工作人员包括记录员 1 人（包括录音），熟悉 excel 计算方法的记分员 2 人，会议秘书 1 人。其他准备工作如下：

1. 硬件设备：计算机、投影仪、照相机、打印设备、录音笔、纸笔等。

2. 评价项目的相关资料，供评价人员阅览。相关负责人对所评价项目的背景及实施情况进行介绍。

3. 给予评价会组成人员名单一份，用于参会签到（见附录）。

4. 评分标准可写在黑板或白板上，也可以发给大家（见附录）。

5. 授权评价指标体系名称（初拟稿），每位评价人员一份，以备讨论（见附录）。

6. 授权评价指标体系名称（确定稿），需工作人员现场打印，每位评价人员一份。

7. 计分人员需要根据评分人员的结果，在 Excel 中进行录入、统计，并生成雷达图和柱形图，供大家讨论。

8. 一名记录员，需详细记录评价的整个过程，特别是每位评价人员对指标的讨论、争议与协商过程。

9. 指定熟悉评价项目的相关人员撰写评价报告。为更好地使用诊断结果，尽量使评价参与者都参与评价报告的工作。

四　收集与分析有关资料

从与学校确定诊断活动之日起，学校应根据评价小组所列举的清单，尽快提供本次诊断活动所需要的有关资料。为方便学校提供有价值的资料，减少学校负担，评价小组需要开列明确、具体的资料清单。在开列清单时，需要注意的问题有：

1. 所收集的资料必须是本次诊断项目的关键资料。如选择对学校的某个专业进行诊断，就需要提供近年来的自我评价报告、自我改进计划、学期或学年工作计划和总结、学校管理制度、教师业务档案、课程表等有关资料。

2. 要求学校提供重要资料。尽量减少对学校文字资料准备的要求，以免使诊断成为学校的负担，甚至干扰学校的正常教学秩序。有些学校会准备大量的资料给评价小组查阅，但实际上评价者现场查阅的时间十分有限，资料太多对诊断反而不能提供帮助。

3. 强调资料的真实性。真实是诊断的前提，否则诊断的信度和效度都无从谈起。另外，资料应是学校自然形成的，即应是在日常教育教学和学校管理过程中的原有资料，不需要刻意编撰，这样才能使评价者看到学校的优势与不足，从而发挥诊断的促进与发展功能。

第二节 现场评价

在现场评价阶段，评价小组的任务是通过多种利益相关者的参与，收集信息，发现学校发展中的优势，同时诊断学校所存在的问题，并提出改进建议。评价活动以研讨会的形式进行。需要指出的是，这些进程在实施中没有严格的顺序，各种排序方式各有利弊，需要评价小组根据实际需要来灵活设计。

一 负责人汇报

负责人就被评项目进行汇报是评价小组收集信息的重要渠道。负责人要向所有参加授权评价的人员汇报学校基本情况，特别是对学校的自评。在汇报中，负责人不仅要汇报学校发展目标、成就、进步和经验，还要客观分析学校发展中所存在的不足、面临的挑战及亟待关注的问题。为了充分发挥负责人汇报的信息作用，建议：

1. 汇报前，将学校自评报告和汇报材料分发给评价者，让评价者快速阅读对学校形成初步了解。

2. 校长汇报时间不宜过长，一般控制在20分钟左右，重点突出，客观、深入。

3. 汇报要有演示文稿，对每一个观点，都要具有说服力的证据。

4. 汇报内容既要简述成绩，又要反思不足和需要解决的问题。

5. 分析问题原因，找出外部因素，特别需要分析学校自身的原因，如教师工作积极性、学校管理实践中可能存在的问题。

6. 汇报可以采取多人或团队同时汇报的形式，这个过程可以展现学校领导团队建设的成果。

汇报结束之后，评价小组可以就听取的内容提问，领导或领导团队给予解释和回应。这个提问环节可以安排在现场评价开始前，也可以安排在评价结束之后。在前面的安排中，评价者可以核实、澄清或进一步说明需要明确的事项，对项目形成一个初步印象。在后面的安排中，可以使互动更加充分和深入。因此，这两种安排各有利弊。

二　指标设计

与传统的评价指标不同，授权评价指标是过程性的、开放性的，是由职业院校的利益相关者经过协商、讨论、自下而上生成的。授权评价指标设定的基本原则是，围绕被评价的内容设计，以期为参与者共同诊断问题提供参照点和依据。授权评价指标开发以专家效度法，即专家评定问卷的方式进行。研究者选取校企合作、专业、课程、学习任务四个不同层面的评价内容，相应地开发出四个不同的评价指标体系。值得说明的，四个层面的指标不是本书的重点，笔者旨在依据不同的指标体系，考察参与者在开放、民主的环境下，能否形成一个以协商、对话为机制的有效的诊断式评价过程。

评价指标的制定需要满足一定的理论和实践要求，因为四个指标体系的开发方法相同，故这里仅对其中一个指标体系（校企合作）的开发过程进行阐述。

（一）指标设计的理论依据

科学设计测量指标的原则是：以一定的理论假设为指导，能够反映理论假设和研究变量的主要维度，且简明可行。[①] 指标评价不可测定的建构体（Konstrukt）之间的关系必须明确，即指标能够诊断应该被说明的事情（有效性）。为达到这一要求，评价指标应具有：（1）直观可测性。指标体系中最低层次的指标要能够直接观察或测量，用可操作化的语言加以定义，使潜在行为变为外显行为。具体方法为将评价指标按照某一要素进行分解，使之逐渐成为行为要素。（2）相互独立性。同一层级的指标之间不能相互重叠，无因果关系。不能相互重叠是指两个指标不能反映同一被评因素，这是因为指标间有重复部分，就会被重复计分，加大其权重，影响了评价的科学性。同时，冗余指标会加大整个诊断工作的工作量，影响整个诊断过程的进展。（3）可行性。评价指标要有足够的信息可资利用，尽量以少量的指标表达所有诊断要素，提高评价指标的区分度，（4）整体完

① 董奇：《心理与教育研究方法》，北京师范大学出版社2008年版，第125—126页。

备性。要求不能遗漏任何重要指标，且评价指标与评价目标相一致，所有指标的结合能够反映评价目标。

（二）指标设计的实践要求

根据施托克曼（R. Stockmann）的研究，社会科学本身具有一些无法直接查明的情况，其指标可以运用经验的方法（如观察或询问）使不可直接测量的现象变得清楚明了。指标的开发不仅涉及技术程序，而且是一个利益相关群体参与的社会过程。为了设计“好的”指标，不仅需要具备专业知识的评价方法专家，也需要熟悉项目的实践专家，从方法能力、专业知识、实践经验等方面共同保证指标符合理论和方法的要求。①

1. 利用专家效度检验法设计指标

专家效度是由本领域的专家对被评项目及所涉及的内容进行符合性判断。专家效度检验的目的是期望通过团体表达和多回合的意见调查，对评价指标体系进行不断的修正，增加研究所编制的评价指标的科学性。考虑到时间和成本问题，初设指标由研究者采用专家效度法开发，并由被评院校参与设计。采用专家效度检验法修改评价指标，主要采用调查问卷的方式，选择对该项指标内容较为熟悉并研究较多的10位专家，在这10位专家中，8位具有博士学位，6位具有高级职称，对本领域有专门研究或比较了解。因此，专家样本符合研究需求。

校企合作评价指标体系问卷调查包含6个一级指标，24个二级指标，每个指标后列有“归类是否合适”“修改意见或增减指标分项”填写栏，问卷最后设有“综合意见”填写栏，调查共分三轮进行。

在第一轮调查结束后，研究者根据专家意见修改了评分指标，在此基础上，研究者编制了第二轮内容效度专家评定调查问卷并以电子邮件的形式发送给上述10位专家，征求其意见，请其再次予以修改。其中5位专家反馈了修改意见，3位专家提出了少量修改意见，两位

---

① ［德］赖因哈德·施托克曼：《非盈利机构的评估与质量改进》，唐以志、景艳燕译，中国社会科学出版社2008年版，第234—238页。

专家表示没有意见。

此外，研究者又邀请了3名熟悉职业教育校企合作的专家对评分指标进行了第三轮修改。根据以上专家的意见（第二、三轮调查结果汇总略），研究者对评价指标体系再次进行了完善。

2. 利用参与者检验法确定最终指标

评价指标是否适合被评学校的实际情况，需要由授权评价的参与者再次对其进行检验、修改。采用参与者检验法确定最终指标，即在评价开始的第一个环节，由参与评价的所有利益相关者根据自身的经验和知识对指标进行修正，以符合本校校企合作的实际情况。通过专家效度法和参与者检验法形成最终的校企合作评价指标体系。评价指标的要求及方法如表5－2所示。

表5－2　**评价指标的要求及方法**

指标要求	指标效度	检验方法
理论要求	内容效度	专家效度法
实践要求		参与者检验法

说明：根据陈向明的观点，采用专家效度法和参与者检验法检验指标的内容效度（content related validity）。

通过专家效度法和参与者检验法形成的最终指标详见附录中附表1、附表3、附表4和附表5。

3. 确定评价指标及权重

在授权评价开始后，首先，由评价组成员根据指标名称与所评项目的适切性进行讨论、修订。其次，根据所理解的每一项指标的重要性，对一级指标权重进行赋值。

（三）指标设计的注意事项

1. 评价指标不是越全面越好

全面性原则是我国很多学校在评价指标设计中坚持的原则之一。常见的做法是，在设计指标过程中，先设计一级指标，然后由一级指标开始向下逐级分解，一直到二级指标、三级指标，甚至更细的观测点。一份对国内122份地市学校评价方法的研究发现，评价方案的三级指标书目很多，平均值为50.8，在超过2/3的方案中三级指标数量在40—80个[①]，也就是说，评价者在一次学校评价中要分别在40—80个指标上收集信息和形成评判意见。

这种做法各有利弊。其优势表现在：（1）可以让评价者深入、细致地了解学校的管理与发展情况，同时也可以有效指导学校全面分析和改进学校工作。（2）促进了学校评价的操作性，指标越全面越细致，操作性也就越强。其不足表现在：（1）增加了评价成本。多一个评价指标，意味着增加了一些时间和人力成本，在投入有限的情况下，必须考虑如何充分利用评价资源，使评价发挥最大效用。（2）增加了学校负担。指标越多，学校需要准备的证据材料就越多，负担就会加重，对评价的抵触心理就会产生，评价成效也会遭到折损。（3）难以抓住评价重点。评价指标太全面，容易忽略重点问题，使评价焦点得不到深入分析和解决。

因此，综合来讲，评价指标不是越全面越好，而是应该通过战略分析或组织分析找到关键绩效指标（Key Performance Indicator，KPI）。评价指标设计在注重全面性的同时，要预防面面俱到和过于烦琐，应突出重点，简明有效，体现学术发展的关键指标及相关过程中的因素。

2. 评价指标并非越具有操作性越好

如前文所述，将指标逐级分解到三级，甚至提供更加具体的参照点，这种做法使评价操作化更加容易，在最大程度上克服了评价的主观性。但拒绝主观性的评价就一定客观吗？描述和判断是教育评价的两大基本活动，评价过程是评价主体对客体价值进行主观判断的过程。根据第四代评价理论，教育评价的本质是主观意义建构的过程。从这一意义而言，在学校评价实践中过分强调指标操作的做法有待商榷。

---

① 王昌海等：《国内综合性督导评估方案的量化分析报告》，《教育部“基础教育阶段学校评估标准体系研究”课题组内部资料》，2009年。

比较可取的做法是：（1）注重数据收集和操作性。评价是一种主观的价值判断活动，这种判断必须以客观的事实材料为基础，使指标具有可评性和操作性。（2）在一定范围内，理解指标的操作性，不能完全绝对。如评判课程教学的“师生互动”，可以收集“师生互动次数”“师生对话持续时间”等量化数据，但在评判时还需要做出主观分析。（3）根据经验做出诊断。在各种量化数据和具体化的事实基础上，从整体上考察问题，对特定的评价对象做出结论。

3. 评价指标不需要完全统一

采用统一的指标评价学校发展，能够将评价所收集到的数据在地区之间以及校际进行比较，从而得出有针对性的结论和建议。从这一意义上说，指标统一是有必要的。

但由于我国幅员辽阔，不同地区和不同院校之间在社会经济文化发展上表现出极大的不平衡，即便在某一县域范围内，不同学校也会因为历史和现实因素而表现出丰富的差异性。在这种情况下，采用完全统一的指标和标准，就难以体现出学校的发展特色。基本做法是可以采取在指标框架大致统一的同时保留一定的空间，由所在学校根据实际情况自主设计机动指标，将统一性和自主性结合起来，这样更有利于学校积极性和自主性的发挥。

根据国际评价理念，学校评价指标体系呈现出如下特点：（1）重视学校软件建设。我国通常将“办学条件”作为第一个一级指标，但随着学校基本办学条件的满足和内涵建设的加强，软件实力应成为评价的重点。（2）重视学生发展。教育教学及领导管理等服务于“学生发展”，在国外，很多国家将其作为一个核心指标，是在评价方案中出现频率最多的一个重要指标。（3）强调主观评判，弱化定量统计。国外很多评价实践，都是由评价者收集多种资料进行综合分析，从而做出主观判断。我国学校评价通常过分倚重量化指标，将评价工作视为量化和统计。（4）指标精简。在兼顾内容全面的基础上，评标数量“越少越好”，一级指标基本上为4—9个，二级指标不超过40个。从实施的角度来讲，指标越多，所付出的成本越大。

三 评价指标与评价标准

评价指标与评价标准是内涵完全不同的两个概念。指标一般由指标名称和指标数值两部分组成，它体现了事务质的规定性和量的规定性两个方面的特点。指标名称概括了所要描述事物的性质，指标数值反映了事物的数量特征。评价标准是对评价对象进行价值判断的准则和尺度。在学校评价中，评价指标通常是复杂的、综合的、难以精确量化描述的，所以要确定评价标准比较困难。一些学校的做法是，将评价指标与标准结合起来，反映在评价要点（观测点）中。如一级指标是“校园文化建设”，包括“校园”“学生社团”“环境和校园活动”“人际关系”四个二级指标。具体观测点（评价标准）如校园整洁美丽、社团活动丰富、环境和谐民主、人际关系融洽等。这个指标体系体现了量化和定性标准双重特点，以定性标准为主。正是因为学校评价标准难以完全操作化和量化，所以评价工作十分复杂。①

第三节 编写诊断报告

诊断报告是诊断人员根据在诊断过程中所了解的情况，进行归纳、分析、判断，针对所要解决的问题，提出切实可行的改进方案后编制的书面材料，是诊断全过程的工作报告和总结诊断成果的重要文件。就学校质量诊断而言，诊断报告要提交给被诊学校。其意义有二：一是诊断报告对未来规划具有建设作用，诊断小组必须对诊断报告负责，提出的改进方案必须有确凿的证据，表明的意见须确切、中肯，以发挥诊断报告的指导作用。二是从某种意义上讲，诊断报告是为学校各有关人员提供信息的重要方式。报告不仅可以作为学校领导的决策参考，也可以为企业、行业、教师、学生、家长等群体所利用。诊断报告的上述作用能否很好地发挥出来，取决于诊断报告的质量。

---

① 赵德成：《学校评估：理论、政策与实践》，华东师范大学出版社 2015 年版。

一　诊断报告编写的原则

（一）科学严谨

科学性是编写诊断报告的首要原则。所谓科学性，就是指诊断报告必须真实反映学校的本质和办学规律，引用数据必须真实无误，采用的方法必须科学，具有说服力。为了保证诊断报告书的科学性，应做到：首先，报告内容要基于一手资料，准确把握所要解决问题的真实情况及产生的原因，从学校的实际出发，寻求问题的规律性，对问题做出科学的结论。其次，将参与诊断活动人群的意见纳入诊断报告，使报告内容得到不同参与群体的认可。摆脱传统习惯和思维方法的束缚，勇于提出创造性的方案以解决实际问题。

诊断报告各个组成部分之间的结构排列和相关论证严谨且符合逻辑。与其他文章结构不同，诊断报告的结构特点是结论在前，论述在后。在前言部分明确提出结论，并对报告内容进行概要说明。这为阅读者提供了一个框架。提出结论后，在正文部分，将构成结论的各个因素进行理论概述，运用实例加以论证和解释。最后对各个要素的具体因素加以分层论述，用实例予以补充说明。最后，强调核心结论，以突出核心。这部分可以采用文学性较强的语言，以增强感染力。

（二）逻辑清晰

诊断报告的编写须具有逻辑性，即段落与段落之间，甚至句与句之间的连接要符合逻辑，否则会影响报告书的质量。为了保证诊断报告的逻辑性，应做到：执笔人须是参与诊断工作的人员，对整体工作较为熟悉，按照逻辑顺序分析问题。在初稿形成后，要经过诊断工作小组人员的讨论和修改。报告书内容力求客观、扼要和重点突出，以简单的条目说明复杂的问题，使得读者在阅读之后能够很快产生整体印象。除了文字说明外，还应选择尽量多的图表来加以说明，形象直观，易于理解。另外还需注意：文字丰富生动，简练易懂；行文尽量条款化；注意版面修饰，如对表格和图可以用不同颜色加以区别，对重要句子加以标注等。尽量采用三段推论法的形式进行论述。

（三）主题明确

报告书必须主题突出、明确，即在各种复杂的矛盾和大量问题中，找出主要矛盾，集中解决关键问题。具体而言，在诊断报告书中，对于问题的提出、时间的安排、解决问题所采用的方案及最终的结果都必须明确，一目了然，避免似是而非，前后矛盾。

二　诊断报告的内容

诊断报告的内容一般包括三个部分：文字、图表和其他。文字是诊断报告的主体，图表是诊断报告的辅助说明部分。

1. 诊断目的

诊断目的是诊断工作进行的依据。诊断目的是根据被诊断学校的要求而确定的，并以诊断范围和内容不同而不同。例如，学校运行诊断应以改善学校管理现状为目的；教学诊断应以改进教学质量为目的。

2. 诊断工作概况

诊断工作概况主要包括诊断的对话和范围、诊断过程、诊断指标、诊断的方法等。通过简要介绍诊断工作概况，使被诊断企业对诊断工作有一个初步的了解，从而增强阅读者对诊断的信赖程度，提高其落实改善方案的信心。

3. 诊断组人员构成

介绍诊断组人员构成情况与变动情况，说明它们所在单位和职务，这样的意义在于使被诊断企业了解诊断组人员情况，增强其对诊断和诊断结论的信任程度；明确诊断分工，增强诊断人员的责任感。

4. 现状和主要问题

在诊断报告中，需要把被诊学校的现状和主要问题作为基本内容予以详尽介绍和说明。一方面是因为现状和问题是确定改进方向、提出诊断方案的依据。另一方面可以使学校更好地了解其存在的问题和改善方案。

5. 诊断方法

诊断方法需要予以单独说明和介绍，通过介绍所采取的诊断方法，并说明使用这些方法的依据，可以使阅读者明了诊断工作是按照科学方法进行的，从而增加人们对诊断过程和结果的信任。

6. 改进方案

改进方案是诊断报告的核心内容。根据诊断出的现状和问题，制定出科学可行的改进措施是诊断的主要目的。需要明确的是，这些措施也是在诊断活动过程中，由诊断组人员共同探讨出来的，而非个人的主观建构。

7. 诊断活动费用

这部分不是诊断活动的必需内容，但却是被诊断学校较为关心的内容。在诊断报告中，应该列出实现目标的具体途径所花费的人力、物力和财力等各项费用预算，使学校在开展工作时做到心中有数，为工作顺利进行做好准备。

三　诊断报告的编写方法

诊断过程是按照程序依次进行的，而诊断报告的编写，基本上采用倒叙法。分成前言部分和正文部分。即首先提出诊断的各种结论，然后再对各个结论分别加以论证。结论部分应对如何发现问题、问题产生的原因、诊断的方法、诊断之后的结果进行简要的说明。论证部分要对诊断结论进行充分说明和解释。如在选择实施方案时，为什么选择 A 方案而不选择 B 方案？这些结论必须用充分的理由、足够的事例讲清楚。编写诊断报告的结构框架如图 5－2 所示。

四　编写诊断报告的步骤

在诊断工作完成以后，诊断人员掌握了改善方案和大量的诊断证据，在此基础上，就可以着手撰写诊断报告。诊断报告编写可以分为以下几个步骤。

（一）整理和分析诊断工作原稿

诊断工作底稿是在诊断工作过程中，诊断人员积累的与诊断活动直接相关的一手资料。这些底稿通常是分散的、不系统的，因此，在编写诊断报告时，第一步工作就是汇总整理诊断工作底稿，在整理过

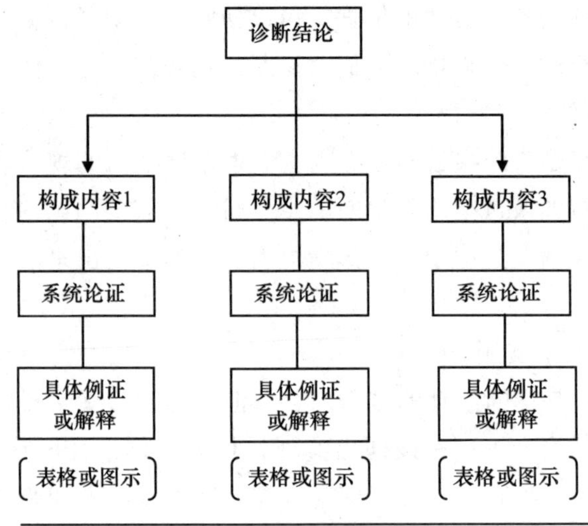

图 5－2　诊断报告书的结构

程中进行筛选和分析，将对诊改工作有价值的原稿挑选出来，以便作为诊断报告的基础。

（二）拟订诊断报告提纲

在对关键问题及采取的对策基本了解的基础上，就可以拟订报告提纲。诊断报告提纲既是对诊断工作底稿所提供资料的简单汇总和概括性纲要，又包含未来规划的立足点与归宿分析。它涉及诊断人员思想认识的统一问题、诊断报告内容的确定、问题以及现状、原因分析、改进方案的有效论证问题。

（三）编写初稿与修改

根据诊断报告提纲，编写诊断报告初稿。诊断报告可由一人执笔，也可由多人分别编写，写好的报告初稿要经过参与者的一致认可，交给参与诊断活动的人员，征求意见，加以修改。

（四）定稿与提交

诊断工作人员在初稿的基础上，编写正式的诊断报告，完稿后，召开诊断报告会（这一步也可省略）并提交给被诊断学校。

第六章　授权评价的实践

根据授权评价思想，评价可分为四个阶段（见图 6－1）。第一阶段为准备指标体系。主要工作内容有：组建评价小组；研究者与参与者共同确定行为指标；确定项目实施者和主办者。第二阶段为自我诊断。主要工作内容有：收集项目实施信息；每个人确定指标的权重并评分；对最大值和最小值展开讨论；在讨论中反思和达成共识。第三阶段为分析。主要工作内容有：记录讨论过程；呈现评价结果；外部

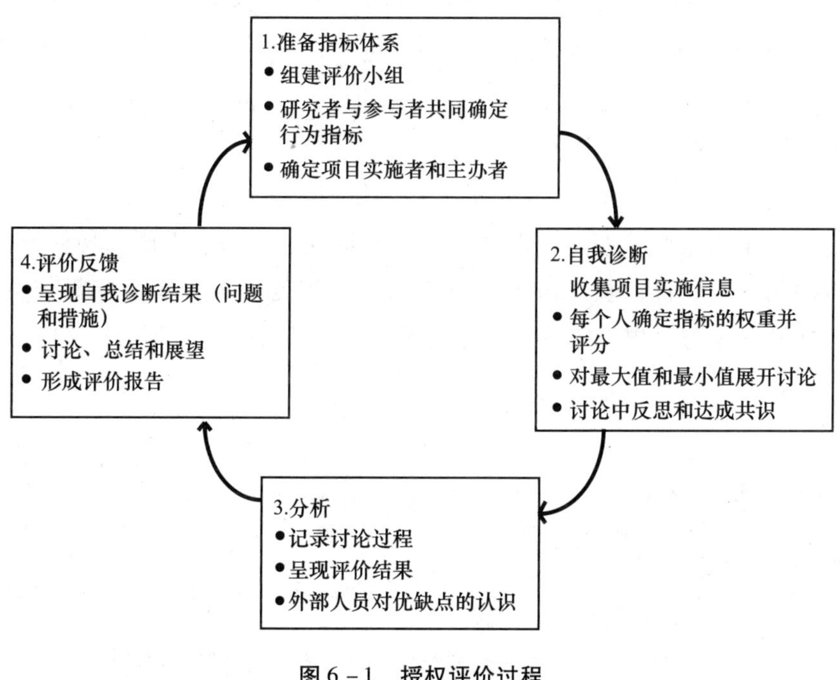

图 6－1　授权评价过程

人员对优缺点的认识。第四阶段为评价反馈。主要工作内容有：呈现自我诊断结果（问题和措施）；讨论、总结和展望；形成评价报告。

本书以质的研究方法为主，研究目的不强调研究结果的推广，而是关注评价参与者通过协商而达到结果认同的过程。[①] 基于此，笔者采取非概率性抽样方法（non-probability sampling）[②]，即根据研究目的，寻找具有某种特征的小样本群体进行研究，抽样原则基于目的导向（purpose-oriented）和信息导向（information-oriented），而非随机。目的性抽样（purposive sampling）比较切合需求。[③] 根据多位专家的意见，选取重庆、新疆、北京、河北、广州几个地区的职业院校进行授权评价试验研究。

为尽量保证样本的代表性，笔者分别选取北京、重庆和新疆、广州、河北五个地区的样本院校进行试验。研究对象的选择主要兼顾了以下几个维度：一是按照城市的区域分布、整体发展水平和文化差异选择地区；二是按照宏观、中观、微观结构选择内容；三是学校层次涵盖中职、高职和研究生院（职业教育研究人员角度）。参与者样本包括教学管理人员、企业人员、教学实施人员、外部专家、学生代表、专业管理人员几类，每所学校依据被评项目的要求，参与者群体和人数有所差异（见表6－1）。

为保障授权评价工作的顺利实施，研究者将评价准备要求提前半个月发至相关职业院校，由其负责所需场地、设备、设施、材料等，并召集相关评价人员。由于参与者的参与程度与个人满足感紧密关联，随着参与者规模的扩大，受益递减原则开始显现，即成员之间互

① J. Richie & L. Spencer, "Qualitative Data Analysis for Applied Policy Research," A. Bryman and R. G. Burgess (eds.), *Analysing Qualitative Data*, London: Routledge, 1994, p. 173.

② R. A. Krueger & M. A. Casey, *Focurs Groups: A Practical Guide for Applied Research*, Thousand Oaks, CA: Sage, Publications, 2000.

③ R. E. Boyatzis, *Transfoming Qualitative Information: Thematic Analysis and Code Development*, London: Sagel Publications Ltd., 1998.

动的概率会相应减少[1]，因此，要求每场授权评价会规模控制在8—12人。但是，由于各样本院校参与者热情较高，参会人数多超出最佳规模。

表6－1　　**各地区参与者、专业、学校层次样本分布**

地区	编码	学校层次	评价内容	专业类别	教学管理人员	企业/行业人员	教学实施人员	外部专家	学生代表	校企合作人员	人数总计
重庆	评价试验1	中职	课程	汽修	3	1	6	1	2	1	14
重庆	评价试验2	中职	课程	护理	7	1	2	1	2	2	15
新疆	评价试验3	中职	课程	学前	2	3	6	0	1	3	15
新疆	评价试验4	中职	课程	音乐	6	2	6	0	1	0	15
广州	评价试验5	高职	专业	物联网	1	4	1	0	3	0	10
广州	评价试验6	高职	校企合作	物联网	1	4	3	0	2	0	10
北京	评价试验7	研究生院	学习任务	教育技术	0	0	3	0	9	0	12
河北	评价试验8	高职	专业	旅游	1	3	2	1	2	0	9

说明：研究样本包括中职、高职和职业教育研究生院，其中研究生是职业教育专业的研究生及职业院校教师（研究生院访问学者）。表格中的人数指参与评分的人数，而非实际参与讨论的人数，实际讨论的人数多于评分人数。

在权重确定后，评价小组成员根据评分标准，对一、二级指标进行评分，评分量值分为从1分到5分五个等级[2]，分别为：基本没有达到这个指标的要求，赋值1分；在很多方面没有达到这个指标的要求，赋值2分；某些方面达到了这个指标的要求或不清楚，赋值3分；在多数方面达到了这个指标的要求，赋值4分；在所有方面达到

① ［美］毕比、马斯特森：《小团队沟通：原则与实践》，陈薇薇译，电子工业出版社2015年版，第156页。

② 孙芳芳、赵志群、李红敏：《职业教育专业建设的授权评价研究》，《职教论坛》2016年第3期。

了这个指标的要求，赋值5分①，评价成员根据其所了解到的被评价项目情况，对每项指标进行独立赋值（具体见表6－2）。

表6－2 **评分标准及说明**

分值	含义
1	基本没有达到这个指标的要求
2	在很多方面没有达到这个指标的要求
3	在某些方面达到了这个指标的要求或不清楚
4	在多数方面达到了这个指标的要求
5	在所有的方面达到了这个指标的要求

说明：在广州地区的两场评价会中，评分标准为10分制五个等级：1分表示完全不符合指标的要求；2—3分表示在极少数方面达到指标要求；4—6分表示在某些方面达到了指标的要求；7—8分表示在多数方面达到了指标的要求；9—10分表示在所有方面达到了指标的要求；5.5分表示不了解或说不清楚。

数据分析采取“个案取向分析策略”（case-oriented strategies）②：首先，笔者以第六章提出的“授权评价的工作机制”为分析框架，深入研究一个案例，然后再探究一系列试点案例，分析授权评价所依据的理论要素在某些案例中是否呈现。其次，采用“论辩性综合”（lines-of-argument syntheses），即在各自独立的研究结论中，建立起一个普遍诠释。最后，由于案例均采用授权评价作为工具，其分析过程与方法相同，故对各案例评价结论进行比较。因为言语沟通是授权评价最重要的“传递变量”，根据影响授权评价的关键要素，本章从差异关注、意义协商、应答模式、心理建构、知识转化和结果认同六个方面进行分析。

数据收集和分析采用戴特莫（L. Deitmer）在Excel上开发的基于

① 孙芳芳：《职业教育课程质量评价的实证研究——基于赋能评价法》，《中国职业技术教育》2016年第5期。

② 张芬芬、卢晖临：《质性资料的分析：方法与实践》，重庆大学出版社2008年版，第239页。

授权评价理论的数据统计和计算工具（EE - TOOL）[①]。该工具可以根据评价小组成员独立给出的权重赋值，自动计算其最高值、最低值、标准差、平均值等数据，并根据每一位评分小组所评定的分数，自动生成数据所对应的雷达图或柱形图。[②] 评价参与者依据评价指标进行现场评分、统计和分析。

第一节　差异关注

第四代评价强调采用响应式聚焦（responsive focusing）评价过程，“即在利益相关者参与的基础上决定要解决什么问题和收集什么信息”，评价的首要任务是识别利益相关者及其主张、争议和焦虑。[③] 这反映到职业教育评价中，就要从评价各类利益相关群体的价值差异出发，根据每项指标的分数，确定不同参与者对同一指标的认识差异，并给予解释机会。本节重点考察授权评价过程是否关注、尊重不同参与者的观点，并使其得到充分表达。本节将差异关注分为三个层面进行分析，即没有关注差异（效果最差）、个体差异关注（效果一般）、个体和群体差异关注（效果最优）。

一　没有关注差异

差异关注是授权评价的基本特点，也是开展授权评价的最低要求。能够关注到个体和群体的观点差异，说明授权评价实现了其基本要求。在八场授权评价试验中，主持人均根据评价参与者的赋值高低来寻找不同观点的差异，并引导参与者展开观点交流、对话、协商，这与主持人的能力有很大关系。研究认为，八场授权评价均实现了差异关注的要求。

---

① L. Deitmer, *Management Regionaler Innovationsnetzwerke*, Baden-Baden: Nomos, 2004.

② 孙芳芳：《职业教育课程质量评价的实证研究——基于赋能评价法》，《中国职业技术教育》2016 年第 5 期。

③ ［美］古贝、林肯：《第四代评估》，秦霖译，中国人民大学出版社 2008 年版，第 5 页。

二 个体差异关注

主持人在组织参与者交流、讨论的过程中，能够发现不同参与者个体之间的观点异同，但对不同群体之间（如企业与学校人员之间、管理者与教师人员之间等）的观点关注度较弱。研究发现，授权评价试验2和试验4仅实现了个体差异关注的要求。

（一）授权评价2

八场授权评价试验均实现了个体观点的差异关注，在八场授权评价试验中，新疆评价试验2实现了个体差异关注，但没有关注到不同群体的观点差异。

授权评价试验2是对重庆护理专业质量进行的评价。研究者依据参与者对指标的赋值结果绘制了雷达图，寻找赋值较高和较低的参与者，并由其阐述赋值理由，进而探究其观点差异。指标6“专业发展环境”的权重赋值结果如图6-2所示。

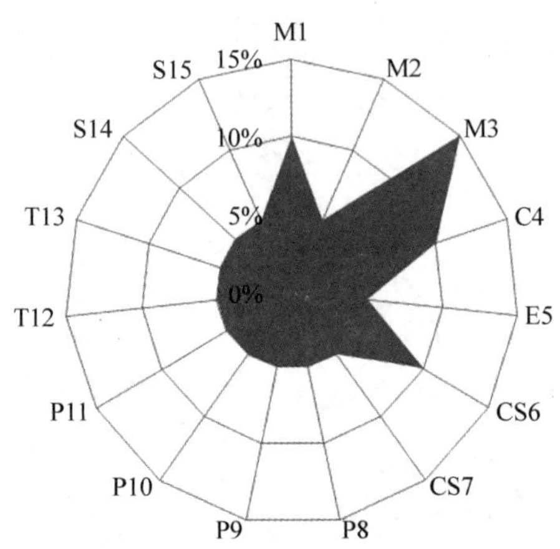

图6-2 授权评价2：专业发展环境权重赋值分布

根据“专业发展环境”的赋值，发现参与者总体上对该指标评价较低，且差异较大。教学管理人员M3赋值为15%，认为“专业发展环境”在专业建设中非常重要，校企合作人员CS6和教学管理人员

M2 赋值相对较低，即认为“专业发展环境”不太重要。为什么在参与者之间会出现这样的差异，赋值者将其理由阐述为：

> 教学管理人员 M3（15%）：任何一个专业，专业发展环境应该作为评价中职学校的基本条件，硬件条件少的话，不是很妥当……
>
> 校企合作人员 CS6（5%）：这个专业发展环境取决于行政要素，在我国现实背景下，行政能力是做事的很重要的因素。有法不依的情况太严重了，只要领导一句话，你的专业发展环境就可以很好或者很不好……
>
> 教学管理人员 M2（5%）：属于不可控的因素，作为学校来说很难掌控。

由上可见，M3 与 M2 均属于教学管理人员，赋值出现较大差异，他们的解释是：第一，专业发展环境很重要，是一个学校专业建设的基础性保障。第二，专业发展环境受外部因素影响较大，超出学校可控范围。第三，专业发展环境与行政管理紧密相关。对此，参与者表示认同，这为后续的协商权重值奠定了基础。对二级指标的评价方法与此类似。可见，根据问题导向原则，授权评价 2 基本上满足了差异关注这一要求。

（二）授权评价 4

授权评价试验 4 是对新疆音乐专业课程质量进行的评价。通过对六个一级指标的解释和分析，可以从标准差里看出参与者总体上对每一指标的差异（见图 6－3）。

图 6－3 为一级指标均值与讨论值的对比结果。对于是否可以将平均分作为最终权重，参与评价的教师、学生和外部专家均表示同意，但两名企业专家表达了不同意见，对于指标“专业发展环境”均给出了 0 权重。为尊重企业参与人员的意见，在诊断过程中对该指标再次进行了协商讨论。

从差异关注角度讲，授权评价试验 4 关注了不同参与者的价值差

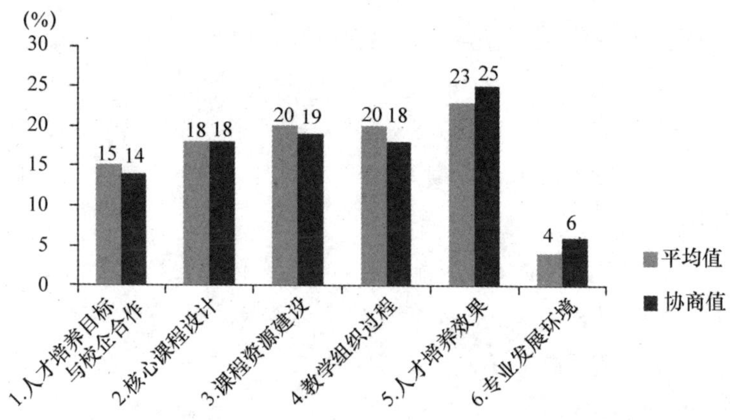

图 6－3　授权评价 4：一级指标权重均值与讨论值

异和分歧，并就此组织了深入的交流和反思。每一个差异都是一个不同的观点和策略，当与其他人观点发生碰撞时，就发挥了很大的作用。教师和企业人员对“人才培养效果”的观点产生了较大的分歧，在企业人员阐述观点过程中，新的思想被注意到并得到了传播，参与者对其观点进行了反思和建构，最后教师和企业人员都改变了最初的观点，“人才培养效果”和“专业发展环境”的权重经过协商分别被确定为 25% 和 6%，其他指标也达成了协商值。

图 6－3 显示，“人才培养效果”和“专业发展环境”两个指标的权重产生了分歧，各方均努力从妥协的角度出发，经过协商最终使权重达成一致。

三　个体和群体差异关注

个体和群体差异关注是指在授权评价过程中，不仅关注不同个体之间的观点异同，同时也要注意不同群体之间的观点差异，这是实现差异关注的高级阶段。研究认为，多数学校的授权评价均能实现这一要求，效果较好。

（一）授权评价 1

授权评价 1 是对重庆汽修专业相关课程质量进行的评价。诊断过程中对 31 项评价指标进行了逐个剖析，不同评价者对其观点进行了解释。确定一级指标权重需要关注不同参与者的赋值，一级指标“人才培养目标”的赋值情况如图 6－4 所示。

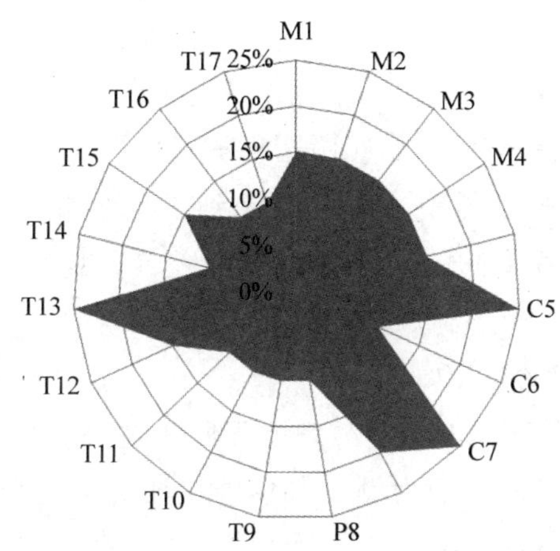

图 6－4　授权评价 1：人才培养目标权重赋值分布

从雷达图的形状可以看出，企业人员 C5、C7，教学实施人员 T13 对指标评价很高，即认为人才培养目标非常重要。而教学实施人员 T16、T17 却给出了较低的分数，不同参与群体和同一群体之间打出的分数表现出较大的差异，几位评分者对个人赋值理由进行了解释。

教学实施人员 T13（25%）：我认为“人才培养目标”和“人才培养效果”最重要……

教学实施人员 T16（10%）：我是这样考虑的……在我们重庆地区，中职生毕业不仅仅是为了就业，他还有其他的选择，比如升学、当兵等，所以这个目标就没那么重要了。

企业人员 C7（25%）：现在企业的需求就是学校的培养目标，二者是紧密联系在一起的，非常重要。

其他人发言内容略……

从最高分和最低分里寻找差异，能够发现不同评价者的价值诉求及价值观。从以上不同参与者的解释里可以发现，教师群体内部，以及教师与企业人员之间均存在较大的观点分歧，形成了两类认知：一是认为人才培养目标不重要，体现了目标多元化趋势；二是认为人才培养目标非常重要，培养目标就是就业。关注差异阶段参与者仅表达和分享了各自观点，并未就争议达成共识。在重庆授权评价1中，对6个一级指标和31个二级指标的赋值形成了37个雷达图，主持人在引导交流的过程中，不仅关注到不同个体之间的观点差异，而且兼顾了参与者不同的角色和群体的差异，均实现了个体和群体差异关注。

（二）授权评价3

新疆授权评价3是对学前教育课程质量进行的质量诊断。以参与者对一级指标的赋值讨论为例，考察授权评价关注指标的差异情况。讨论内容截取如下：

主持人：杜晶晶（T9）和高莹洁（T10）老师权重赋值较高，为什么？

T9（10%）：我降低了人才培养效果的分数。

主持人：为什么呢？

T9（10%）：我们学校的学生是零门槛入学，人才培养效果有一些不可控的因素，比如中途退学等。因此，我降低了含有不可控因素的人才培养效果权重，加大了专业发展环境的权重。

主持人：我也得到了一些信息。我们学校学生入学文化知识水平差异很大，有很好的，也有不好的。

T9（10%）：也有第三年快毕业时退学的，人才培养效果很难控制。

主持人：当然你们希望接受高水平的学生，但这种愿望很难实现。

T9（10%）：（快速插入）我们想把不可控的因素降低，调高到老师身上，让老师提高素质……

主持人：我特别理解你……但是我们今天在找问题，我认为学生差别很大，学校很大，人很多，下一步是不是可以探索一些分层教学……

专业管理人员 M2（5%）：现在我们是这样的，初中毕业的分一层、高中毕业的分一层，汉语班的分开，学历和语言不同的都分开。

专业管理人员 M1（5%）：现在学前教师专业，我们准备分两个层次：基础好一点的，能胜任学前教学的，就努力培养；另外一些学生达不到这个要求，就向保育员方向培养……

主持人：对，然后那些语言好的孩子去当老师，这是个很好的思路，这也是趋势。内地也有这样的，就是保教结合……

从指标 6“专业发展环境”的赋值结果中发现，专业管理人员赋值较低，教学实施人员赋值较高，这两类群体之间的分值迥异说明对专业发展环境的认知存在差异，双方就此展开了理由阐述。其他教学实施人员、企业人员以及学生代表未参与讨论，诊断过程仅关注到赋值较高和赋值较低的参与者的观点。这种模式的优势是节省时间、效率较高，不足之处为并非所有参与者都能够发表其观点，容易造成观点不全面，难具代表性。

（三）授权评价 5 和授权评价 6

广州授权评价 5 和授权评价 6 是对物联网专业的发展和校企合作进行的评价，因为是同一所学校的同一个专业，因此，有部分参会人员同时参与了这两场授权评价。为深入关注参与者在不同指标上的异同，笔者将授权评价 5 和授权评价 6 的评分标准设为 1—10 分，分五个等级。①

---

① 在总结其他地区授权评价会的基础上，笔者发现，按照评分标准 1—5 分进行赋值，难以将参与者的观点差异做出很好的区分，因此，在广州地区的两场评价会中，笔者将评分标准改为 10 分制，五个等级：1 分（完全不符合指标的要求）；2—3 分（在极少数方面达到指标要求）；4—6 分（在某些方面达到了指标的要求）；7—8 分（在多数方面达到了指标的要求）；9—10 分（在所有方面都达到了指标的要求）。5.5 分指不了解或说不清楚。

在授权评价5进行的过程中，主持人选取标准差最大的指标3“学生综合职业能力”进行深入讨论。企业人员对此给出了最高的权重值45%，而最低值25%分别由另一企业人员、专业管理人员和学生代表给出，相同角色和不同角色的参与者之间赋值呈现出显著差异。为了解各方不同的观点，对这一指标的深入分析花费了25分钟。在26个二级指标的标准差中，主持人选取了标准差较大的17个指标组织了诊断。各类不同参与者表达了个人的赋值理由，对他人观点也表示理解并给予反馈。

授权评价6采用相同的方式，对每一个指标的诊断，都从赋值高和赋值低的参与者解释开始，由此引发其他参与者的认识和反思，形成不同的观点交锋，从不同角度解释了赋值理由。

（四）授权评价7

学习任务也可以叫作学习与工作任务，是学习领域课程的基本教学单元①，学习任务的质量是职业教育课程质量的真正体现。学习任务质量的授权评价对学习任务设计者具有较高的要求，需要设计者具备相应的课程设计与开发的理论知识和专业知识。因此，学习任务授权评价更适合在掌握课程理论的参与者层面进行。研究选取北京师范大学研究生课程所要求的“设计一个学习任务”为案例，从中选出一个有代表性的学习任务“后期影视制作”，并对其进行诊断。评价参与者均为职业院校教师（访问学者）和研究生（硕士和博士），其中研究生9名，职业院校教师3名，诊断时间为三个半小时。

通过对一级指标权重的赋值，可以衡量不同参与者对每一指标重要性的认识差异。权重赋值的不同，代表了参与者对关于指标的观点存在不同的理解，需要根据个人赋值，做出解释。一级指标权重赋值结果如表6－3所示。

① 王玉洁、李文伟：《工学结合一体化课程改革的探索与实践——以“机械设计基础”课程为例》，《北京教育（高教）》2013年第11期。

表6-3　**授权评价7：一级指标权重赋值表**　（%）

姓名编码	综合职业能力的学习潜力	对工作与技术的设计潜力	学习任务的描述	学习任务的设计特点	学习评价
T1	25.0	25.0	15.0	15.0	20.0
T2	25.0	25.0	15.0	17.0	18.0
T3	25.0	20.0	15.0	25.0	15.0
S4	25.0	25.0	15.0	20.0	15.0
S5	30.0	25.0	15.0	15.0	15.0
S6	25.0	20.0	15.0	20.0	20.0
S7	27.0	30.0	10.0	15.0	18.0
S8	20.0	20.0	20.0	25.0	15.0
S9	25.0	30.0	15.0	20.0	10.0
S10	30.0	20.0	20.0	20.0	10.0
S11	20.0	30.0	20.0	20.0	10.0
S12	25.0	25.0	15.0	20.0	15.0
平均值	25.2	24.6	15.8	19.3	15.1
标准差	3.1	4.0	2.9	3.4	3.6
最高分	30.0	30.0	20.0	25.0	20.0
最低分	20.0	20.0	10.0	15.0	10.0
讨论值	24.0	24.0	17.0	20.0	15.0

由表6-3标准差可知，标准差最大的指标为“对工作与技术的设计潜力”，其次为“学习评价”“学习任务的设计特点”，说明参与者对这几项指标的理解存在较大差异。在授权评价过程中，主持人找出了对每一个指标赋值最高和最低的参与者，让其解释理由，如指标“学习评价”中，赋值最高（20%）的分别是参与者T1、S6，赋值最低（10%）的参与者分别是S9、S10、S11，几位参与者分别阐述了他们的赋值理由和观点，其他参与者对此给予回应，在相互的观点交流中深化个人的理解。

对二级指标的讨论也是从差异关注开始的。根据二级指标评分分布图（见图6-5）可知，在17项二级指标中，标准差较大的分别是指标3.3（1.16）、5.1（1.16）、3.1（1.15）、4.3（1.13）、2.3（1.00）等。

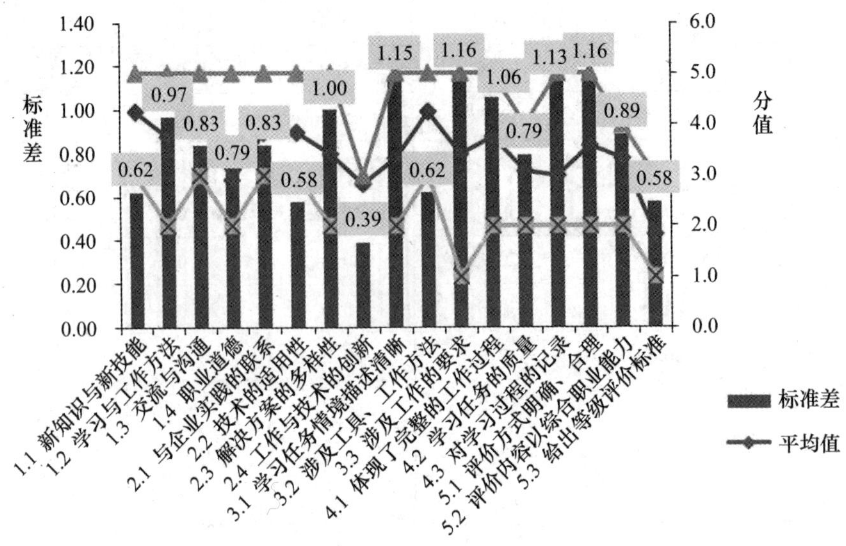

图6-5　授权评价7：二级指标评分分布

差异关注的过程也是识别问题的过程，通过不同参与者之间的对话，明确了不同参与者的价值诉求，指标权重的平均值没有成为参与者的共识，而是在尊重不同意见的基础上，形成了最终的讨论值。通过图6-5可以看到每一指标的赋值、平均值和标准差，根据相应标准差可以追溯每个参与者的赋值情况，进而加以解释说明。不同的意见没有受到压制或被忽视，而是成为讨论的焦点。Meyer和Brown（1977）将这种差异性称为“松散的耦合”①。

① 转引自［美］乔安妮·马丁《组织文化》，沈国华译，上海财经大学出版社2005年版，第93页。

（五）授权评价 8

河北授权评价 8 是对旅游专业进行的专业诊断。通过对一级指标的权重讨论，发现不同角色的参与者在同一指标上的权重差异（最高和最低）（见表 6－4）。

表 6－4　**授权评价 8：对一级指标的权重赋值差异（节选）**

	专业目标定位	专业资源保障	学生综合职业能力
学校管理者	25% ↑		
企业		8% ↓	30% ↑
学生	5% ↓		
外部专家		30% ↑	
教师			14% ↓

根据表 6－4 的结果，关于“专业目标定位”：学校管理者认为，专业目标定位最重要（25%），学生认为最不重要（5%）；关于“专业资源保障”：外部专家认为，专业资源保障最重要，企业认为不重要（8%）；关于“学生综合职业能力”：企业人员从人才培养效果考虑，认为这一指标最重要（30%），而教师认为从学生长远发展考虑，职业能力是过程性的，而不仅仅是培养的结果（14%）。总体来讲，诊断过程关注了不同参与者个体及群体之间的观点差异。

四　小结

差异关注是开展授权评价最基本的要求，主持人是这一要求能否实现的关键因素。通过以上分析发现，在所有地区的授权评价中，主持人根据每个指标的标准差大小，追溯不同参与者的赋值异同，进而找到赋值高和赋值低的参与者，并引导其阐释赋值理由，参与者在各自赋值基础上展开讨论，以上各地区的授权评价均实现了差异关注，其中授权评价 2 和 4 仅关注到个体之间的观点差异，可能是因为时间较短，没有关注到群体之间的区别，而其他学校的授权评价差异关注效果较好，关注到了个体和群体之间的观点异同（见表6-5）。

表6-5 授权评价的差异关注

差异关注		
没有差异关注	个体差异关注	个体和群体差异关注
无	授权评价2、4	授权评价1、3、5、6、7、8

第二节 意义协商

“意义”是事物间的内在联系，意义协商是主体间通过讨论与协商，对事物间的联系形成深刻理解。意义协商（negotiation of meaning）最早被称为“话语调整”（conversation adjustment），指为了克服在交流中所遇到的障碍，会话双方对话语进行调整以改变人们作为行动基础的偏好。[①]“意义协商”的假设是：对于同一事物，不同的情景和对不同参与组合的理解会形成不同的意义，授权评价通过参与者的互动习得“意义生成机制”。

社会建构主义者认为，意义协商是一个参与者通过对话及交谈进行相互协商的过程，其本质就是社会性对话的过程。因此，意义协商是知识生成的本质追求，没有触及价值观改变的协商，只处于浅层次的“问题讨论”上，难以形成反思和“行动策略”。基于这样的理解，意义协商能够提高决策质量并充实民主。深度会谈是达成意义协商的前提条件，其表征是参与者对个人的心智模式、原有认知结构与他人的认知之间达到了较深刻或独特的理解。因此，研究者将意义协商分为三个层面来分析：讨论、同理心探寻和深度会谈，其区别如表6-6所示。

① 牟宜武：《国外意义协商研究三十年评述》，《西华师范大学学报》（哲学社会科学版）2010年第6期。

表 6－6　**讨论、同理心探寻与深度会谈**

	讨论	同理心探寻	深度会谈
系统性	把问题割裂	深究原因	在部分中看到整体
过程	关注任务本身	站在对方立场上思考	关注他人和任务
信息	中性的，有时是消极的	不确定的	积极有效的
假设	评判假设	悬置并评判假设	探寻假设
结果	获得对某个意义的认同	获得认同，了解本质	在多样性中创造共享的意义

资料来源：改编自彼得·圣吉《第五项修炼：实践篇》，张兴等译，东方出版社 2006 年版，第 304—305 页。

“讨论”是意义协商的初级阶段，解决“是什么”的问题。讨论是提出不同看法，将必要的信息进行传递和交换，是组织内部传递工作的重要内容①，只局限于分析、衡量和简单的信息共享。② 处于这一阶段的参与者往往会把问题割裂开来，只关注任务本身，参与者获取的信息是中性的、不重要的，甚至是消极的，能够对他人的假设进行评判，经过讨论获得或不能获得一致认同。

“同理心探寻”是意义协商的第二阶段，进一步追问“为什么”的问题。“同理心”即同感、共感，是能够从他人角度考虑问题的方式。③“同理心探寻”即在讨论的基础上，进一步探究原因，能够站在对方立场上思考问题，所获得的信息尚待考量，对已有信息能够暂时悬置再判断，最后参与者对被评项目获得认同，并深入理解其本质。

“深度会谈”是意义协商的高级阶段，解决“怎么办”的问题。马丁·库恩（M. Kuhn）将深度会谈（dialogue）描述为一种持续的集体性探询，要求理解并回应说者的意图与建构。深度会谈是合作性反思与探询，通过与他人的对话来深入检视自己观点，并形成对事物更

① 王怀明：《组织行为学：理论与应用》，清华大学出版社 2014 年版，第 250 页。

② ［美］埃尔斯特主编：《协商民主：挑战与反思》，中央编译出版社 2009 年版，第 141 页。

③ 瞿卫华：《培育智慧型读者：阅读教学的应然追求》，《江苏教育》2011 年第 1 期。

加深入、广泛的理解。处于深度会谈的参与者通过对某一问题的分析讨论能够联系整体，关注他人观点，所获取的信息是积极有效的，在悬置、评判假设基础上能够深入探寻，在参与者的多样化观点中达成意义共享。①

一 讨论层次

授权评价 4 是在新疆地区进行的第二场试验，本次授权评价体现了“讨论”（discussion）的特点。在授权评价过程中，参与者中有 2/3 的教师是维吾尔族人，1/3 为汉族教师，两种不同语言参与者之间的对话通过两名翻译人员（教师）② 来实现，维语教师通过并不流畅的汉语来表达。基于该校正处于培养方案修订期，本次评价组织了两次评分：一是对原有方案的实施情况进行评定；二是对新培养方案修订情况做出评定。指标“课程之间的逻辑顺序合理”的赋值情况如图 6－6、图 6－7 所示。

基于赋值的各参与者解释如下：

教学人员 T8（维）（2 分）：维语（略）。

翻译：T8 老师认为，对于音乐学、音乐教育，应该先学习理论知识，而现在对乐理知识与视唱的进度调节得不好……

主持人：好的，我们再看看其他老师的意见……

教学人员 T9（汉）（3 分）：相比之下，原来课程之间的逻辑顺序确实存在问题，但是目前得到了很大改进……

教学人员 T10（维）（5 分）：（汉语表达）我认为比较合理，课程内容循序渐进，在课前复习之前所学过的知识，再学习新知识。

企业人员 E2（维）（5 分）：（汉语表达）准确讲，我们不是

① ［美］彼得·圣吉：《第五项修炼·实践篇》（上），张成林译，中信出版社 2009 年版。

② 翻译人员也是所在学校教师，因为有些教师维语和汉语的水平仅限于听得懂，但不会说。因此，在授权评价会进行过程中，也会出现不同教师随机翻译的情况。

企业人员，而是对口升学单位的负责人，从升学的角度来讲，我们认为课程设置合理。

翻译：维语（略）

学生代表（维）（5 分）：（汉语表达）我们也认为比较合理……

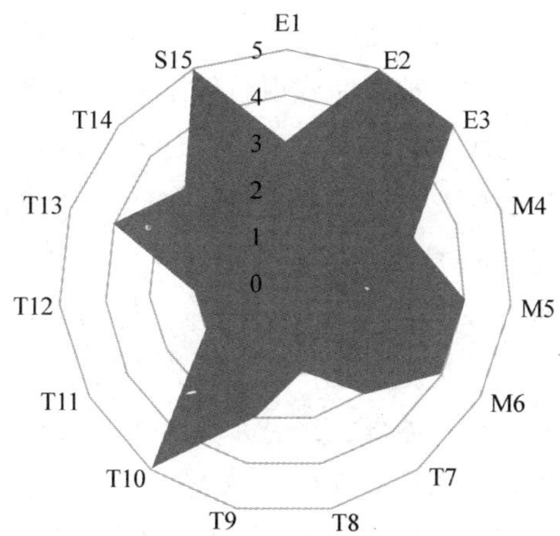

图 6－6　旧方案实施效果

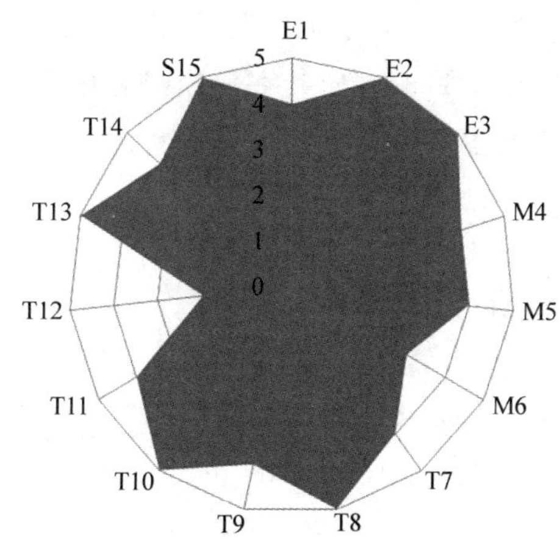

图 6－7　新方案实施效果

从以上对话中可以发现，授权评价 4 的特点体现为双语交叉、翻译转译。从争议内容来看，参与者观点集中在“课程之间逻辑顺序是否合理”一项上，总体意见是：原有方案实施效果不理想（见图6－6），现有评价方案得到了较大的认可（见图 6－7）。诊断过程以表达目前评价方案所存在的问题为主。相对而言，授权评价 4 处于“浅层沟通”状态，也因此影响到了意义协商过程。究其原因，一是语言障碍。维吾尔族与汉族参与者之间语言不同，容易出现对同一词汇有不同理解或断章取义、意义被歪曲或误解等现象。由于信息接受者的语言编码能力欠佳，造成沟通障碍。二是翻译转译会影响诊断进程。转译的过程难免会对信息发出者的信息产生加工、过滤、丢失，信息接收者也会因“信息—符号系统”的差异进行重新组织而造成沟通障碍。同时，翻译的过程也影响到对话的连贯性，从而影响评价效果。三是文化传统的差异。由于文化传统、风俗习惯、宗教信仰、价值观念和行为方式等方面存在差异，维吾尔族教师与汉族教师的工作方式和思维方式各不相同。在授权评价过程中，不同文化背景的参与者往往会认为对方也会用同样的方式去思维，导致沟通无法深入。由访谈得知，此现象也体现在其日常工作中。四是认知差异。本次授权评价旨在建立一种民主的文化，促进参与者的参与意识。调查发现，新疆授权评价 4 的参与者将研究者或主持人视为其“工作问题的解决者”，曲解了授权评价的真正目的，使其在诊断过程中难以为了“共同目标”而集中力量。上述原因导致本次诊断更像一次“问题讨论”大会，没有形成深层次的会谈。

二 同理心探寻层次

（一）授权评价 1

重庆授权评价 1 体现了一种高于“讨论”低于“深度会谈”的效果，可称之为“同理心探寻”[①]。以指标“课程目标的设计符合学

---

① 彼得·圣吉在《第五项修炼》一书中将同理心倾听（探寻）作为对话交流的一种形式，比其高一阶段的对话形式是生成性对话，即深度会谈。

生的学习能力”一项诊断为例，参与者对该指标的赋值情况如图6－8所示。

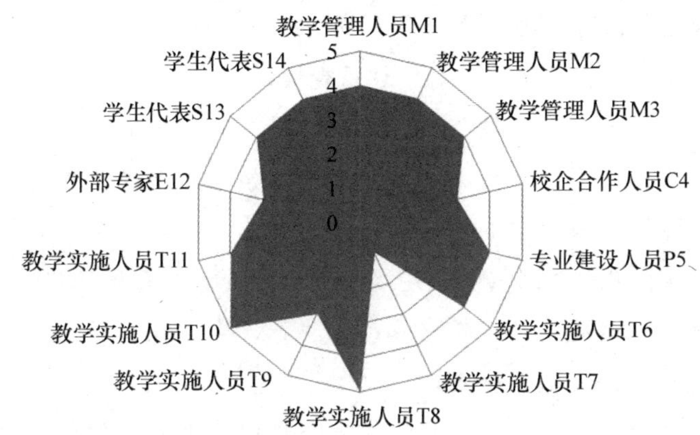

图6－8　“课程目标的设计符合学生的学习能力”赋值结果

基于赋值的各参与者解释如下：

主持人：企业的老师给这个指标的打分不是特别高，有几个老师、外部专家都打得比较低，请解释一下？

教学实施人员T7（1分）：我是一个本科生，我上学时就直接讲理论课，很多学校也都是这样。在没有接触实物之前先学理论，本科生都很难理解，更不要说中职生了。因此，这个目标设定肯定是有问题的。

主持人：这就是我们最大的问题，没见过实物你怎么理解理论……

教学实施人员T9（3分）：我也这样认为，学生学习能力本来就低……

教学实施人员T8（5分）：我认为学生基础差别太大了，教师只能面向大部分学生，应该采取分层教学或分班教学的方式。

主持人：老师们一致认为学生学习基础差，目标设定较高，我们听听企业人员的意见？

企业人员 C4（3 分）：我不太认同老师们的想法，你们都认为课程理论部分设计太难，学生能力不足，其实根本不是那么回事。在我看来，企业中最实用的东西、常用的东西都没有在课程中体现出来，你们可以去调查一下，我们企业 70% 干这一行的都是高中没毕业的人，甚至都没有经过正规培训，能用多少理论……

主持人：好，现在出现了一个非常有意思的局面，老师们和企业人员的观点截然不同，我们听听学生怎么说？现在问一下同学，你们认为最难的是文化课还是专业课？

学生代表 S14（4 分）：我认为，当然……我只代表我自己，不代表其他同学，目标比较符合我们，专业课太简单了，大部分都能听懂，文化课较难。

主持人：非常好，其实这也是我们能力测评的结果，学生的难点在文化课而不是专业课。学生认为专业课不难，企业对专业课要求很高，那学校反而认为课程目标定得太高了，学生学习能力不足，这个矛盾怎么解决？

协商可以体现会议的合理性，应坚持“合理讨论规则”（precepts of reasonable discussion）。这种规则阻滞了参与者各方相互指责、偏见以及传统的、根深蒂固的错误。① 从以上对话中可知，三类参与者群体“教学实施人员”“企业人员”“学生”都“悬挂”了自己的“假设”，即抛出了自己的观点，没有丝毫隐瞒。② 经过诠释自己的评分理由可知：教学实施人员的假设是“学生学习能力弱，基础差，学习理论知识有困难”；企业人员的假设与之截然不同，认为“不是学生学习能力的问题，而是课程内容设置的问题”；学生表示“学习专业课没有困难”。

对话显示，不同群体之间出现了严重的观点分歧。究其原因，关

① ［美］彼得·圣吉：《第五项修炼·实践篇》（上），张成林译，中信出版社 2009 年版。

② 同上。

键在于不了解其他利益相关者的价值诉求。作为一个“实践团队”，因没有或不了解共同的目标追求，而仅关注到自身需求，自然会影响工作质量。在明确问题之后，进一步通过深度会谈来进行反思和探寻，是解决这一问题的有效办法。但是，因时间和评价目的①所限，对诊断内容没有进一步从部分关注整体，仅限于讨论和信息共享，没有形成生成性对话。在31项指标的讨论中，有27项体现了这一特点（其他4项因分值差距不大而没有进行解释）。因此，本次诊断未能达成真正意义上的“意义协商”，仅为“同理心探寻”。

（二）授权评价2

授权评价2的意义协商充分体现了“同理心探寻”的特点。经过赋值所形成的六个一级指标均值分别为14%、19%、20%、20%、20%、7%，参与者认为将平均值作为统一的权重值不合理，应通过讨论，确定所有参与者都认可的权重值。基本讨论结果如图6－9所示。

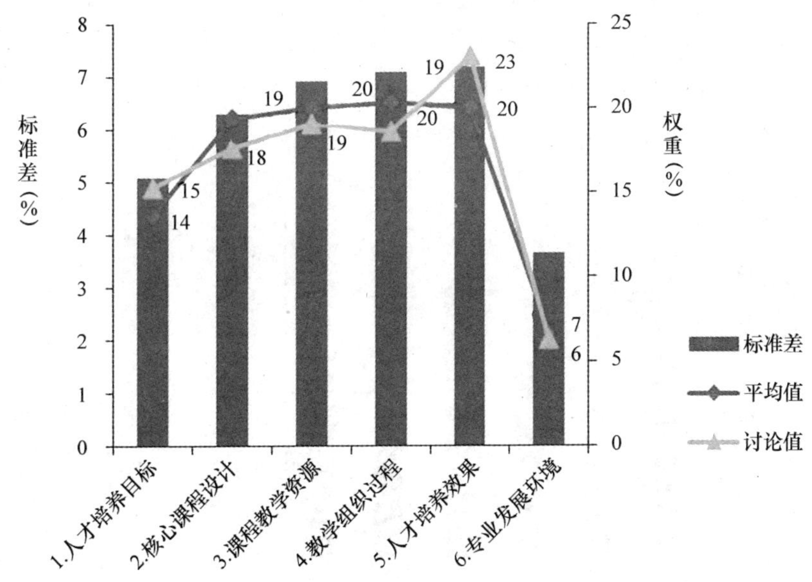

图6－9　授权评价2：一级指标权重均值与讨论值

① 本次评价会的目的是寻找问题，由于评价指标有31个，难以用深度会谈的形式全部剖析并制定决策，因此，评价会并没有深入探究问题原因及策略。

从图 6－9 可知，建议的讨论值为 15%、18%、19%、19%、23%、6%，其中指标 3 和指标 4 的权重处于争议状态，仍未统一。究其原因，一是参与者未向他人的观点做出妥协，如校长 M1、外部专家 E5 表达完自己的观点后，教学老师 T12 表示：我不同意刚才两位的意见……教学老师对他人观点进行了批判性思考，并评判了个人原有假设，期望获得对自己观点的关注和认同。二是本次诊断时间为 4 个小时，对 31 个指标的诊断而言，时间相对较短，对于没有达成一致的内容，只能暂时搁置。三是主持人在评价开始前，明确了评价规范及关系定位，即要求参与者之间是平等关系，尽量消除不同角色、地位所带来的影响，这种评价规范有利于参与者充分表达个人观点。

（三）授权评价 3

在授权评价 3 中，经过赋值所形成的 6 个一级指标的均值分别为 15.4%、20.9%、18.8%、19.4%、17.2%、7.1%，参与者认为，将平均值作为统一的权重值不合理，应讨论出所有参与者认可的权重值，协商后的讨论值分别为 15.4%、19.8%、17.7%、18.5%、16.1%、6.8%，具体如图 6－10 所示。

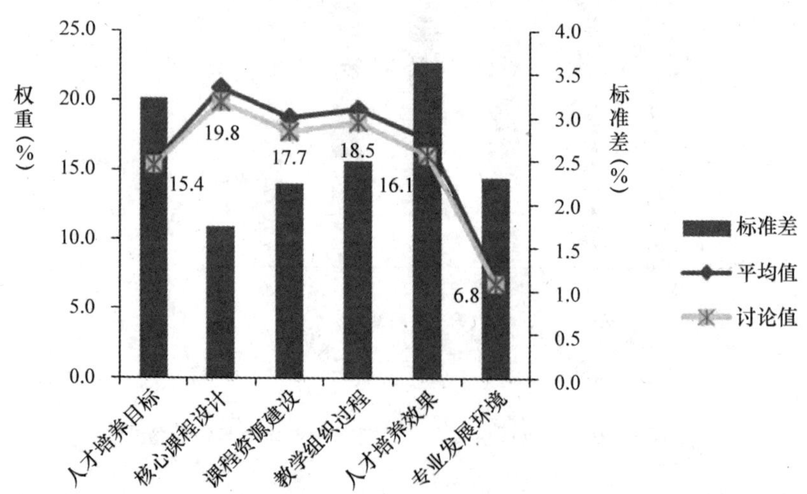

图 6－10　授权评价 3：一级指标均值与协商值

根据科恩的观点，协商需要诉诸“理由”，即“对支持或反对某事有价值的考虑”①，并要求倾听者做出回应。② 在授权评价 3 中，在对 6 个一级指标的权重值进行协商的过程中，主持人通过询问与协商值赋值差距较大的参与者，是否同意在其赋值的基础上降低或提高权重，参与者均在个人赋值基础上做出了妥协。

在权重分值解释阶段，每个人都对其赋值进行了解释，个人之间形成了知识共享，参与者对他人的观点进行了回应，并阐述了他们的理由。在协商阶段，主持人要求参与者悬置个人假设，站在对方的立场上思考问题，最终达成了一致意见。对其他指标的权重协商程序与此相同。整个过程体现出“同理心探寻”的特点。

（四）授权评价 5

广州授权评价 5 的意义协商体现了“同理心探寻”的特点。根据参与者对权重的赋值结果，标准差最大的为指标 3“学生综合职业能力”。最高权重由企业人员 E5 给出（45%），最低权重为 25%，分别由三位学生代表、学校管理者 M4 及另一位企业人员 E1 共 5 名人员给出，平均值与协商值的差异见图 6－11 所示。

对此各参与代表均做出了解释：

> 企业人员 E1（45%）：第一，从物联网这个行业的性质来看，技术升级很快，对学生综合职业能力要求就很高。从学生角度看，如果具备了综合职业能力，无论行业如何变化，都能够得到很好的发展……第三，企业用人角度，也最看重学生的能力。
>
> 学校管理人员（25%）：综合考虑而言，资源保障更重要，目标也要清楚，这些都关系到学生的能力效果。所以，我均衡了一下权重值。
>
> 企业人员 E1（25%）：我也是均衡考虑了一下，毕竟学生的

① ［美］埃尔斯特：《协商民主：挑战与反思》，周艳辉译，中央编译出版社 2009 年版，第 141 页。

② 同上书，第 170 页。

能力高低与培养过程相关。

三位学生代表（25%）：我们认为能力不是不重要，但是比较虚，相比而言，职业资格证书更实际，对找工作更有帮助。

主持人：现在出现了较大的分歧，关键就看陈总（企业人员E1）能不能理解其他人的观点，稍微降低一下您的权重？

企业人员E1（45%）：如果大家意见一致，我也可以放弃原则，但只能降到平均值……

（后续讨论略）

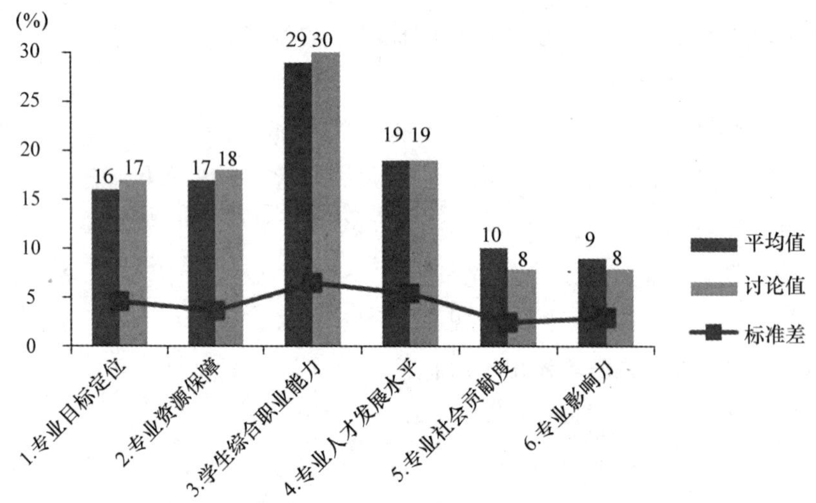

图6－11　授权评价5：一级指标协商值与讨论值

在交流过程中，企业人员E1认为，“学生综合职业能力”最重要，与其他参与者的赋值差距较大。各方都表达了个人的理解，企业人员认同他人观点，能够站在他人立场上重新思考，反思个人原有假设，但并没有对个人的经验和假设提出怀疑，仅表示权重的高低影响不大，因此，很快达成了统一的协商值，均值与协商值差异如图6－11所示。在二级指标的诊断中，参与者对于“是什么”“为什么”问题讨论得比较深入，但限于时间紧迫、参与人员不全等因素，对于“怎么做”，即将来的改进机制问题，没有进行深入分析与交流。因此，研究认为，在意义协商方面，授权评价 5 体现了“同理心探寻”的特点。

三 深度会谈层次

（一）授权评价 6

广州授权评价 6 的意义协商介于“同理心探寻”与“深度会谈”之间，初步具备了深度会谈的特点。对 6 个一级指标权重，经协商后并没有达成统一的协商值，但在这一过程的诊断里，参与者都意识到其他人员的观点与个人观点的差异，以及校企合作指标体系的合理与不足之处。

根据二级指标的诊断结果，在 27 个指标中选取标准差较大的 10 个进行诊断，时间为 3 个小时。参与者进行了较为深入的对话，分析可能的原因在于：

第一，本次诊断内容为“校企合作实施情况”，参与者中有 4 人为企业人员，能够从企业角度为诊断提供充分的信息。

第二，学生代表性不足影响深度会谈的效果。本次选取的学生代表为二年级学生，尚没有经历企业实习，因此，对于校企合作实施与运行情况不了解，不能表达实际信息，仅提供了个人的期望值和已有毕业生的就业信息。

第三，企业人员和学校管理者、教师对校企合作较为了解，各方具备更多的话语共通性，因此，也容易对某一问题进行较深入的交流。在了解“是什么”“为什么”之后，能够提出解决的办法，为后续改进机制提供参考。

每一指标的赋值均有参与者给出 5.5 分，说明对该项指标不了解，不能表达个人的观点，难以与他人展开交流。对于熟悉的指标参与者都能够共同“诊断”其所存在的问题，剖析其原因，提出建议。

（二）授权评价 7

协商的基本含义是“共同商量以便取得一致意见”①。协商式评

① 中国社会科学院语言研究所词典编辑室：《现代汉语词典》，商务印书馆 1983 年版，第 1275 页。

价是基于自我诊断基础上的发展性评价，通过量化的数据来揭示学校发展中的问题，强调参与者之间相互理解、交流、反思并力求达成共识。意义来自于人们的认知过程和认知方式，人们采用不同的意义系统进行对话，这些系统可以在相对和谐或不同程度的冲突中共存和适应。① 学习任务授权评价一级指标的权重赋值体现了意义协商的过程，一级指标的均值与协商值如图 6－12 所示。

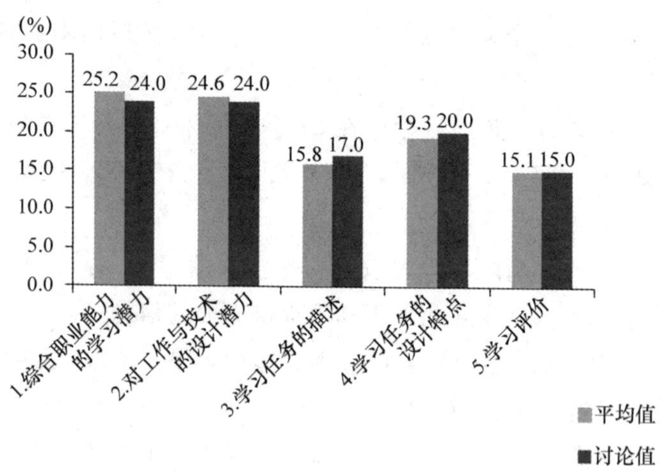

图 6－12　授权评价 7：一级指标权重均值与协商值分布

经过参与者赋值，形成了 6 个一级指标的平均分，但由于各参与者在发表观点过程中表达了不同的个人价值诉求，难以用平均值作为统一认同的权重，需要协商讨论出一致认可的权重值，对指标权重值的协商主要体现在教师群体和学生群体之间。以指标 4 “学习任务设计的特点”讨论为例：

教师 T2（25%）：我觉得学习任务实施是否合理，应该体现在教学设计上，但指标里没有体现，我希望增加这方面的指标，

① ［英］弗勒地：《反思第五项修炼》，赵恒译，中信出版社 2004 年版，第 135 页。

所以打高了。

学生 S11（20%）：我有点意见，我觉得指标 3.2“涉及了工具、手段和工作组织”，已经表达了一个完整的要素，其实是有体现的……

教师 T2：……老师带领学生如何做、如何实施，这方面没有体现……

主持人：你们两个理解的角度不同，但都有道理。谢老师理解的是教学过程，小高从任务本身角度加以理解，并不矛盾，的确是个很好的建议……现在这个指标看来是不太好，没有考虑到教学过程……

（教师和学生重新反思并发表了个人观点）

主持人：如果是这样的话，现在平均分为 19.3%，大部分参与者的权重都是 20%，那我们增加到 20% 是否可以？谢老师（教师 T2）有没有意见……

从以上对话里可知，教师与学生两类群体间对“学习任务设计特点”的指标产生了分歧。二者从各自的角度表达了对指标的理解情况，此时需要中立的、第三方（主持人）的帮助。主持人首先肯定了双方观点的合理性，认为“都有道理”，采用了“合理化分歧”① 方式，认可了双方观点的内在合理性，请其他参与者给予评价。同时，双方在倾听的过程中，吸收并反思了对方的观点，认识到自己思维与行为模式的局限。在协商权重时，均表示同意将个人权重值提高或降低，最终形成了认可的协商值。以上均验证了建构主义心理学的学习原理：个体的认知不是在个体内部，而是通过与环境的互动形成的，知识是通过社会磋商和对理解发生的评价而展开的。② 协商值能够快速达成，其主要原因在于，一是参与者之间的对话属于内部性对话③，

---

① 林德（L. Lind）和陶蒂（C. Toldi）认为，合理化分歧是主持人用来克服窘境的方法。

② 张天宝：《走向交往实践的主体性教育》，教育科学出版社 2005 年版，第 220 页。

③ 董小英：《再登巴比伦塔——巴赫金与对话理论》，生活·读书·新知三联书店 1994 年版，第 41 页。

即参与者在开展学习任务授权评价之前，均接受了与学习任务相关的理论学习，能够在各种语境、观点、视野、表达方式不同的情况下，快速理解对方的话语内涵，并进入这个视野各种因素对话的关系中。二是在处理争议性的指标时，主持人能够坚持中立原则，尊重每一位参与者的观点，以探寻、协商的态度引导讨论。三是在同质群体（成员间几乎没有差异）中更容易形成群体思维。学习任务授权评价的参与者有教师和学生两类群体，不同的群体对某个问题具有不同的假设和推论，同类群体更容易产生相同的思维模式。四是参与者中有2/3的人员为学生（研究生和博士），有1/3的参与者为教师，从我国的师生关系方面理解，学生与教师之间更容易求同存异。这也验证了格莱斯（H. P. Grice）的研究结论，互动中双方都会以一种合作的态度参与，努力使自己在互动中的话语符合交谈的某个目的或方向，即便双方观点有分歧，也会表现出合作意愿。

研究认为，在学习任务授权评价过程中，参与者以自己和他人都能理解的方式表达了意见，倾听了对方观点；尊重他人并给予持不同意见的人发表感受的空间，形成了有意识的集体关注力（collective mindfulness），体现了深度会谈的特点，从一定程度上促进了意义协商。

（三）授权评价8

授权评价8初步体现了“深度会谈”的特点。在诊断初始阶段，参与者根据教育部的专业评价指标体系，讨论其对本校旅游专业的适用性。指标合理性的协商焦点表现在：外部专家认为，该指标体系缺少过程性指标，即“教育教学管理”方面的内容，经协商后参与者均表示认同外部专家的意见，增加1个一级指标“教育教学管理”和5个二级指标，最终形成7个一级指标和31个二级指标。在这个过程中，参与者之间体现了“他讨论”的特点，对没有深入追究为什么，无法获得深层信息，解答与讨论也是单维度的，实现了单环学习。分析原因在于，因外部评价专家有一定的权威性，导致参与者不假思索地听取其建议，这方面以外部专家意见为主。

在权重值协商阶段，参与者在对7个一级指标进行独立赋值后，形成了一级指标的平均值。外部专家认为，指标 3 “教育教学管理”最重要，应在平均值的基础上提高权重，但学校管理者对此表示反对。另外，企业专家从产出角度认为应在平均值的基础上提高指标 4 “学生综合职业能力的权重”，对此外部专家持否定意见。经过一轮讨论之后，最终没有协商达成统一的权重值。分析其原因有：第一，在小组讨论过程中，参与者共同参与到权重协商问题中，每个人都表达了个人观点（发散思维），但收敛（寻求意见趋同）效果欠佳，最终没有使得发散和收敛的反馈循环达到平衡。第二，参与者自身的原有假设和信仰固化，根据塞加拉—纳瓦罗（Cegarra-Navarro）和杜赫斯特（Dewhurst）的观点①，信仰固化的人难以遗忘（unlearning）原有的知识和经验，阻碍了新的思维和行动模式的开发、引进，影响了意义协商效果。

总之，虽然在部分问题的诊断中，参与者之间并没有达成完全统一的观点，但评价参与者都能够关注他人的观点，进行积极有效的应答，并从一个问题的表象挖掘原因，试图探索出解决机制。从这个角度讲，该试验介于“同理心探寻”与“深度会谈”之间。

四　小结

从意义协商的三个不同层面来看，授权评价 1 和授权评价 2 处于“同理心探寻”层面，授权评价 4 并未形成真正的“意义协商”，仅仅体现了“集体讨论”的特点。这可能与新疆地区的文化、语言及认识差异有很大关系。授权评价 5 处于“同理心探寻”层面，广州授权评价 6 具有介于“同理心探寻”和“深度会谈”之间的基本特点。授权评价 7 的参与者具备评价所需的相关知识，因此意义协商方面达到了深度会谈效果。根据不同的评价内容，授权评价 8 体现了“同理心探寻”与“深度会谈”并存的特点（见表 6－7）。

---

①［美］马奎特：《行动学习实务操作：设计、实施与评估》，郝君帅、唐长军、曹慧青译，中国人民大学出版社 2013 年版，第 25 页。

表 6－7　　授权评价的意义协商

意义协商		
讨论层次	同理心探寻层次	深度会谈层次
授权评价 4	授权评价 1、2、3、5、6、8	授权评价 6、7、8

第三节　应答模式

深度访谈是职业院校人才培养工作评价现场考察时所采用的主要方法，专家根据学校的实际情况，拟订访谈提纲，其中包括访谈的主题、访谈的目的和访谈对象与要点等。深度访谈贯穿于现场考察环节的方方面面，如专业剖析、实习实训基地参观、教师说课等，本节主要探讨作为评价工作独立环节的深度访谈。主要表现为评价专家组成员与评价项目相关负责人、学生、教师通过访谈的形式交流意见、了解情况、探索问题的形成原因、寻找问题解决的方法，这与第四代评价所倡导的资料收集方式——应答式互动有异曲同工之处。应答式互动强调评价过程中资料收集应采用“响应式的聚焦方式”，评价专家罗伯特·斯达克（Robert Stake）曾指出，传统的“预订式的评价”难以反映各方面人士对目标、课程实施等方面的不同观点，评价的意义在于服务，评价者就应该关注服务对象所关注的焦点。因此他提出了一个以“回应”服务对象为起点的“应答模式”，即学校评价方案的设计要有意识地听取评价委托方、被评学校、学生及家长等各种利益相关者对评价的需求，在评价报告中能反映人们不同的价值观念。[①] 对应到高职评价中，服务对象指的是院校及院校的领导、各部门负责人、教师、学生，甚至还包括学生家长和行业企业，因此，按照第四代评价理论，专家组在现场考察的过程中，应充分关注这些利益相关者的“主张”“争议”和“焦虑”。

① R. E. Stake, “The Countenance of Educational Evaluation,” *Teachers College Record*, 1967, 68: 523－540.

"应答性"是授权评价的基本模式，斯塔克（R. E. Stake）提出的应答模式（responsive evaluation），又被称为"反应模式"，即通过涉及利益相关者并消耗大量实践和资源的互动协商过程来确定参数和界限。[①] 应答模式是授权评价的基本模式，通过对话体现出一种人与人之间"在各种价值平等、意义平等的意识之间相互作用的特殊形式"[②]，是通过对话体现的一种"同意或反对关系、肯定和补充关系、问和答的关系"。授权评价过程不仅需要参与评价的人员表达自己的观点，还需要认真面对和思考来自其他人的信息输入，特别是与自身观点相互冲突的地方，需要做出回应，即先表示赞同或否定，进而阐释自己的观点。在这样的过程中，倾听者会对自己的建构进行有效的修正，或发现有力的证据来说明他人的命题不被接受。如果只有解释、倾听，没有应答和建构的过程，那么诊断过程的反思性和批判性不足，就难以形成知识传递与共享。将斯塔克的应答模式具体化，可将其视为对信息接收和反馈时的态度和方式，分为积极应答（positive feedback）、消极应答（negative feedback）和无应答（non-feedback）三种情况。

一 消极应答模式

重庆授权评价 1：教师与企业人员之间倾向于消极应答

消极应答是当说话人提出建议、发表观点或当说话人在期待认同时，受话人给予不赞同、不积极的应答。在授权评价过程中，参与者对不同信息争取消极的应答模式："我不太赞同、不同意、可能理解的不对"以及一些隐性的消极应答。[③] 如对指标 2"核心课程设计"的权重问题进行讨论时：

---

① ［美］古贝、林肯：《第四代评估》，秦霖等译，中国人民大学出版社 2008 年版，第 14 页。

② ［美］肯纳、林德、陶蒂：《结构化研讨——参与式决策操作手册》，闫永俊、王洪君译，电子工业出版社 2016 年版，第 106 页。

③ 笔者将那些在评价分值方面存在明显差异，但在观点表述中没有加以明确反对的内容视为隐性的消极应答。

企业人员 C3（2 分）：与企业工作相比，课程设计工作量不大，所以觉得没那么重要。

教学实施人员 T8（5 分）：刚才杨主管讲的观点我不太赞同，您说课程设计工作量不大，那是因为学科课程，而我们现在是基于行动导向的课程……

由以上对话可见，教学实施人员 T8 对企业人员的观点进行了否定，随后各自进行了深入的理由诠释。

在重庆和新疆的评价试验中，均存在参与者以“消极应答”的模式表达不同于对方的观点。研究显示，在 31 项指标中，重庆授权评价 1 和授权评价 2 中，明确的消极应答话语共有 6 处，新疆授权评价 3 和授权评价 4 中有 5 处，消极应答主要表现在教学实施人员和企业人员对话之间，其表现为否定态度和表达方式，两类群体的观点争锋较为明显。这些都与参与者的性格特征、心智模式以及“防卫”的心理范式有关，消极应答模式持续时间较长，也说明参与者对该问题有较为深入和独特的理解，有利于从深层次剖析问题。相比而言，两个地区的学生所表现出的“积极应答”态度也较为明显。

二 积极应答模式

（一）重庆授权评价 1：学生代表应答模式倾向于积极应答

积极应答是对于他人提出的问题、观点给予认同、合理的应答方式，即便不赞成对方的观点，也能以肯定性、鼓励性的语言为主。努南（Nunan）指出，积极应答比消积应答更能促进学习者的行为。积极应答可以营造愉快和谐、心理相容的互动关系，给对方带来对其自我价值和重要性的感知。[①] 在重庆授权评价 1 的过程中，学生代表在对 31 项指标的诊断中，有 12 项的平均分值在 3 分以下，说明学生认为这 12 项指标的工作“仅在某些方面达标”，即不太满意，那么学生

① ［美］马奎特：《行动学习实务操作：设计、实施与评估》，郝君帅、唐长军、曹慧青译，中国人民大学出版社 2013 年版，第 72 页。

(应答者) 对这12项指标的诠释理应以消积应答为主。但研究结论却与此相反，学生的解释表现为积极应答的模式，以“教学方式方法能够实现课程的全部目标”为例，各参与者的赋值情况如图6-13所示。

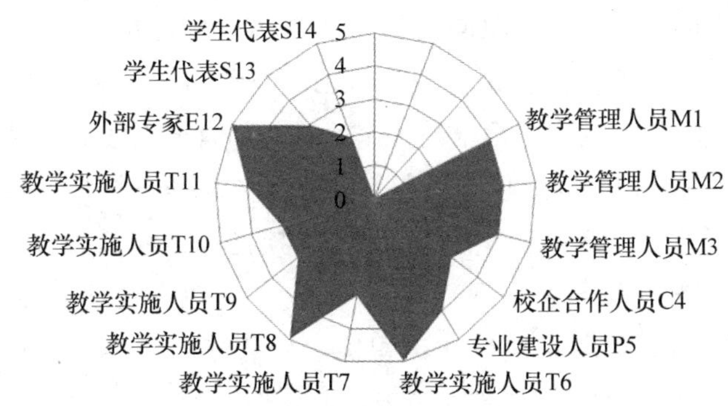

图6-13　授权评价1：教学方式方法赋值分布

从图6-13赋值情况可知，教学实施人员、校企合作人员、外部专家、教学管理人员对“教学方式方法”赋值的最高分为5分，最低分为3分。可见，几类参与者对教学方式方法给予了较高的认可度。相比之下，学生代表对该项指标赋值较低，两名学生代表给出的分为3分和2分。可见，从学生角度来讲，教学方式方法还存在不足，参与者将理由解释为：

主持人：我们看到学生的打分较低，你们怎么考虑的？

学生代表S14（2分）：我觉得目前的教学方法（只针对我个人，不代表其他同学），对于我来说挺好的，别的同学认为怎么样我就不知道了。

学生代表S13（3分）：教学方法没有完全实现，可能因为实训工位少，老师讲得多，学生练的时间少……

主持人：也就是说，你认为目前的教学方法不好。

学生代表S13：不是不好，应该是还可以更好……

授权评价要求过程是公开、透明的。学生的赋值较低与积极的应答模式形成对比，学生并没有将自己的“不满”以否定的态度加以表达，也没有将问题直接归咎于教师，而是强调客观原因“可能因为实训工位少”等。当主持人询问“是否因为教学方法不好”时，学生表示“还可以更好”，表明学生对“教学方面的不足”仍以一种积极、肯定的态度做出回应。这一现象同时提示了对另一问题的担忧：学生是否表达了个人真实的想法？是否因为自己的身份等原因而畏惧表达真实感受？对现实问题的真正诉求是什么？对这些尚难以做出客观解答。

（二）授权评价 3：学生代表表现为积极应答

新疆授权评价 3 的学生代表在对 31 项指标的赋值中，有 12 项为 3 分（最低分）以下，19 项在 4 分以上。3 分以下说明，该指标在某些方面没有达到要求，学生却以积极的应答模式表达了自己的不满，教师与企业人员之间的交流则表现出消极应答模式，说明学生在教师和其他参与者面前，可能对直接说明问题有着畏惧心理，善于利用积极的、肯定的语言使沟通氛围更为和谐。

积极的应答模式从某种程度上也说明授权评价的过程“公开性”体现不足。“公开性”似乎并不符合国人惯常的交往方式，参与者可能不是为了刻意隐藏某个有价值的评价信息，而仅仅是出于维护自己或对方的“面子”，而采取了含蓄的表达方式。[①] 研究发现，参与者都具有“开放性”态度，善于检验、审视自己的观点并进行改正，但很难做到“公开性”，即向对方真实袒露自己的不满或怀疑，这或许与国人的文化传统有着较大的关系。但这种“公开性”的不足也不同程度地增加了和谐、民主的氛围，促进了各参与者的互动效果。研究表明，积极应答，即支持性沟通方式能舒缓参与者所承受的压力，帮助员工或群体成员建立联系，提升群体的信任力和凝聚力。

（三）授权评价 5 和授权评价 6：除学生外的参与者之间均倾向于积极应答

广州授权评价 5 和授权评价 6 的应答模式具有共同特点，即参与

---

① 陈向明：《教育质性研究概念框架的本土探索》，《教育学术月刊》2014 年第 4 期。

者之间均倾向于积极应答（对部分熟悉的指标），这可能是因为：第一，企业人员参与人数较多，且一直与该校保持着紧密的合作，对专业发展所存在的问题及未来改进措施，双方能够深入交流。第二，校企双方对较为理解和熟悉的指标展开了热烈的讨论。如对于“实训教师满足教学要求”一项，学校管理者（9 分）认为非常满意，对实训教师（兼职教师）要求不能太高，教会学生干活就行。而企业人员（3 分）认为，在现代学徒制背景下，必须对企业师傅提高要求，与一般的实习不同，在教学方面对企业师傅也要有规章制度……这一讨论的核心推翻了原有假设（学校对实训教师要求高，企业要求低），双方交流的态度与方式表现得较为积极。

三　无应答模式

（一）授权评价 2

在重庆授权评价 2 中，参与者对个人的赋值理由进行了阐述，但对他人的信息则鲜有应答。以指标“2. 2 课程目标的设计符合学生的学习能力”的评价为例，赋值情况如图 6－14 所示。

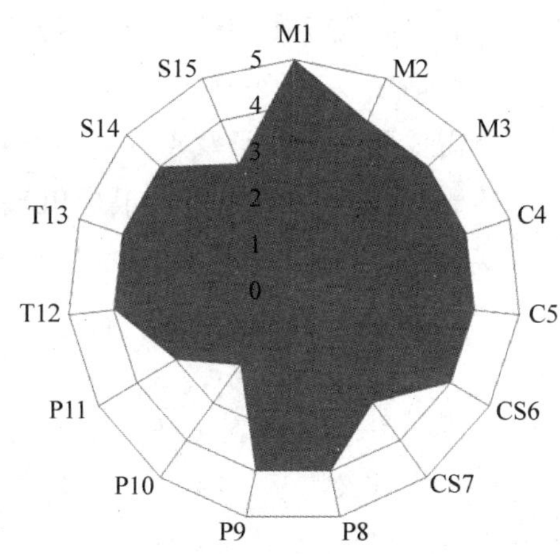

图 6－14　课程目标的设计符合学生的学习能力

学生代表 S15（3 分）：不清楚。

专业开发及建设人员 P10（2 分）：我们的目标与学生能力相比，有点偏高了。

教学管理人员 M1（5 分）：核心课程都符合课程标准，这些都是按照国家教育部要求设定的。

企业人员 C4（4 分）：我不了解课程目标，但是根据我们医院毕业生的表现来看，应比较符合。

由以上可见，参与者面对来自他人的信息，没有实施积极或消极应答，仅依赖自己的参考框架和经验来解读个人观点。如学生代表对“课程目标设计”表示不清楚，教学管理人员关注国家的要求和政策是否落实，企业人员关注毕业生能力判断课程目标是否合理等。可见，不同的参与者受其独特偏好、个体需求及知识经验的影响，只注意到指标内涵的某一层面，这个过程中没有吸收他人的意见来调整自己的原有假设，对个人不感兴趣或不理解的信息未做出应答。

（二）授权评价 4：学生代表存在无应答现象

无应答表现为接受者对于信息发送者传来的信息没有做出反应，成功的对话是没有中断和重叠现象出现的，说话者之间或言谈时没有出现尴尬的冷场局面。对话表现出了一种暂时搁置自己信仰而去倾听别人，并愿意为了群体需要而让步自己观点的意愿。在授权评价过程中，参与者都是较为熟悉评价项目的人员，很少出现无应答的情况，这种情况通常出现在与学生的交流中。以主持人与学生之间的对话为例：

主持人：我们请一个同学代表说一下，你们两个找个代表，你们当时怎么想的，为什么打了 10%……（9 秒）

学生 S15（维）：沉默、小声讨论……

主持人：怎么想的就怎么说，没有关系……（10 秒）

学生 S15（维）：继续小声讨论……（10 秒）

教师（汉）：我来说吧，让学生先考虑一下，我对这个问题是这样考虑的……

主持人：好。

从对话间隔时间里可以看出，与学生的对话出现了不太流畅的局面。一般而言，在开放式讨论中，有3—5秒的沉默是非常正常的，但10—15秒以上长时间的沉默，就显得很“漫长”了。[①] 在以上对话中，学生没有及时对主持人的提问做出回应，可能存在一系列原因。一是提问比较突然，学生没有做好心理准备。二是学生对指标内涵不清楚。三是从心理层面讲，学生长期处于被动地位，没有实现个人作为主动参与者的角色转化。四是受工具性价值取向传统教学的影响[②]，学生可能形成了一种顺从思想，对将要发表的观点存在担心或焦虑，没有形成勇于表达个人观点和思想的习惯。五是由于学生知识经验的局限性造成的障碍。参与者的知识经验水平直接制约其对所接收的信息的理解与领会能力，从而影响沟通效果。六是学生有负面担忧，在意其他参与者对他的诊断观点，这对他的开口发言产生了阻碍。[③]

在新疆授权评价4中，由于语言交流的复杂性，31项指标中有5项出现“无应答”现象，而在新疆授权评价3中，由于回族教师的汉语能力较好，仅有1项出现“无应答”或交流不畅现象，授权评价3的参与者之间的应答效果明显优于授权评价4。

（三）广州授权评价5和授权评价6：学生代表存在无应答现象

广州授权评价5和授权评价6的学生代表均存在“无应答”现象，可能原因在于：第一，专业评价指标体系较为宏观，学生不了解

---

① ［美］肯纳、林德、陶蒂：《结构化研讨——参与式决策操作手册》，闫永俊、王洪君译，电子工业出版社2016年版，第106页。

② 教育家弗莱雷（P. Freire）指出传统教学的工具性特征有：“教师总是教，学生总是被教；教师总是无所不知，学生一无所知；教师总是在思考，学生不用去思考；教师总是在讲授，学生总是顺从地听讲；教师总是制定纪律，学生只有遵守；教师有权选择并制定规定，学生则遵守规定；教师有主导作用，学生围绕教师转；教师有权选择教学内容，学生则要适应内容；教师利用自身的威望成为知识的权威，反对学生独立思考，学生只能听从教师；教师是教学过程的主体，学生是教学过程的客体。”

③ Horwitz 1986年对学生参与的负面担忧得到了证实。

实际情况，对其他参与者的表达不能发表个人独立的见解，不能做出应答。第二，专业性质的原因。物联网专业是新设专业，发展历史短，无论从外部管理还是专业发展、硬件和软件的资源保障都存在着问题，而这些问题仅靠院校或企业自身是无法独立解决的，因此，在改进策略方面无法进行深入互动。

分析授权评价6，可能的原因在于：学生的代表性影响了应答效果。校企合作的诊断需要真正有过实习经历的学生，而本次诊断的学生代表仅是二年级的两名在校生，对校企合作没有实际经验，因此，也不能根据个人的经验诊断校企合作中的问题。

（四）授权评价8：多个参与者存在无应答现象

河北授权评价8的参与者之间存在无应答现象。研究发现，在被评价的10个二级指标中，每一个指标都有1—4位不等的参与者赋值为3分，表示“不清楚”，对他人的观点没有做出回应和应答，也无法阐述自己的观点。特别是外部评价专家，对该校旅游专业的认识仅限于当天提供的专业建设材料，其赋值及观点较为主观。对出现无应答现象的其他原因，研究者分析如下：

第一，参与者代表性不足。部分参与者没有参与过该校专业建设工作，因此，不能客观、全面地表达个人观点，影响了与其他参与者的深层次交流。

第二，对部分不符合实际的指标，所有参与者均没有应答。如“技术服务机制”“国际化教育”等，参与者均赋值较低，认为对于高职院校的专业建设来讲，对这些指标的日常工作鲜有涉及。

第三，缺少在校学生代表。本次授权评价的学生代表为已毕业7年的行业优秀毕业生，而非本校学生。诊断中出现的问题是，学生对当前的课程、教学及相关内容不了解，难以反映在校学生的真实诉求与信息，这一方面会导致参与者之间的应答效果不理想，另一方面会影响诊断信息的全面性。

四　多种应答模式并存

提问与应答构成言语交际关系，从逻辑上讲，提问与应答是一对相互依存的概念；从效果上说，无论是积极应答还是消极应答，都能起到“应答”的互动效果。北京授权评价 7 的应答主要表现为主持人与参与者之间、学生与教师之间的互动。以指标“解决方案的多样性”讨论为例：

> 主持人：我发现老师们对这个指标打分很高，学生打分都很低，说明老师对学生设计的学习任务还是比较满意的，对吗？请解释一下。
>
> 教师 T1（5 分）：这个任务本身就是开放性的……
>
> 学生 S9（2 分）：问答提到选择两个方案，后面的并没有体现出多样性。
>
> 学生 S12（2 分）：学习过程方式、设计方面缺少多样性，所以我打分低。
>
> 学生 S6（4）：虽然学习任务的步骤写得比较明确，但学生自己练习的时候肯定还会有多样性，前后有点矛盾……
>
> 主持人：现在很多老师本来设计了一个很好的学习任务，然后在教学的时候又把这个小任务拿出来，每一个小任务又成了一个封闭性任务，看你怎么理解了。事实上，教的时候就没有什么多样性了，这是我认为的教学设计中所存在的一个很大的问题。
>
> 教师 T1（5 分）：可是知识点是固定的，基础的东西没有掌握的话，具体到以后的应用，问题不是更多了吗？
>
> 主持人：这个设计不太好，现在的学习不是有了知识再学习。

应答模式的最大特点是关注教育实践者的实际问题，通过评价参与者之间持续、深入的信息交流，诊断教育实践问题，特别关注参与者的心理意愿和建议主张。① 在以上对话中，对学习任务的解决方案是否具有多样性问题，在教师与学生之间产生了较大的观点差异，讨

---

① 罗华玲：《西方主要教育评价模式之新解》，《昆明学院学报》2011 年第 1 期。

论内容已经超越了单纯的学习任务是否多样性问题，而是上升到教学实际问题上，如学习任务应该设计得很开放还是半开放？理论知识是实际应用的前提条件吗？教学中应该为学生规划好学习步骤还是学生自主规划？学生与教师在聆听对方观点的同时，对彼此的应答都表达了个人的心理意愿和主张，更多地意识到个人思想中的偏见和局限，形成了持续有效的交流，体现了反思性学习过程。

在北京授权评价 7 中，对 5 个一级指标和 3 个二级指标进行了讨论，参与者形成了相互尊重、支持性的团体规范，对他人的观点都做出了积极或消极应答，没有出现“无应答”现象。学生和教师由于自己实践经验和知识背景的不同，对学习任务的认知存在较大差异，通过授权评价过程，打破了常规的思维模式，使个人知识在群体内部得到传播、深化和共享，重新考察个人原有的信念和假设，进而深化自己的理解。据研究者分析，各学校的授权评价均存在多种应答模式并存的现象。

五　小结

重庆授权评价 1 的参与者之间的交流表明，积极应答与消极应答模式并存，其中学生代表应答模式倾向于积极应答，教师与企业人员之间倾向于消极应答。同样，重庆授权评价 2 中的学生代表也表现出积极应答倾向，而参与者对他人的信息输入没有做出积极或消极应答，仅仅依据个人经验解释赋值理由。在新疆授权评价 4 中，教师与企业人员之间的交流表现出消极应答模式。新疆授权评价 4 由于参会人数大多为维族教师，参与者之间存在语言障碍，对部分指标的评价存在无应答现象。广州授权评价 5 和 6 的参与者之间均倾向于积极应答，学生代表参与不积极，存在“无应答”现象。在授权评价 7 中气氛融洽，参与者对他人的观点都做出了积极或消极应答，没有出现“无应答”现象。由于参与者的代表性问题，或对评价指标不熟悉，导致授权评价 8 的参与者对部分指标的评价存在无应答现象，三种应答模式归类如表 6－8 所示。

表6-8　授权评价的应答模式

应答模式			
消极应答	积极应答	无应答	多种模式并存
常发生在企业和学校代表之间	学生代表倾向于消极应答	学生代表的无应答现象较多；参与者对不熟知的指标没有应答	每所学校的授权评价均呈现出多种应答模式并存的现象

第四节　心理建构

依据第四代评价和建构主义理论，除非所有利益相关者都获得更加完善和成熟的个人建构，使其他人能够掌握更高水平的建构力，否则这个评价过程是存在不足的。① “建构”常被理解为相互作用的问题，知识是在主客体的有效建构中生成的。授权评价认为，“诊断是一种共识的建构”，这种建构不是独立于建构者之外的“客观”世界，而是由利益相关者心里的观点和信息所组成，通过相互建构，形成整合的、系统化的“合理”模式，其形成过程根植于建构者先前的经验、价值观、偏见、畏惧、期望及成就，因此是一种通过对话过程体现出来的心理建构。② 与传统的评价理论的哲学基础不同，建构主义理论认为，评价的目的不是认识客观的知识，而是赋予某一事物特有的意义建构，在建构的过程中才能生成知识。从这一角度而言，知识是由心理建构而来的。③ 基于对知识建构的理解，有学者将其分为以下两个层次（详见图6-15）。

“建构”体现了学习者学习知识的方式。表层心理建构是指在他人的指导与帮助下，能够认识并习得客观知识，并使其负有个体意

① ［美］古贝、林肯：《第四代评价》，秦霖等译，中国人民大学出版社2008年版，第38页。

② 陈向明：《教育质性研究概念框架的本土探索》，《教育学术月刊》2014年第4期。

③ 李素敏、纪德奎、成莉霞：《知识的意义建构与基本条件》，《课程·教材·教法》2015年第3期。

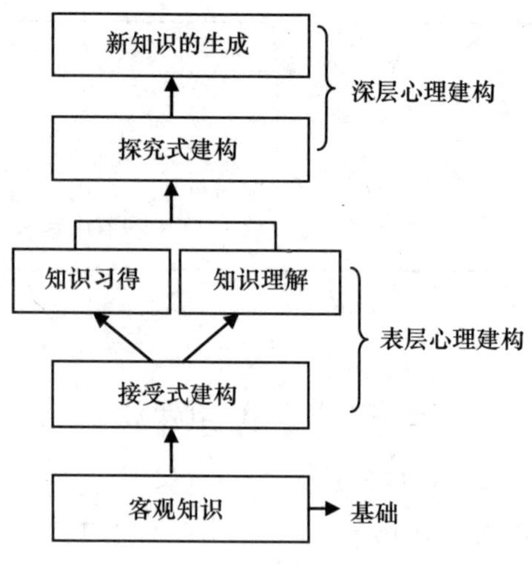

图 6－15　知识的心理建构

义。这是学习的初级阶段，是以传统的知识观为基础的。从主客体关系来看，表层心理建构可以理解为“接受式建构”，“接受”体现了学习者的被动地位。①

深层心理建构指在学生理解与掌握客观知识的基础上，通过个体间的协商合作所创生的新知具有高度的个体性和异质性。从主客体关系来看，知识的深层意义建构是指学习者之间的“探究式建构”，学习者通过互动交流进行视域融合，在个体和群体的互动中生成知识。

一　表层心理建构

（一）授权评价 1：对部分指标的评价存在表层心理建构

在授权评价 1 中，参与者之间的交流存在“表层建构”的现象，以指标“教学方式方法能够实现课程的全部目标”为例。

① 李素敏、纪德奎、成莉霞：《知识的意义建构与基本条件》，《课程·教材·教法》2015 年第 3 期。

主持人：我们看到T5老师打分比较高，您是怎么考虑的？

教学实施人员T5（5）：我认为教学方式方法比较多样，学校也比较重视这方面的工作……

主持人：企业人员为什么打了3分呢？

企业人员C2（3分）：我觉得教学主要是学校层面的事情，对这项工作不了解，所以打分比较低。

在31个指标赋值中，企业人员有21项指标的分值为3分，即认为其“在某些方面达到了这个指标的要求（说不清楚）”。其中，有14项指标内容和“课程与教学相关”。企业人员的阐述理由均表示“不清楚，不了解”。源于企业人员认为“教学组织过程”与企业利益关系不大，很少参与学校教学工作，这在很大程度上造成双方对该项工作上的“知识距离”，即知识共享双方对同一事物在理解上出现了知识差距。[①] 知识距离是影响个体之间知识共享的重要因素，个体往往喜欢与心理上相近的个体进行知识共享。当双方知识差距相对较小时，其在知识建构和组织学习上有较大提升[②]，而在知识差距较大时，则会出现信息传递受阻，从而影响参与者的相互建构。以上对话显示，教师与企业双方在同一项目的建构上影响了知识的相互吸收。究其原因，关键在于企业人员与学校人员在知识经验水平上相距太大，双方没有“共同的经验区”，其他参与者的观点对企业人员也产生了不小的冲击，导致无法有效沟通。参与者的心理建构只能通过教师与教师、教师与外部专家、教师与学生之间的互动形成。

（二）授权评价3和授权评价4

心理建构的基础是相互作用，参与者在相互作用中习得知识、理解知识和生成知识。节选新疆授权评价3中“课程实施组织合理、过程监控便利的评价（简称课程组织与监控）”进行分析，以期了解心

① P. J. Lane & M. Lubatkin, “Relative Absorptive Capacity and Inter-organizational Learning,” *Strategic Management Journal*, 1998（19）：461－477. 姜道奎：《团队知识共享机制研究》，学位论文，山东大学，2015年。

② 姜道奎：《团队知识共享机制研究》，学位论文，山东大学，2015年。

理建构情况（见图6－16）。

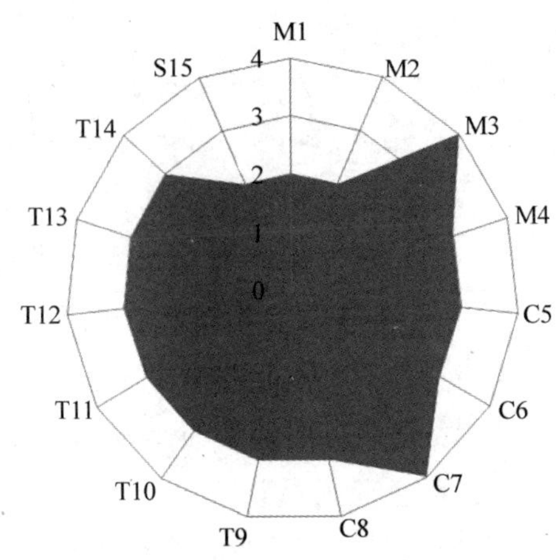

图6－16 对课程实施组织合理、过程监控便利的赋值结果

专业管理人员M2（2分）：在示范校建设之前，我们与校外实训基地的联系很少，特别是学生到幼儿园见习观摩的机会更少，学生实践缺乏，导致在半年实习过程中出现了众多问题。此外，学生在实习过程中，因为没有完全建立监控体制，学生实习较为分散，地域性太大，教师难以监管。

企业人员C5（3分）：对师范学校的实习生实习我们是非常欢迎的，但问题在于这些学生的实践能力较差，高不成低不就……

对“课程组织与监控”的诊断分值普遍偏低，说明“课程组织与监控”工作有很大的改进空间，应由参与者充分阐述理由，吸收不同观点。研究发现，在15个人中，有两人表达了个人观点，且这两人没有对对方的观点进行回应与诊断，仅是“说明了现状”。发言人以赋值最高者和最低者两类人员为主。研究认为，本次授权评价没有形成深层的心理建构，主要因为：第一，由于对一个指标的评价参与人数较少，参与者之间难以开展有效的互动，只能对他人的信息输入达到“知识的习得与理解”层面。第二，相关研究表明，跨领域的矩阵结构将产生更密集和有效的知识共享[①]，新疆授权评价3满足了这一条件，即发言人之间角色不同，具有不同的知识背景，但各方关注点不同。如M2关注的是“监控体制不完善、监督困难”，C5关注的是“学生实践能力差”，对话没有产生“共有的焦点”和关注任务本身。就各方而言，依然是根据自身利益和兴趣进行“选择性关注”[②]。这种选择性关注在一定程度上削弱了参与者之间相互依赖、相互建构和相互强化关系。

在授权评价4中，每个指标参与者的发言人数、关注焦点等，与授权评价3的效果大体相当。因此，二者在心理建构方面的效应等同。

二　深层心理建构

（一）授权评价1：对共同关注度高的指标存在深层心理建构

深层心理建构的核心要素是“参与者分享共同的情感状态”，在互动场中，所有参与者都能够高度“集中到一个问题焦点”上，关注并反思他人观点，将精力共同“集中到同一问题领域”，思维意识等“趋向聚焦”，“步调逐步一致”。这样，便容易创造出一种情感状态。[③] 这种情感状态的意义在于“情感上的共鸣”，形成与“评价共同体”相关联的成员身份感，柯林斯（R. Collins）将其称为“情感能量”（emotional energy）。[④] 在授权评价1的过程中，参与者均关注“人才培养效果”这一指标。为方便讨论，研究将不同的参评人员归为六类，分别是教学管理人员、校企合作人员、专业建设人员、教学实施人员、外部专家、学生代表。分析每类群体的赋值情况，可以了解不同利益相关者的关注点和实际需求（见图6－17）。

---

① 姜道奎：《团队知识共享机制研究》，经济科学出版社2015年版，第79页。

② 约瑟夫·克拉柏（J. Klapper）在《大众传播效果》中提出的“选择性关注”指人们总是注意那些与自己固有观念一致的，或自己需要的、关心的信息，而忽略其他信息。

③ 陈向明：《教育质性研究概念框架的本土探索》，《教育学术月刊》2014年第4期。

④ R. Collins, *Interaction Ritual Chains*, Princeton: Princeton University Press, 2004.

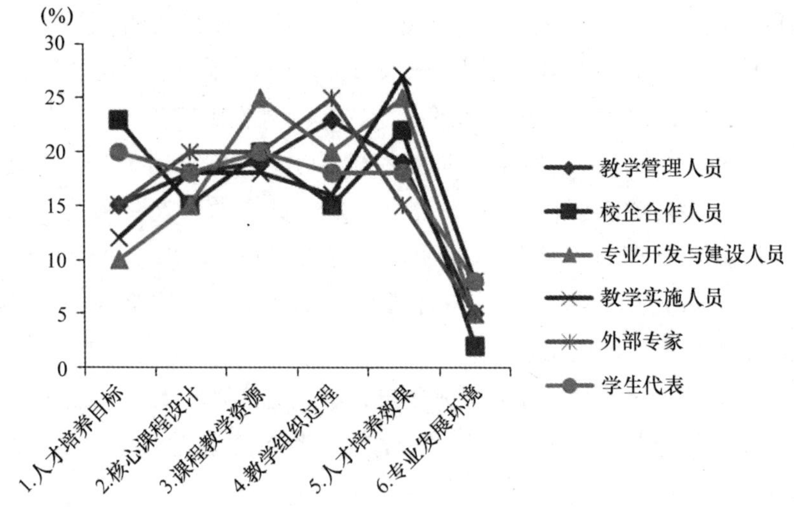

图 6－17 不同群体的指标权重赋值结果

从图 6－17 总体来看，六类人员对“人才培养效果”指标的赋值较高，说明这一指标对所有利益相关者都很重要，对“专业发展环境”指标的赋值最低。由讨论过程可知，参评人员认为，“专业发展环境”的很多因素，如资金支持、政策保障等，不在自身的可控范围内，更多地取决于外部管理部门的决策，因此赋值较低。企业最关心人才培养效果（32%），其次是人才培养目标（20%），即学校设定的目标是否符合企业的需求；学生最关注人才培养效果（28%），即通过 3 年的学习，学生能否高质量地就业，并具有长远的职业发展潜力；教学管理人员和外部评价专家最关注教学组织过程（23%、25%），认为这是上承教学目标、下接人才培养效果的关键环节；专业建设人员的关注点是人才培养效果（25%）、课程教学资源（25%）；教学实施人员即该专业的一线教师，最为关注人才培养效果，其次是核心课程设计、课程教学资源和教学组织过程，对这几项的赋值说明可能与教师日常教学工作有关。

参与者对人才培养效果的赋值较高，说明多数参与者认为，该项工作很重要，就此展开了深入的交流。参与者从解释各种已有建构（意识表达）开始，分析各自观点的差异，再反思个人建构，而后进行再分析，依此往复，每个人都对个人的理解进行了深化，实现了深层建构。

（二）授权评价 2

授权评价 2 参与者之间表现为浅层建构，以“课程内各项学习任务之间的逻辑关系合理”指标的评价为例（见图 6－18）。

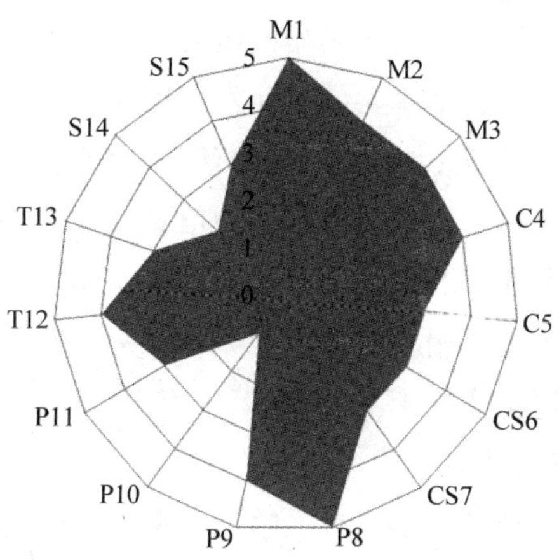

图 6－18　对课程内各项学习任务之间的逻辑关系合理的赋值

专业建设人员 P10（1 分）：就一门课程而言，老师先上什么，再上什么，重点的分布，这方面需要加强。也就是说，要特别关注章节的顺序。

教学实施人员 T13（3 分）：课程之间的逻辑合理性、课时分配等还需进一步改进，比如解剖学四次课就够了，生理学应该有四次课的课时量……

教学实施人员 T12（4 分）：课程设计还是比较合理的，原来的卫生部，后来的教育部要求，解剖学和生理学一起开，但是后来发现没学解剖学，学生直接学生理学就听不太懂。关于护理学基础在一二学期只开了综合实训课程，另外临床也一样，第三学期没有衔接。我们认为课程设计和逻辑关系都应有所考虑。

学生 S14（2 分）、S15（3 分）：不了解。

校企合作人员 CS6（3 分）：也不是很了解。

企业人员 C4（4 分）、C5（3 分）：我们猜应该比较合理，实际也不了解。

以上对话表明，参与者对课程内各项学习任务的认知不一。管理人员 M1、M2、M3 的认同度均较高，其他人员则有着不同的评价。通过对话，理应互相了解关注点和价值需求。但实际情况却是，由于学生、校企合作人员、企业人员对课程内容知识的局限性，对该项指标“不了解”，难以与其他参与者进行互动，造成了“信息传递链”的断裂。从心理建构的意义上讲，这种信息流动的局部性导致信息缩小效应，形成一定程度的沟通障碍，难以实现深层心理构建。此外，重庆授权评价 2 的时间相对较短也是原因之一，从诊断效果看，重庆授权评价 2 的心理建构处于浅层状态。

（三）授权评价 6

对较为熟悉的指标，参与者能够形成深层心理建构，以指标“建立了利益驱动机制”的诊断为例（见图 6－19）。

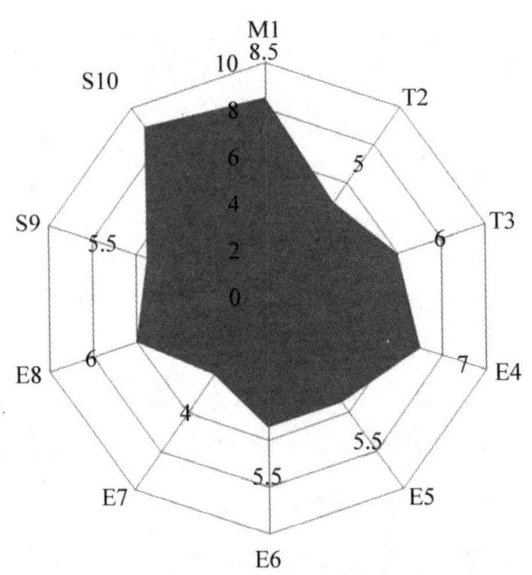

图 6－19 建立了利益驱动机制的赋值结果

各参与者对个人的赋值做出了如下解释：

教师 T2（5 分）：看不到什么利益驱动机制，可能我不了解吧。

学校管理者 M1（8.5 分）：从学校角度来讲，有相关的规划和制度，比如我们与企业搞国培项目，都与驱动机制、与企业合作的利益有关，有的与个人相关，有的与企业相关，比如老师出去培训都是由驱动机制驱使的。共同开发数字化资源等，我认为这些都是驱动机制，已经改变了传统的订单培养模式。

管理者认为工作已经做得比较完善，一线教师却认为没有建立利益驱动机制，这里的问题是双方理解的焦点不一样。对此，企业人员建议校企双方可以从多方面进一步协商如何深化利益驱动机制，并提出了多个建议：

企业人员 E7（4 分）：利益驱动机制可以选取项目外包，智能化的东西涉及软件工厂和硬件工厂，企业会不断把新的东西加进去，我认为，对学校专业技术的更新换代有很大好处，但是单纯的以工厂形式就没有多大必要了，校办工厂，大家都有利益驱动的形式，有一些产品生产量不大，学校有一个人力资源优势，这个优势是建立在技术基础上，而不是劳力基础上的，我觉得这是校企合作的契合点，但是这个技术不能太难，又要跟教学相配套。

企业人员 E8（6）：如果企业愿意派工程师去学校，师资问题就可以解决，因为老师本身的时间是有局限的，企业工程师可以兼职当老师，他的时间是轮流利用的，学校会调整，以项目的形式推动，比如做网络，学生做 20 个都不合格，等你做合格了，学生毕业了，生产线上都是熟练工人，这种需要企业付费，光付费也不行，学校前期投入实训室，企业第二年进入，不存在搞坏东西这种事情。这种方式还是比较好的。

企业人员 E4（7 分）：这种方式不能单独对企业，必须由行会介入，建立协调机制。

企业人员 E6（5.5 分）：建议这种形式以 N 个学校对接一个企业，这样持续性更长。

从以上诊断过程可知，参与者普遍认为“利益驱动机制不明显”，对于如何改进成为学校和企业共同面临的难题。其中四位企业人员依据个人经验，提出了建立利益驱动机制的改进策略，对于学校提出的疑问，企业人员给出了可选择的解决机制，为后续工作奠定了基础，双方以组织学习方式形成了深层心理建构。

（四）授权评价 7

心理建构模式肯定了多元化的价值观存在，是“理解”某个“事实”的方式，不同的建构会用截然不同的方式来解释同一“事实”，是不同利益相关方协调利益的过程。心理建构产生于拥有信息、环境、背景、情境互动的过程，因此对话就成为激发和生成不断“流淌”的意义生成的“心理工具”①，环境（氛围）、互动、基础（知识）构成了心理建构效果的基本条件。授权评价 7 的心理建构以指标“对学习过程的记录、展示和实践安排设计合理”的讨论为例（见图 6－20）。

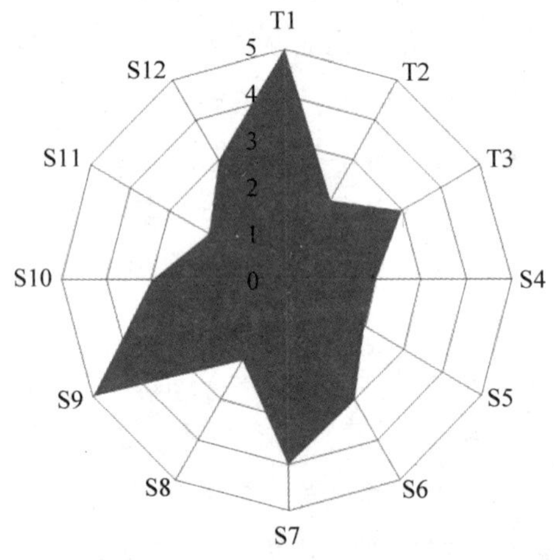

图 6－20　对“对学习过程的记录、展示和实践安排设计合理”的赋值结果

① 李素敏、纪德奎、成莉霞：《知识的意义建构与基本条件》，《课程·教材·教法》2015 年第 3 期。

学生 S9（5 分）：对整体任务的分解和课时安排比较合理，在文字动画及音效方面，有学生互评，展示了学生的成果，比较好。

教师 T1（5 分）：学习任务设计的每一步骤都很具体，具体做多久可能很难按照预定计划安排。

学生 S5（2 分）：可能是我理解有问题，我把学习任务看成步骤了，没有看到步骤上的时间安排。

任务设计者 S8（2 分）：我比较注重学习过程，当时觉得学生主体性没有那么高……

主持人：S8，你对自己打分比较低，说明你开始反思了……（在此，主持人介绍了很多关于学习任务设计的专业知识）

任务设计者 S8（2 分）：对，我确实没有考虑学生的主体性……

以上对话表明，一是从环境（氛围）来看，参与者能够自由、民主地表达个人观点，甚至在没有主持人引导的情况下，也可以形成链状交互循环过程。二是从反思效果来看，学习任务的设计者 S8 对自己的赋值较低（2 分），在三名参与者解释个人赋值理由后，设计者意识到自己对任务设计的步骤太过“规范”，忽视了学生能动性和主体性的发挥，说明设计者对他人传输的知识进行了吸收并理解，开始反思自己原有知识建构的局限性。三是从知识建构上看，在主持人讲解了任务设计的要点后，设计者表示认同，认识到所设计的学习任务本身虽然比较好，但教与学的过程实施没有体现出“开放性”特点。说明设计者将他人的知识开始内化为自己的主观知识，对自己原有心智模式形成了冲击，经过再次反思与心理建构，设计者表示“我确实没有考虑学生的主体性”，这个过程说明参与者之间的对话不仅具有单义（univocal）功能（充分地传达意义），而且在学习过程中产生了高级别的心智过程，能够对原有认知产生“新的意义，新的价值”①。

---

① 李素敏、纪德奎、成莉霞：《知识的意义建构与基本条件》，《课程·教材·教法》2015 年第 3 期。

整个过程在环境、知识、互动几方面均实现了“心理建构”的效果。

（五）授权评价 8

建构主义理论认为，人类的思维有能力通过交互式的相应系统来创造意义。当个人和小组被迫处理一个不熟悉的问题时，就需要寻求别人的观点，通过相互的心理建构来产生变革性的学习和革新。河北授权评价 8 参与者能够通过评价一个指标（问题），挖掘问题背后的原因，探索可能的改进机制，形成了探究式建构和知识生成。以对“学生职业素养高”的评价为例（见图 6－21）。

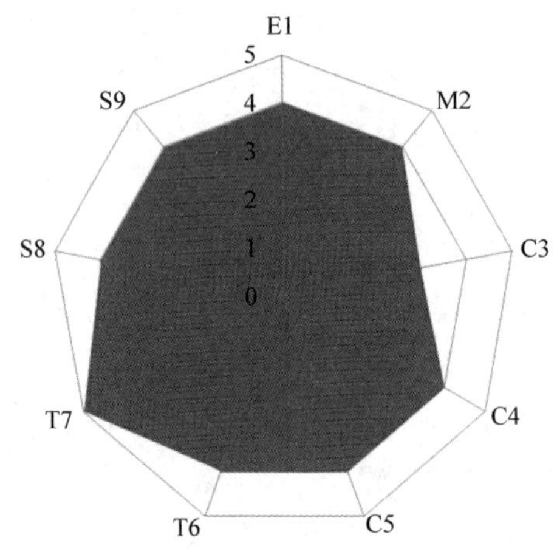

图 6－21　对“学生职业素养高”的赋值结果

企业人员 C4（4 分）：毕业生的职业精神欠缺，比如跳槽现象严重，不请假就不上班等。

企业人员 C3（3 分）：现在的毕业生与前些年的毕业生相比，还是有落差……学校的思想品德课开设得比较充分的，不理解。

学生代表 S8（4 分）：思想品德课只是形式，内容太空洞，讲道德和精神比较多，体会不到“职业”这个概念。

专业教师 T6（4 分）：从我们教师的角度来讲，该上的品德课都上了，我认为学生跳槽现象与家庭因素影响较大。

外部专家 E1（4 分）：我认为主要是学生对专业、职业的认知不够，不了解行业的发展规律和自身成长路径，总是急于求成，应加强职业生涯教育。

其他教师：深层次的原因是“职业承诺问题”，生涯教育、品德教育课都不能解决根本问题，学生职业素养是在职业成长过程中形成的，这就需要从课程改革开始……

参与者分别对这一指标表达了个人观点，发现并聚焦了问题“学生职业素养有待提升”。在吸收他人观点的基础上，捕获其熟悉或不熟悉的信息，这一参与和建构的过程具有高度探索性的特点，使个人在心理框架的交互背景下探究“为什么”，完成了从“跳槽”到“课程改革”再到“职业承诺”的建构过程，体现了参与者由发散思维到聚合思维的转变，延展了彼此的学习能力。对其他指标的讨论也体现了这一特点，研究认为，从参与者的关注度和交流的积极性而言，授权评价 8 实现了深层心理建构。

三　没有心理建构

在一些学校的授权评价试验中，参与者对不关心或不了解的指标难以展开讨论，因此，很难形成心理建构效应。以专业诊断为例，对专业评价指标体系中的“专业社会贡献度”“国际化教育”“学生创新创业”等，参与者认为，指标特点表现为“空、大、虚”，难以诊断，需要进一步优化指标内容，对这些指标没有建构或仅限于表层建构。另外，校企合作评价指标体系中的外部管理类指标，如“外部保障机制”“政府的服务功能”“外部约束机制”“行业协会起到促进作用”，这些内容亦超过了企业、学校层面的把握范围，参与者仅表达了个人的理解，并未形成真正的深层建构。

四　小结

研究者将心理建构分为“深层心理建构”“浅层心理建构”和

“没有心理建构”三个层面。重庆授权评价1对部分不了解指标的诊断存在浅层心理建构，对共同关注度高的指标存在深层心理建构，这与参与者的知识背景、参与程度、兴趣高低有关。重庆授权评价2由于诊断时间相对较短，参与者之间表现为浅层心理建构。在新疆授权评价3和授权评价4中，虽然被诊断专业不同，但由于对一个指标的发言人数较少，以及参与者关注点不一致等因素，没有形成深层心理建构。广州授权评价5和授权评价6的“深层心理建构”与“表层心理建构”并存。北京授权评价7的参与者知识基础较高，对被评价项目较为熟悉，因此，心理建构效果较好。河北授权评价8的参与者的参与热情较高，基本上实现了深层心理建构。

第五节 知识转化

从实际的意义上看，知识（Knowledge）可被称为“可付诸行动的信息”。在组织中，可付诸行动的信息会帮助我们做出更好的决策，为交流和创造提供有效的输入。通过合适的时间、合适的地点以及合适的方式提供信息，并产生交换，知识就能帮助我们更有效的行动。① 授权评价过程的实质是组织内学习者互相学习、知识传递与共享的过程。尽管对组织学习的观点争议较多，但仍然形成了一个普遍认可的定义：组织学习是指通过信息处理，更好地了解和理解知识，来改进其潜在行为范围的活动。② 在此，信息与知识的传播、共享和转化就成为组织学习效果的重要因素，组织学习效果中知识转化模式如图6－22所示。

第一，社会化：经验感知。

每一个独立的个体都具有私人的和特殊背景的隐性知识，个体通过经验感知来获取隐性知识，表现为一种个体的潜意识的学习行为，

① A. Tiwana, *The Knowledge Management Toolkit*, Prentice Hall, Upper Saddle River, NJ.

② ［美］阿肖克·贾夏帕拉：《知识管理》，安小米等译，中国人民大学出版社2013年版，第131页。

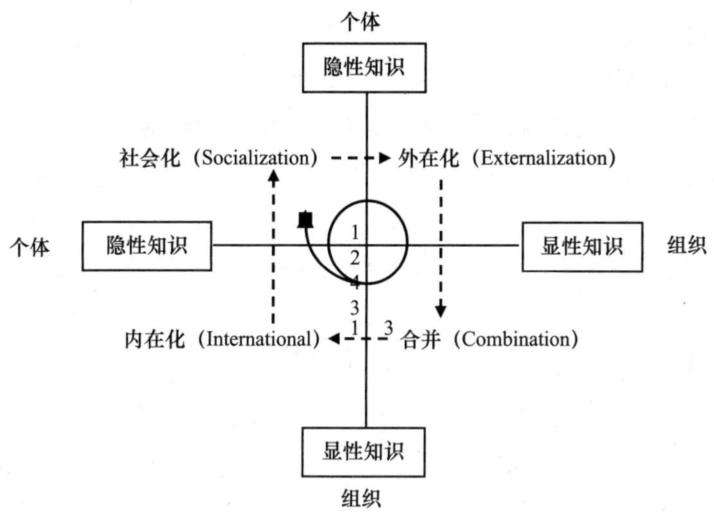

图 6－22　知识转化模式

资料来源：改编自 Nonaka，"The Knowledge-Creating Company，" *Harvard Business Review*，69（November-December），1991．94－104.

具有很强的主观性并受个体自身特征的影响，这种知识是存在于个体头脑中的，并影响个体的行为、认知及心智模型的形成。隐性知识在个体间的传递会形成知识的社会化。

第二，外在化：解释说明。

该阶段表现为知识由隐性走向显性。隐性知识在团队内实现共享后可将知识显性化（外在化）。[①] 个体开始向组织解释说明自己的观点，将社会化阶段的经验感知进行显性化、言语化，但这一阶段的知识仍为零碎、杂乱的。

第三，合并：归纳整合。

该阶段知识传递发生在组织内部，参与者共同将显性知识进行整合，形成新的知识和概念（合并）。参与者通过对话，不仅吸收了组

---

① 朱方伟：《企业组织学习的障碍分析》，《大连理工大学学报》（社会科学版）2004年第3期。

织中现有的知识经验，而且会对从先前处于凌乱分散状态的知识进行归纳整合，将其条理化、逻辑化与系统化。

第四，内化：反思建构。

个体对合并后的新知识和新概念进行反思、建构，而后转化为自身的隐性知识（内在化），从而产生新的经验。这种新的经验经个人建构后，再内化、生成个人的隐性知识。

知识经过社会化、外在化、合并、内在化四个阶段，实现了知识在个体之间、个体与组织之间、组织内部之间、组织与个体之间的转化。[①] 在此过程中，知识的转化、迁移、创造呈动态、螺旋式上升的状态，是知识的传递与共享。知识转化的四种模式中知识的变化及组织学习效果如表 6 －9 所示。

表 6 －9　　**知识转化的四种模式中知识的变化及效果**

知识转化程度	知识的变化	知识传递的层面	组织学习效果
社会化（Socialization）	从隐性知识到隐性知识	个体之间	低
外在化（Externalization）	从隐性知识到显性知识	个体与组织之间	中低
合并（Combination）	从显性知识到显性知识	组织内部之间	中高
内在化（International）	从显性知识到隐性知识	组织与个体之间	高

由表 6 －9 可见，在知识转化实现社会化的过程中，组织的学习效果较低；在知识实现外在化的过程中，组织学习的效果为中低；当知识在组织之间实现合并时，组织学习效果为中高；在知识实现内在化的过程中，组织学习效果较高。依据表 6 －9 所确定的四个维度，对每场授权评价的知识转化情况进行分析，考察授权评价的组织学习效果。

目前，对组织学习效果的评价多为定性研究。一是因为在公共领域没有一种有效工具可以获得学术界的共识；二是难以开发用于衡量

① 常燕燕：《国防特色高校科技创新中的知识管理研究》，《合作经济与管理》2014 年第 17 期。

组织学习效果的有效工具。[①] 对授权评价知识转化的分析也遇到了同样的困难，难以用量化标准甚至编码的方式来判定其效果，主要是因为授权评价过程，包括内容、指标的设计到决策的制定，都是开放性的，其中涉及诸多不确定因素，因此，这里试图从参与者的范围、参与的方式、知识传递层面、知识变化以及实现程度方面，考察各地授权评价的知识转化情况。实现知识转化有四种学习方式：表达、反馈、反思和建构，基本对应四种组织学习效果：低、中低、中高、高。四种学习方式的开始和结束没有明显的区别，有可能还会出现反复循环。

每场授权评价指标在 17—31 个不等，节选代表知识不同实现程度的指标进行分析，探析其不同地区的授权评价在不同知识转化程度上的特点。

一　知识社会化

学习效果“低”说明知识转化情况不理想，对部分指标的诊断如表 6 - 10 所示。

表 6 - 10　学习效果为“低”的知识转化情况分析（节选）

案例	内容/指标	涉及参与者	学习方式	知识传递层面	知识变化	转化程度	学习效果
授权评价 1	一级指标 3	T9　T10　T15	表达	个体之间	从隐性知识到隐性知识	社会化	低
授权评价 2	二级指标 3. 3	M1　CS7　M3　T12	表达	个体之间	从隐性知识到隐性知识	社会化	低
授权评价 5	二级指标 4. 2、5. 4	所有参与者	表达	个体之间	从隐性知识到隐性知识	社会化	低
授权评价 8	二级指标 2. 4、3. 1、3. 4、6. 1、6. 2	T6	表达	个体之间	从隐性知识到隐性知识	社会化	低

① ［美］阿肖克·贾夏帕拉：《知识管理》，安小米等译，中国人民大学出版社 2013 年版，第 131 页。

对表6－10中组织学习效果为“低”的指标分析发现，对某一内容（指标）的诊断，所涉及的参与者人数较少，有1—4人。学习方式分别为表达问题，参与者没有或没有机会对他人观点进行反馈、建构。个人的隐性知识在发言者中进行传递，但未被显性化，评价过程没有产生或产生了少量新知识，知识转化在组织内发挥的作用十分有限。

授权评价1、2、5和8的评价过程的特点为：第一，学生代表难以给出实质性意见，对绝大部分内容不熟悉。第二，部分评价指标内容超越了参与者的掌控范围，如“国际化教育”“外部保障”等。第三，对某一指标诊断的赋值普遍较高，说明参与者对该项工作满意度较高，无需深入讨论。虽然授权评价5的评价参与者较多，但并未形成深度会谈，评价知识仅限于浅层传递。

二　知识外在化

组织学习效果为“中低”说明授权评价的效果一般，对部分指标的知识转化情况如表6－11所示。

表6－11　　**学习效果为“中低”的知识转化情况分析（节选）**

<table>
<tr><th>案例</th><th>内容</th><th>涉及参与者</th><th>学习方式</th><th>知识传递层面</th><th>知识变化</th><th>转化程度</th><th>学习效果</th></tr>
<tr><td>授权评价1</td><td>二级指标1.2</td><td>E12 T9 S14 M3</td><td>表达反馈</td><td>个体与组织之间</td><td>从隐性知识到显性知识</td><td>外在化</td><td>中低</td></tr>
<tr><td>授权评价2</td><td>二级指标3.6</td><td>CS6 T12 C5 M3 S14 T13</td><td>表达反馈</td><td>个体与组织之间</td><td>从隐性知识到显性知识</td><td>外在化</td><td>中低</td></tr>
<tr><td rowspan="4">授权评价3</td><td>一级指标1</td><td>M2 M4 C7</td><td rowspan="6">表达反馈</td><td rowspan="6">个体与组织之间</td><td rowspan="6">从隐性知识到显性知识</td><td rowspan="6">外在化</td><td rowspan="6">中低</td></tr>
<tr><td>一级指标6</td><td>T10 S16 C8</td></tr>
<tr><td>二级指标5.3</td><td>C8 T10</td></tr>
<tr><td>二级指标5.5</td><td>T9 M1</td></tr>
<tr><td rowspan="2">授权评价4</td><td>二级指标1.1</td><td>M4 T14</td></tr>
<tr><td>二级指标2.2</td><td>S15 M4 E2</td></tr>
</table>

续表

案例	内容	涉及参与者	学习方式	知识传递层面	知识变化	转化程度	学习效果
授权评价6	二级指标3.2、3.4、3.5	T3 E4 S10 S9	表达反馈	个体与组织之间	从隐性知识到显性知识	外在化	中低
授权评价8	二级指标3.3	S9 E1	表达反馈	个体与组织之间	从隐性知识到显性知识	外在化	中低

对表6－11中组织学习效果为“中低”的指标分析发现，各指标所涉及的评价参与者人数为2—6人，以授权评价3和授权评价4的分析为例。知识转化均实现了外在化，即个体的隐性知识通过表达传达给其他个体，但他人在倾听后并未对其进行反思与建构，而是对个人的假设和隐性知识进行表达，知识仅存在于个体之间，通过言语表达生成显性知识，仅实现了知识的外在化。究其原因，一是每项指标参与者的发言人数较少，为3人左右。根据建构主义者的假定，最佳的学习发生于与环境的互动之中，人数过少难以形成多元化和多样性的价值观，参与者的角色只是倾听者、陈述者。二是民族差异和语言差异对参与者之间的沟通造成了一定的障碍。三是与参与者的目标倾向有关。新疆评价参与者为该校学前教育和音乐专业的相关人员，急需通过此次诊断来反映甚至解决当前工作中所存在的问题，不太关注参与者之间不同观点的意义和价值，这与授权评价思想的初衷产生了认识偏差。四是存在认知复杂性和认知差异。认知复杂性即个体同时解读多种信号的能力，对于新疆地区的部分参与者来讲，文化和语言都存在障碍，其认知复杂性程度较低。此外，认知的差异也会造成知识转化的不畅。

三　知识合并

学习效果为“中高”说明知识转化效果较好，部分指标的知识转化情况如表6－12所示。

表 6－12　　学习效果为“中高”的知识转化情况分析（节选）

案例	内容	涉及参与者	学习方式	知识传递层面	知识变化	转化程度	学习效果
授权评价 1	二级指标 2. 2	T5 T8 T12 S19	表达 反馈 反思	组织内部之间	从显性知识到显性知识	合并	中高
授权评价 2	二级指标 3. 1	M1 T12 S14 S15 M2 M3 P9	表达 反馈 反思	组织内部之间	从显性知识到显性知识	合并	中高
授权评价 5	二级指标 3. 1、4. 1、4. 3	E1 E2 E8 M4 S7 E5 T6	表达 反馈 反思	组织内部之间	从显性知识到显性知识	合并	中高
授权评价 6	一级指标 1—6	所有参与者	表达 反馈 反思	组织内部之间	从显性知识到显性知识	合并	中高
	二级指标 3. 3	M1 E4 T3	表达 反馈 反思	组织内部之间	从显性知识到显性知识	合并	中高
授权评价 7	二级指标 3. 1	S7 S9 T2 S10 S8	表达 反馈 反思	组织内部之间	从显性知识到显性知识	合并	中高
	二级指标 4. 3	S9 T1 S5 S10 S8	表达 反馈 反思	组织内部之间	从显性知识到显性知识	合并	中高
授权评价 8	二级指标 1. 3、4. 5、7. 4	T6 S9 C5	表达 反馈 反思	组织内部之间	从显性知识到显性知识	合并	中高

对表 6－12 中组织学习效果为“中高”的指标分析发现，涉及参与者人数分别为 4—7 人，学习方式为表达、反馈、反思，个人的隐性知识不仅在参与者之间得到传播，并且由于对他人观点进行了反思，个人能够从合并后的显性知识中反观自己，对原有假设进行反思，实现了显性知识在组织间的共享。

以授权评价 5 的知识转化效果为例，授权评价的特点为：第一，对该指标的评价，参与者发言人数较多，能够给出不同的观点；第二，参与者对这些指标较为熟悉，为深入交流提供了有利条件；第三，本次评价会企业、行业人数较多，拓展了学校人员单一的思维模式。

从授权评价 7 的知识转化“合并”层次来看，涉及参与者发言人数为 5—6 人，学习方式为表达、反馈、反思，参与者个体的隐性知识通过表达实现了知识在个人之间、个人向组织以及知识在组织之间的传递与共享。

四　知识内化

表 6－13　　**学习效果为“高”的知识转化情况分析**

案例	内容	涉及参与者	学习方式	知识传递层面	知识变化	转化程度	学习效果
授权评价 1	一级指标 5	T13 T16 17 C5 C7 M1 S19 S20	表达 反馈 反思 建构	组织与个体之间	从显性知识到隐性知识	内化	高
授权评价 5	一级指标 1—6	所有参与者	表达 反馈 反思 建构	组织与个体之间	从显性知识到隐性知识	内化	高
授权评价 5	二级指标 1.2	E1 E2 T6	表达 反馈 反思 建构	组织与个体之间	从显性知识到隐性知识	内化	高
授权评价 6	二级指标 1.2、4.3	M1 T2 E5 E6 E7 E8	表达 反馈 反思 建构	组织与个体之间	从显性知识到隐性知识	内化	高
授权评价 7	一级指标 1—6	S7 S9 S10 S8 T1 S6 S9 S5 T2 S10 T3	表达 反馈 反思 建构	组织与个体之间	从显性知识到隐性知识	内化	高
授权评价 7	二级指标 2.3	T1 S4 S9 S12 S6 S8	表达 反馈 反思 建构	组织与个体之间	从显性知识到隐性知识	内化	高

续表

案例	内容	涉及参与者	学习方式	知识传递层面	知识变化	转化程度	学习效果
授权评价 8	指标体系的合理性	所有参与者	表达反馈反思建构	组织与个体之间	从显性知识到隐性知识	内化	高
	二级指标 2.1、2.2、4.1、4.2	E1 T6 C5	表达反馈反思建构	组织与个体之间	从显性知识到隐性知识	内化	高

从表 6 - 13 中组织学校效果为“高”的指标中发现，对一个指标评价所涉及的参与者人数较多，为 3—11 人，学习方式为表达、反馈、反思、建构，即个人通过对他人观点的反馈，能够从组织的显性知识进行反思，重新构建自己的观点，将组织的显性知识重新内化为个人的隐性知识。

从北京地区授权评价知识转化的“内化”层次来看，涉及参与者发言人数为 6 人和 11 人，基本包括所有参与者群体，观点较为多样化，能够产生深入交流。参与者对他人观点能够给予反馈并反思，将个人的隐性知识进行合并后，个体重新建构个人假设，实现了从组织的显性知识到个体的隐性知识的变化，完成了知识内化。组织学习效果为“中高”和“高”。

学校授权评价 8 的组织学习效果为“高”，在这一组织学习过程中，个体之间对知识能够进行表达、反馈、反思和建构，而后转化为自身的隐性知识，对评价内容能够提出不同于个人原有假设的观点，最终就如何完善指标体系达成了共识。

五　小结

研究发现，授权评价的知识转化主要依据集体互动和个体反思两种媒介产生作用。知识转化程度的影响因素众多，如参与者的知识背景、经验、规模以及所处的环境等条件的影响，但本节主要考察对话和多重对话所引起的反思和持续思考，进而考察组织学习效果。研究发现：

第一，参与者人数在5—8人，学习方式达到建构层次，知识较易实现个体的内化。重庆和北京两地学校的授权评价体现了这一特点。

第二，受文化、民族和语言差异的影响，以及参与者对授权评价目的的认知差异，新疆学校授权评价知识转化效果不理想。

第三，北京的学校授权评价较易实现知识的合并与内化，可能与参与者的专业知识、对学习任务的熟悉度以及参与者之间的熟知度有关。

第四，知识差距影响参与者之间的信息交流和知识转化效果。

第五，参与者代表性不足容易引发同质化思考，导致资讯分析不足或解读错误，从而影响了获取信息的质量。授权评价6和授权评价8均存在这一问题。

第六，知识转化主要与集体意识相联系，而集体意识是通过在工作团队和实践团体中互动而产生的，而知识转化效果受很多方面的影响，包括个人关系、认知观念及语言含义的动态构建，反思是知识转化的关键。

第六节 结果共识

第四代评价理论认为，依据调查者和探究对象的相互作用而形成的评价结果是不明确的。授权评价结果希望通过相互作用来缩小差异，或者达到对个体差异的理解与尊重，而不一定会达成一致意见。需要说明的是，“团体一致同意”（unanimous）与“共识”（consensus）是两个含义不同的概念。前者需要得到每个人的认同，当任何人觉得自己的利益没有被考虑时，就需要持续讨论几小时、几周甚至更长时间，直到建立起一个包容性的解决方案，团体一致同意指过程结束后的那个决策终点。后者是一个过程，是组织成员在走向决策终点的过程中，由参与所带来的共同思考和感受。① 达成共识指所有群体成员都支持并且愿意执行同一个决策。

综合以上观点，达成共识需经历三个过程。一是承认主体间各自建构的差异；二是主体间进行反复对话，对话过程伴随着更加深层的心理建构；三是主体针对不同的心理建构进行理性分析，权衡利弊，合理取舍。其中，理性选择是达成共识的最重要因素，使其成为不同于“心理建构”的最本质的机制。就此意义而言，授权评价的共识达成过程，从表达个体偏好开始，与他人偏好进行整合形成群体偏好，个体与群体通过对话和交流，共同协商决定这一“群体偏好”是否可以达成共识。能够达成则形成决策，不能达成共识则需要再次协商，直至形成主体间不同观点的相互综合。结果共识模型如图 6 – 23 所示。

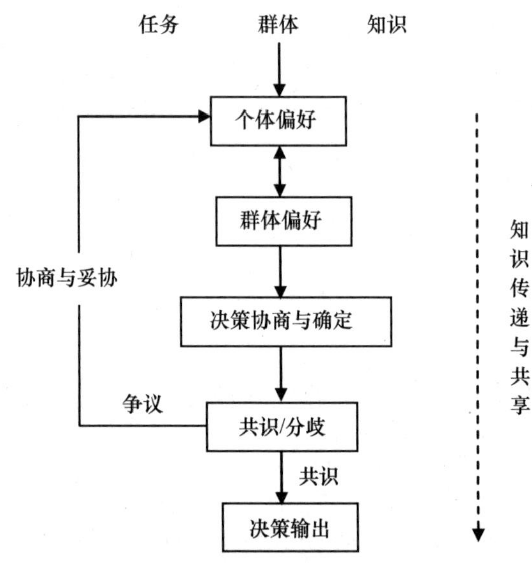

图 6 – 23　结果共识模型

① ［美］肯纳、林德、陶蒂：《结构化研讨——参与式决策操作手册》，闾永俊、王洪君译，电子工业出版社 2016 年版，第 318 页。

一方面，授权评价希望参与者保持一种开放的心态，建立相互依赖的共生关系和共同的承诺，并非一定要求得结果的一致同意，而是在向“共识”的努力过程中，参与者是否对自己的原有观点形成了新的理解、新的建构和新的认识。另一方面，当共识无法达成时，妥协性和权宜性决定成为次优选择。本节从“达成共识”和“悬置分歧”两方面进行分析。

一　达成共识

（一）授权评价1和授权评价2

首先，达成共识使对某一事项达成了一致意见，没有分歧。在重庆授权评价1和授权评价2中，达成共识主要表现在对一级指标权重的确定上，经过赋值、讨论、协商等过程形成了一致意见。其次，分歧争议表现在对部分问题没有形成统一意见上。对二级指标内容上的争议较多，在授权评价过程中，随着参与者的反思和吸收他人信息的输入，许多焦虑和争议（CC&I）均已解决，但有一些争议仍待解决（详见表6-14）。

表6-14　**授权评价1和授权评价2的结果共识**

案例	共识	争议指标	备注
授权评价1	6个一级指标权重	1.2　2.1　2.2　2.5 2.6　3.3　3.4　4.1	其他指标参与者仅分享了个人观点
授权评价2	6个一级指标权重	2.3　3.1　3.3　3.4	其他指标参与者仅分享了个人观点

比较重庆授权评价1和授权评价2的结果可知，二者经过了差异分歧、反复对话和理性选择的过程，在权重值上达成了共识。参与者在反思个体偏好与群体偏好后，能够对共同的目标形成一致意见。

（二）授权评价3和授权评价4

新疆地区授权评价较为特殊，两所学校所形成的指标共识/争议项目如表6-15所示。

表 6 - 15　　授权评价 3 和授权评价 4 的结果共识/争议项目（节选）

案例	共识指标	争议
授权评价 3	6 个一级指标权重	参与者作为“陈述者”阐述观点，没有达到争议层次
授权评价 4	6 个一级指标权重	

说明：新疆地区授权评价只对二级指标内容进行了评价，没有展开关于一级指标权重的讨论。

参与者对一级指标权重能够达成共识，对二级指标的评价多以“提出问题”为主。在授权评价过程中，通过对每一个指标的讨论，参与者明确了问题的焦点、他人的观点、影响因素，没有在观点上展开对某一问题的争议。根据协商民主思想，为了使真实的交流得以实现，所有类别的话语，包括不同种族、文化的话语，都要以一种共同认可和理解的方式进行对话[①]，否则就失去了交流的基础。文化价值观会影响组织成员间的相互反馈，维吾尔族与汉族教师之间的交流不畅不仅是语言差异所致，也与文化差异所引起的不同认知有关。这种差异会阻碍有效倾听与深入交流，虽然能承认多样性的差异观点，但没有形成多重对话。

（三）授权评价 5 和授权评价 6：共识与争议并存

广州授权评价 5 和授权评价 6 所形成的指标共识/争议项目如表 6 - 16 所示。

表 6 - 16　　授权评价 5 和授权评价 6 结果共识/争议项目（节选）

案例	共识指标	争议
授权评价 5	6 个一级指标权重	没有争议
授权评价 6	3.5　6.2	部分二级指标 1.2、3.3、4.3

在广州授权评价 5 和授权评价 6 中，虽然达成共识与存在分歧的指

① ［英］艾斯特：《第三代协商民主》（上），蒋林、李新星译，《国外理论动态》2011 年第 3 期。

标不同，但基本特点相似。参与者对一级指标进行解释后，能够很快吸收他人观点，达成共识。对二级指标的具体评价以“诊断”问题为主，因为没有触碰参与者的利益，因此，整个过程没有产生争议内容。

在授权评价 6 中，参与者对部分指标存在争议，对 6 个一级指标的分歧较大，以及诊断时间较短，没有达成共识，暂取平均值。其他存在争议的指标主要由于参与者的理解角度不同，如对指标 4.3“校企共同监控人才培养过程”的诊断，校企双方讨论激烈。这样的问题属于学校与企业都很重视的问题，因此，较容易成为争论焦点。

总体来讲，广州授权评价的共识与争议特点不明显，分析其原因是：针对具体院校的诊断不足，诊断集中在院校发展的“普遍现象”上，如对“学生创新创业”指标的诊断，参与者并没有就该校学生创新创业的实际情况进行说明，而只是表达了目前的学生“应该如何”，并非“实际如何”，整个过程围绕“应然”脱离“实然”的诊断，或许已经脱离了评价的本质。

（四）授权评价 7 的结果共识

北京授权评价 7 开展的时间较短（3 个小时），被评指标只有一级指标和 3 个二级指标。以“学习任务”授权评价指标共识/争议为例，将其结果公示整理为表 6－17 所示。

在学习任务的授权评价中，共讨论了 5 个一级指标和 3 个二级指标。表 6－17 中除指标 5 以外，所有指标均出现了争论焦点，且在诊断后观点达成认同。相比其他指标，参与者认为“学习任务评价”的重要性略低，赋值普遍较低。

研究表明，解决个人之间的解释、观点的差异，比较现实的方法就是在人们之间达成一种妥协①，即以满意取代最优，只要关键变量达到满意水平即是共识。北京授权评价 7 研究表明，教师和学生之间能够“共同洞悉”（shared insight）学习任务内涵及设计质量要求。因此，当置身于同一个系统（组织）中时，不管人们的原有基础差

---

① ［英］罗伯特·路易斯·弗勒地：《反思第五项修炼》，赵恒译，中信出版社 2004 年版，第 136 页。

距有多大，思想将会向同一个方向靠拢，最终产生相近的行为结果①，这些都成为促成结果共识的重要因素。

表 6－17　　授权评价 7 结果共识/争议表

内容	一级指标					二级指标		
	综合职业能力的学习潜力	对工作与技术的设计潜力	学习任务的描述	学习任务的设计特点	学习评价	解决方案的多样性	学习任务情境描述清晰	对学习过程记录、展示和时间安排设计合理
争议焦点/问题*	综合职业能力是过程还是结果	设计潜力的重要性	指标 3 与指标 4 的内涵相近	学习任务质量的界定	无争议	多样性与教学设计问题	如何将其情境化	学习步骤该如何具体化
争议参与者**	学生之间	学生之间	学生、教师	学生、教师	所有人	学生、教师	学生、教师	学生、教师
评价后认同/悬置	共识							

说明：*争议焦点指在授权评价过程中对该指标存在争议的主要内容，笔者用关键词予以描述。**争议参与者指对该项指标争议的焦点主要存在于哪类参与者（学生、教师、学校管理者、企业人员）之间。

二　悬置分歧

从分歧点来看，重庆授权评价 2 比授权评价 1 的争议点数量少。可能与前者诊断时间相对较短有关，没有对 31 个指标做出全部诊断，造成争议指标相对较少。而对存在分歧的指标，需要对其进行排列优先顺序，以探求可能采用的行动机制，本次评价试验没有开展这些工作，而这些工作机制需要参与者花费较多的时间和精力来共同完成。②

河北授权评价 8 对一级指标权重没有达成共识，分析其原因是：第一，参与者工作性质和岗位之间的依存度比较小，因此，相互之间

① ［美］圣吉：《第五项修炼·实践篇》（上），张成林译，中信出版社 2009 年版，第 47 页。

② 研究组提供给学校的评价报告，详细记录了焦点、问题、争议及建议的措施等。

的合作欠佳，这样评价者对他人的工作就缺乏了解，在意见各不相同的情况下，较易坚持自己的观点。第二，个人或工作目标的差异。在某个问题上，各方工作目的不一致，难以达成共识，从表面上看可能是群体内部各成员之间的观点差异，也可能是专业建设本身的问题，即院校与企业、企业之间的合作出现了问题。第三，在解读过往的经验时，依凭数据不充分，参考资料不翔实，对于不了解学校实际情况的参与者来讲，可能会出现偏差学习（superstitious learning）[①]，即其真正理解的与实际情况不符。

三　小结

通过以上分析可见，授权评价过程中参与者能够达成共识的共有属性[②]包括：一是群体成员依据事实而非个人观念，专注于共同目标时，更有可能达成共识。二是关注目标本身和共有的利益，而非实现目标的具体策略。三是通过批判性思考和消除歧义的方式，更易定位共识领域。四是倾听他人，避免某一人独断整个或部分被评内容。五是认同不同的见解，尊重并倾听少数派的观点。少数派的观点会挑战传统思维，听取其见解可有助于其他成员从全新的角度看待问题，便于以多种方式达成一致意见。六是当群体为了避免冲突或将冲突最小化而仓促达成一致意见时，可能会产生达成共识的假象。[③] 由于时间关系，尚未对“共识假象”问题进行研究。

第七节　特点与共性

一　不同授权评价试验的特点

（一）重庆授权评价试验 1

授权评价试验 1 是在重庆案例中的第一所学校进行的。意义协商

---

① ［美］杨国安、大卫·欧瑞奇：《学习力》，许青天译，华夏出版社 2012 年版，第 70—71 页。

② ［美］毕比、马斯特森：《小团队沟通：原则与实践》，陈薇薇译，电子工业出版社 2015 年版，第 250—257 页。

③ 同上。

体现为“同理心探寻”层次。参与者的应答模式表现为积极应答与消极应答模式并存，学生代表应答模式倾向于积极应答和无应答，教师与企业人员之间倾向于消极应答。因评价内容和指标不同，诊断过程出现浅层心理建构和深层心理建构并存现象。在知识转化方面，因为对每一诊断指标的认识与理解不同，所以出现了不同效果，提高了不同知识的转化程度，经过总体组织的学校所取得的效果较高。最后，参与者对诊断观点能够达成基本共识。

总的来看，重庆授权评价试验 1 的总体效果较好，其可能的原因是：

第一，管理者较为重视，准备比较充分。本次评价由重庆教育评价院牵头组织，本着主动探索新型评价模式的初衷，管理者希望本次评价能够改变传统评价模式，诊断出学校课程改革中所存在的问题。在正式评价前一个月，相关负责人与研究者就相关评价工作进行了多次沟通，包括评价指标的设计、评价人员的选择、评价组织过程的实施等事项，为本次评价工作顺利进行奠定了基础。

第二，评价时间比较充裕。本次评价试验时长 7 个小时，对汽修专业的课程建设情况进行了深入的剖析，较全面地反映了问题及原因。

第三，参与者的代表性较强。本次评价会参与者包括外部评价专家、教师、企业人员、学校管理者和学生代表。参与者基本涵盖了组织中的所有层次，能够从不同角度为诊断提供多样化信息。

第四，主持人专业能力较强。本次评价会主持人由职业教育权威专家主持，具备深厚的评价理论知识和评价实践经验，参与者对主持人各方面非常认可。主持人能够引导参与者在相关理论基础上对问题展开讨论。

第五，参与者之间、参与者与主持人之间较为熟悉，使评价氛围民主、宽松，容易产生“自己人”效应①，无形中产生了信任感，信息流通传递更快。

---

① 赵升奎：《沟通学思想引论》，上海三联书店 2005 年版，第 122 页。

（二）重庆授权评价试验 2

重庆评价试验 2 是在重庆案例中的第二所学校进行的。参与者没有表现出积极或消极应答倾向，仅依赖个人的理解对赋值情况阐释了观点。参与者的学习方式以倾听和表达为主，没有产生知识的内化，组织学习效果较低。除对一级指标外，部分二级指标出现了争议点。比较重庆案例中的两所学校，试验 2 的效果满意度相对较低。可能的原因是：

第一，评价时间较短。本次评价会时间为 3 个半小时，其中一个半小时的时间用来讨论指标体系的合理性，真正的诊断时间仅为两个小时，导致参与者之间讨论不深入、收集的信息不全面。在评价之前，学校负责人只安排了半天的诊断时间，这对诊断过程和效果产生了不利影响。

第二，主持人的相关经验比较欠缺。本次评价试验的主持人为教育评价院的某一位负责人，虽然主持人对该校护理专业发展情况较为熟悉，与参与者相互较为熟知，但缺少授权评价实践的相关经验，因此，在诊断过程中面对多样性的信息反馈，主持的灵活性不足。

第三，学生参与力相对不足，缺少主动沟通意识。受传统心理的影响，学生难以做到与教师、领导等“平起平坐”。学生与其他参与者的生理和心理特征、角色和经验不同，导致学生处于被动地位，在本次试验中，学生代表表现出明显的紧张心理，无应答现象出现较多。

（三）新疆授权评价试验 3

授权评价试验 3 是对新疆案例中的第一所学校进行的诊断。参与者之间的意义协商体现为“同理心探寻”。学生代表从态度和观点上，应答都较为积极。参与者之间沟通效果较好，具有开放性，但对评价信息的公开性体现不足。在结果共识方面，对一级指标权重很快达成了共识，对二级指标的诊断以问题讨论和呈现为主，没有达到共识与争议层面。总体来看，虽然授权评价试验 3 没有在分析框架的所有要素上都达到最优层次，但参与者认为，开展授权评价使其受益匪浅，解决了很多困惑。分析原因如下：

第一，基于内部需求主动开展评价。本次评价试验是新疆案例学校为迎接示范校建设评价，迫切希望在研究者的帮助下，重新审视、诊断当前专业建设中所存在的问题，并切实在工作中予以改进，因此学校管理者比较重视。

第二，参与者学习愿望较强。新疆案例学校处于欠发达地区，教育理念和实践相对落后。据研究者调查，该校一线教师对进一步学习的愿望强烈，但深造和进修的机会极少，限制了其专业能力的发展。本次评价试验为其提供了一个自我组织式学习的机会，各代表积极性较高。

第三，参与者之间的身份认同度高。被评专业为学前专业，该专业为本校的示范性、品牌性专业，教师均为该校骨干力量。在 15 名参与者中仅有两名维吾尔族教师，其余为汉族教师，因此在人员构成上，语言、身份、民族文化方面的障碍较小。

（四）新疆授权评价试验 4

授权评价试验 4 的意义协商体现了“讨论”（discussion）的特点，没有形成深度会谈。学生存在无应答现象。心理建构均处于浅层次，知识转化程度均处于外在化层次，组织学习效果较低。授权评价试验 4 是新疆案例中选取的第二所学校，与试验 3 的效果差异明显，对每一层面的分析发现，诊断效果欠佳。分析原因是：

第一，人员规模与构成存在一定的问题。本次评价试验的参与者共有 23 人（最后只能有 15 人发言），远超过规定人数要求，增加了诊断过程组织的难度，规模过大对诊断时间的要求过长，而本次诊断时间只有 3 个半小时，导致效果不佳。

第二，语言差异造成一定的障碍。本次评价试验的特殊之处在于，维吾尔族教师占参与人数的 2/3，汉族教师占 1/3，相互之间的语言障碍影响了沟通的流畅，中间翻译转译工作也耗费了较多的时间。

第三，不同民族分离的多元化。据研究者了解，该校汉族与维吾尔族教师由于文化背景不同，看待问题的角度、思维方式存在很大差异，这也是造成团队功能不协调的原因。克莱因（K. J. Klein）和哈里森（D. A. Harrison）将这种情况称为“分离的多元化”（diversity as separation)[①]，即当团队成员被分成两极或多极时，冲突就会产生，从而破坏小组团结、协调。

第四，参与度不高。据该专业负责人介绍，维吾尔族教师的工作积极性很难调动，平时与个人利益无关的事项很难参与其中，在本次评价试验中，教师参与的积极性不高。

（五）广州授权评价试验5和试验6

广州授权评价试验5和试验6是对同一所高职的物联网专业进行的两场评价试验。一是专业建设的诊断，二是对校企合作实施情况的诊断。总体来讲，这两次诊断效果差异不大，主要因为这两个试验点的参与者为同一人群（大多数），只是改变了学生参与代表。试验5和试验6能够实现差异关注和同理心探寻，对部分指标的诊断可形成深度会谈。学生在诊断过程中表现较为被动、沉默少言。在参与者心理建构方面表现为“深层心理建构”与“表层心理建构”并存，在知识转化方面，四个层次的效果皆有体现，对不同指标的诊断，组织学习效果不同。在诊断的结果共识方面，其共识与争议特点不明显。广州评价试验过程中的其他特点是：

第一，参与者代表扩大到了行业组织，企业行业参与人员占1/2，拓宽了信息来源渠道，增加了诊断信息的多样性。

第二，差距悬殊的多元化。尽管研究者竭力创造平等、民主的言论氛围，但学校管理者与一线教师之间仍然没有进行完全的平等对话，通常管理者在地位、声望、权力等方面要高于一线教师，教师在面对管理者的观点时，其声音、参与以及信息共享可能会被抑制。[②]据研究者考察，这种现象也存在于其他评价试验中。

第三，学生代表性不强。试验6是对校企合作的诊断，要求学生参与者至少有一段时间的企业实习（工作）经历，以获取学生对校企合作认识的信息。但限于物联网专业创办时间较短，毕业生就业对

① K. J. Klein & D. A. Harrison, “On the Dibersity of Diversity: Tidy Logic, Messier Realities,” *Academy of Management Perspectives*, 2007, 21 (4): 26 - 33.

② Ibid..

口率较低，邀请学生参评较难。校内实习生均外出实习，没有在校生。因此，本次是二年级在校生参与诊断，对校企合作工作不了解，影响了诊断信息的获取。

（六）北京授权评价试验 7

北京授权评价试验 7 的参与者形成了有意识的集体关注力（collective mindfulness），体现了深度会谈的特点。参与者形成了相互尊重、支持性的团体规范，对他人的观点均做出积极或消极应答，没有出现“无应答”现象。参与者根据他人所持的意见调整自己的观点，最后形成了不同的意见模式。在心理建构方面，在互动中产生了高级别的心智过程，实现了深层的“心理建构”。在知识转化方面，参与者之间的学习方式表现为倾听、表达、反馈和建构，转化程度达到了合并和内化层次。在结果共识方面，参与者对指标权重都达成了共识。总体效果较好，分析原因是：

第一，参与者为研究人员。北京案例是研究生院的职业教育研究人员，参与者学历层次较高，接受过职业教育评价理论知识，对评价理念和操作流程具备一定的认识基础，是评价试验开展的有利条件。

第二，参与者之间没有等级关系。参与者均为在校研究生和部分访问学者（职业院校教师），这两类群体没有上下级的等级关系，评价氛围较为民主、和谐。

第三，主持人引导有力。主持人经验丰富、专业知识深厚，对参与者的多样化观点能够予以合并总结，分类引导，对授权评价试验的成功提供了支持。

（七）河北授权评价试验 8

河北授权评价试验 8 初步体现了“深度会谈”的特点，对所提出的问题能够进一步反思原因并探索改进机制。外部专家在评价过程中存在“无应答”情况，主要原因是不清楚和不了解。从参与热情和评价态度来讲，河北授权评价实现了深层心理建构。授权评价的知识转化实现“合并”与“内化”层次的指标较多，组织学习效果为“中高”和“高”。分析原因是该校领导和参与者内驱力较强，由于该校正在开展教育教学“诊断与改进”相关工作，迫切希望获得可操作的内部评价工具，因此，从管理者层面来讲，参与热情较高。

本次诊断也有其他不足之处影响了诊断效果：参与者代表性不足。一是学生代表。学生代表为已经毕业 7 年的学生（目前创办旅游公司），对学校现行的课程、管理等了解不多，难以给出最新的信息。他们主要基于企业角度进行诊断。二是外部专家。外部专家为教育咨询公司人员，对该校旅游专业知之甚少，在诊断过程中，对很多指标不了解，难以给出有价值的诊断信息。

二　不同授权评价试验的共性

第一，所有授权评价参与者之间均“缺少冲突”。冲突是一种特殊的沟通方式，一定程度上的冲突可以形成更深层次的情感融合，而缺少冲突就是没有出现“有原则的协商”（principled negotiation），即让冲突各方当事人开放地表达各自需要，并寻求符合各方需要且不会损害各方之间关系的一般策略。这可能与中国特有的和谐文化有关，在“我们”高于“我”的集体主义文化下，团体成员彼此间的互动更倾向于“和而不同”甚至“互愉调适”（cozy adjustment）[①] 现象。

第二，主持人知识与能力对授权评价质量具有重要作用。评价主持人的专业知识和主持技巧是引领授权评价过程的核心。如提问方式，反思性提问可以使参与者更好地分享其心智模式并加以反馈，封闭性提问则会限制参与者的思考和应答。

第三，在所有授权评价试验中，不同参与者对同一指标出现“关注程度不一”的现象。有些指标能够引起各方参与者的共同关注，这种情况较易激发共鸣与深度会谈，如涉及学生的指标成为各方关注的焦点。而对于参与者不熟悉的指标，则出现忽略或浅层讨论的现象。对诊断内容的不同解释也说明在很大程度上依赖于个人的理解力和原有的知识基础。

第四，评价规模普遍较大。研究表明，当评价会议成员数量超过

① “互愉调适”这一术语是戴维·伯姆在《论对话》中提出来的，即人们表现得比较客气和礼貌，对于可能引起争议或敏感的话题都采取委婉或避而不谈的态度。

12 人时，沟通效果未必会出现“1 + 1 + 1 = 3”的现象，反而会导致群体的过程损失和机会失衡（有人发言机会较多，有人发言机会较少或没有）。若规模低于 4 人，就会导致观点有限，反馈减少，挑战个人假设的机会减少等。[①] 在实践中，广州、河北评价试验参与者人数适中。其他学校人数偏多，存在社会惰化（social loafing）效应。社会惰化指的是个体在群体中工作时不如单独工作时努力的倾向。[②] 为防止这一现象的产生，建议参与者规模保持最小团体（least-sized group）原则，即人力资源具备了完成任务所需要的专业技能和多样化观点，参与者人数应该越小越好。[③]

第五，评价过程受到参与者职位、地位、声望以及文化、语言的影响。在我国这样的高情境文化（high-context cultures）中，口头协议比实际效力的契约更具有很强的承诺力。尽管明确了评价的原则及要求，但在中国特有的情境下，评价过程和效果仍然受到参与者的职位、地位以及文化等方面的影响。

第六，因学生代表与教师或企业人员之间的年龄、心理、水平不同，难以激发学生的内在学习机制，加之学生对学校各方面工作了解较少，影响了评价过程的流畅性。学生与其他参与者的地位差异实际上也妨碍了观点的“百花齐放”，说明地位低的成员参与集体讨论的积极性低。

---

① ［美］马奎特：《行动学习实务操作：设计、实施与评估》，郝君帅、唐长军、曹慧青译，中国人民大学出版社 2013 年版，第 45 页。

② ［美］罗宾斯、贾奇：《组织行为学》，孙健敏、李原、黄小勇译，中国人民大学出版社 2015 年版，第 247 页。

③ ［美］格莱勒斯、亚当斯：《高效小团体沟通：理论与实践》，刘海虹、任晓涛、黄琳译，复旦大学出版社 2013 年版，第 79 页。

第七章　授权评价的效果

评价有效性是衡量评价质量的重要指标，评价有效性与有效评价密切相关，有效评价取决于评价的质量与影响。为保证评价的有效性，1994 年，美国评价联合委员会提出了有用性、可行性、适切性、准确性四个标准，用以指导评价实践。理查德（G. Richard）认为，评价的合理性和有效性来自评价工具的质量。[①] 此外，有效性评价与组织使命有关，需要得到参与人的支持，方法多样化、评价结果可以增强反馈信息的公平性和多样性。有些研究机构提出一些原则予以规范评价实践，如结果被采用，能反映对学习的全方位理解，能持续进行、得到内部人员广泛参与，教育者能不断满足学生和公众的要求等。[②] 帕顿认为，评价的有效性指评价效果及其直接产生的行为，或是通过评价了解到有关被评项目及其参与者、绩效等的新问题。在有些情况下，有效性概念可以作为某种行动的理性基础。[③] 从研究结论来看，评价有效性与评价工具的质量、评价影响力有关。

---

① G. Richard, "Assessment, Acountability, and Student Learning Outcomes," http://www.ac.wwwedu/.dialogue/is - sue2.html, 2007 - 12 - 28.

② AAHE, "Principles of Good Practice for Assessing Student Learning," *Assessment Forum Learning through Assessment*: *A Resource Guide for Higher*, Washinton DC: AAHE, 1997: 36.

③ M. Q. Patton, *Utilization-focused Evaluation*: *The New-century Text*, Thousand Oaks, CA: Sage, 1997, p. 145.

第一节　授权评价的影响因素

一　影响授权评价有效性的因素

1. 理论支持的影响

评价实践的不断推进要求成熟的理论进行指导，通过建立理论可以提高评价的外部和内部有效性，以改进评价实践。① 有学者提出要增加评价的有效性，应开展理论驱动模式的评价。其中，将专业理论（program theory）应用于评价的研究最受关注。莎莉（J. S. Wholey）建立了专业理论的逻辑模型，并建议据此设计评价。② 詹妮弗（J. H. Jennifer）等人通过实证研究，指出评价应以相关理论为基础，即利益相关者参与对丰富学生成长历程和教育质量改进会起到积极的作用。③

2. 心理焦虑的影响

希沃特（D. Sewart）等人研究发现，被评者面临的心理焦虑是影响评价有效性的重要因素，心理焦虑会降低评价的可靠性和有效性，并提出了明确评价目的、讨论相关标准、将过程透明化和公开化、推进学习型组织建设等治理策略。④

3. 实现授权评价三原则

豪斯（E. R. House）提出了实现授权评价的三个基本原则⑤：第一，包容（inclusion）。包容意味着评价过程要容纳主办者和组织者；第二，要有边缘代表、弱势群体代表；第三，在评价设计与实施阶段

---

① L. J. Cronbach, *Designing Evaluation of Educational and Social Programs*, San Francisco: Jossey-Bass, 1982, p. 138.

② J. S. Wholey, " Evaluability Assessment: Developing Program Theory," L. Bickman (ed.), *Using Program Theory in Evaluation*, *New Directions in Program Evaluation*, San Francisco: Jossey-Bass, 1987, p. 59.

③ G. H. Jennifer , Clifton F. Conrad, *Emblems of Utility in Higher Education Developing and Sustaining High-quality Programs*, Allyn and Bacon Washington: MA, 1997, p. 37.

④ D. Sewart, G. Laurae & S. Michael, "Strategies for Managing Evaluation Anxiety: Toward a Psychology of Program Evaluation," *American Journal of Evaluation*, 2002 (23): 264.

⑤ E. R. House, "The Issue of Advocacy in Evaluation," *American Journal of Evaluation*, 19 (2): 233 -236.

均应被授予相应的权利——对话（dialogue）与解放（deliberation）。鼓励不同人员之间的对话，目的是增强不同利益、价值观群体之间的相互理解，解放可以使评价者和被评价者超越传统的角色定位和限制，转向一种平等、合作的关系。

二　评价与政治

吉恩·格拉斯（Gene Glass）认为，授权既是一种心理力量，也是一种政治力量。在任何评价中，政治都会悄然存在，如同细微但有穿透力的噪声潜入人的意识中。从心理上讲，每个人都可以因为能够获得部分自我决定能力而获益；从政治上讲，则会有一些限制。[①]

卡尔松（V. Karlsson）和孔勒从提供信息和决策判断两个维度对评价政治之间的关系进行了描绘：是否有可能从操作上将评价与政治分开；是否希望从概念上将评价与政治分开（见表7－1）。

表7－1　**评价与政治之间的三种情形**

三种情形	有可能将评价与政治分离	希望将评价与政治分离
第一种	是	是
第二种	是，在提供信息时；不是，在提供判断时	是，在提供信息时
第三种	不	不

资料来源：V. Karlsson, C. Ove, F. Ross（2006），“The Relationship between Evaluation and Politics,” I. F. Shaw, J. C. Green, M. Melvin（Hg.），*The Sage Handbook of Evaluation*, 2006, p. 231.

按照这一概括，评价与政治之间的关系具有三个特征：

1. 政治与评价完全分离。政治对评价效果没有帮助，甚至起反作用。从伙伴关系角度讲，政治是评价的多变伙伴，是一个令人厌恶的伙伴。因此，在提供信息和决策阶段，都希望远离政治。这种情况

① J. C. Greene（1988），“Stakeholder Participation and Utilization in Program Evaluation,” *Evaluation Review*, 12（2）：91－116.

是完全理想化的，与教育实践不符。

2. 政治与评价不可完全分离。特别是在数据收集阶段不应该受政治的影响，在评价实施过程中，评价要与政治分离，以免产生的信息失真。

3. 政治与评价密不可分。这一特征指评价与政治是以非常复杂的方式联系在一起的，在评价过程中，必须考虑评价的科学性和政治要求。

首先，评价通常遵循委托原则，任务委托方确定调查研究的对象和目标、公布评价计划并根据特定的标准支付资金，科学性并非最重要的考量因素。为了发挥评价结果的有效性，评价必须在事先确定的范围内完成，特别是时间限制，因此，在评价中经常只是使用次优的调查研究设计，否则评价结果很难得到决策关注。其次，评价作为实践性和应用性研究，其研究对象（如项目、计划、行动措施）、研究目的、评价标准都是由外部给定的，必须深入分析除了科学价值以外的政治价值和社会需求，由此，评价通常会陷入与价值中立研究相矛盾的境地。评价表现出双重性，一方面它是经验社会学研究的一部分，需要运用经验社会学的理论和方法；另一方面它是政治过程的一部分，会受到非学术性要求的制约。

三 检验评价有效性的策略和方法

（一）评价结果的利用

夏洛克（N. Shulock）认为，评价至少有四种用途：工具作用——评价结果被采纳；启发作用——评价对政策制定者产生影响；促进作用——评价促进了评价机构和利益相关者的参与；象征作用——经常用来被证明已经出台的政策。① 然而，现实的情况却是，大量的评价结果未被利用，尤其很少被运用在国家层面的政策制定中。针对这种情况，许多研究者提出了加强评价结果在立法中的应用，并提出了相应

① N. Shulock, "The Paradox of Policy Analysis: If It Is Not Used, Why Do We Produce So Much of It?" *Journal of Policy Analysis and Management*, 1999, (18): 226 - 244.

的建议。[1] 有学者指出，虽然评价结果的应用具有重要性，如果能超越其利用价值，进一步强调评价的影响力将会使评价实践更加受益。但限于实证研究的局限性，有关评价影响力的研究一直较少。有学者研究提出，如果能够提供一种在哪种条件下会产生什么样的效果评价模型，将超越某种意识形态，提高评价结果的价值。[2]

（二）以实证研究提高评价效果

越来越多的学者认为，提高评价实践效果的最好方式是“以实证研究为基础”，实证材料对评价效果和质量非常重要。麦夫·阿金（M. Alkin）支持了上述观点，并提出通过实证研究的“描述性理论”对评价条件、过程及不同方法所产生的结果进行研究。马克（M. Mark）提出目前面临的挑战是需要不同的分析框架和质量标准以及不同的方法对评价效果进行实证研究，提出了评价环境、评价活动、评价结果、职业问题框架。[3] 总之，对于运用实证性方法来检验评价的有效性得到了学者的广泛认同，但到目前为止，尚未形成统一的研究范式。

（三）利用元评价标准判断评价的有效性

元评价是对评价活动的目的、环境、过程、方法、可行性和精确性及其评价效果进行的描述、分析与判断。科学的元评价可以为评价者提供评价效果的反馈信息。早在20世纪70年代，斯塔弗尔比姆就对元评价的指标进行了研究，提出要从精确性、效用性和成本效益等方面去考量评价活动的质量。[4] 美国教育评价标准联合委员会（JC-

---

① C. Weiss, *Evaluation Action Programs: Readings in Social Action and Education*, Needham Heights, Mass: Allyn and Bacon, 1972, p. 59. M. Schneider, "Building Consensual Institutions: Networks and the National Estuary Program," *American Journal of Political Science*, 2003, (47): 143, 158.

② M. Mark, "Toward an Agenda for Research on Evaluation," V. Caracelli, H. Preskill (eds.), *The Expanding Scope of Evaluation Use*, New Directions for Evaluation, 2000 (88), pp. 5 - 24.

③ Ibid., pp. 5 - 24.

④ D. Stufflebeam, "The Meta Evaluation Imperative," *American Journal of Evaluation*, 2001 (22): 183 - 209.

SEE）提出了元评价指标的效用性、可行性、适切性和精确性四个维度和30条标准，这些标准已经成为社会评价领域的实践模型和准则。相对而言，我国的元评价研究无论是理论还是实践均较为匮乏，关于职业教育元评价的研究未见相关报道。

通过调查问卷和访谈，考察参与者对授权评价的效果反馈，即对评价活动进行再评价，也称“元评价”。最初提出“元评价”概念的斯克利文（M. S. Scriven）认为，元评价也是第二级评价（second-order evaluation），是涉及评价角色的方法论评价。就实践而言，元评价所关注的是特定评价表现的评价①，目的在于对教育评价活动做出判断，用于检查并改善教育评价方案设计、评价操作、评价方法使用、评价报告撰写、评价结果运用等各个环节，持续改进评价服务质量。将元评价作为整个授权评价实施体系的最后一个环节，属于事后分析的总结性评价，旨在检验授权评价的实施效果，促进授权评价过程优化和质量改进。

第二节 方案设计

元评价工具是围绕所开发的元评价指标进行的调查问卷和访谈。为保证元评价的科学性，设计了评价目标适切性、评价方案的可行性、评价过程的合理性、评价结果的有效性四个维度，共同组成了元评价指标编制框架。

根据研究目的，研究关注授权评价各个环节的效果，设计了评价目标的适切性、评价方案的可行性、评价过程的合理性、评价结果的有效性四个一级指标。每项一级指标所包含的二级指标和三级指标个数不同，因此，需要将一级指标的达成度转化为标准分（详见评分说明和计算方法）。最终对四个一级指标的达成度结果进行分析，形成研究结论，元评价指标、内涵及评定等级见表7-2。

---

① M. S. Scriven, "An Introduction to Meta-Evaluation," P. A. Taylor & D. M. Cowley (eds.), *Readings in Curriculum Evaluation*, Chicago: University of Chicago, 1972, pp. 84-86.

表 7－2　**元评价指标、内涵、评价等级**

<table>
<tr><th>一级指标</th><th>二级指标</th><th>三级指标</th><th>指标内涵</th><th>评价等级</th></tr>
<tr><td rowspan="3">A1 评价目标适切性</td><td>B1 评价目标明确</td><td>C1 目标界定与表述</td><td>明确了评价目标，且具体、可实现，聚焦要解决的问题</td><td></td></tr>
<tr><td rowspan="2">B2 评价目标的规范性</td><td>C2 评价说明</td><td>明确了各方的责、权、利，报告信息和结果的使用，评价对象的隐私权等事宜</td><td></td></tr>
<tr><td>C3 评价规划</td><td>依据评价目标，明确评价依据、对象、内容、方法、结论等</td><td></td></tr>
<tr><td rowspan="4">A2 评价方案可行性</td><td rowspan="2">B3 评价内容与方法</td><td>C4 评价指标设计</td><td>职业教育评价指标设计科学合理、内涵明晰，内容效度高；指标内容符合实际，能涵盖所评价项目的情况</td><td></td></tr>
<tr><td>C5 评价方法和工具</td><td>评价方法和工具具有科学性，方法易操作</td><td></td></tr>
<tr><td rowspan="2">B4 评价过程</td><td>C6 评价程序</td><td>评价方案清楚地说明评价操作程序，操作性强</td><td></td></tr>
<tr><td>C7 评价模式</td><td>评价模式的选择适合自我评价，符合评价目标和评价对象的特点</td><td></td></tr>
<tr><td rowspan="6">A3 实施过程合理性</td><td rowspan="2">B5 评价氛围、时间</td><td>C8 评价氛围</td><td>评价氛围民主、平等、透明</td><td></td></tr>
<tr><td>C9 评价时间</td><td>评价时间充裕、合理</td><td></td></tr>
<tr><td rowspan="3">B6 评价人员</td><td>C10 评价主持人</td><td>主持人具备评价专业知识，在评价过程中能够引导参与者民主发言，倾听每个人的解释；遵守评价规范与要求，能够做到客观、公正，没有个人偏见</td><td></td></tr>
<tr><td>C11 评价参与者代表性和资质</td><td>参与者的知识背景能够胜任工作，能够成为本领域的代表</td><td></td></tr>
<tr><td>C12 评价参与人数</td><td>不同背景的评价人员比例适当，人数合理</td><td></td></tr>
<tr><td>B7 评价过程组织与管理</td><td>C13 评价过程组织</td><td>组织者具备组织协调能力；能够全程记录、监控活动实施情况，并根据情况及时做出调整；过程管理规范</td><td></td></tr>
</table>

续表

一级指标	二级指标	三级指标	指标内涵	评价等级
		C14 评价者参与度	在主持人的引导下，参与者能够平等、透明地参与整个项目的评价，每个人有充分表达的机会并得到公平对待，利益相关者之间沟通良好	
		C15 评价信息	评价信息真实地反映了评价对象的实际状况，客观全面	
A4 评价结果有效性	B8 评价结果完成	C16 评价报告撰写	报告完整记录了评价背景、目的、内容、过程和结果，真实地表达了存在的问题及原因，下一步的改进措施	
		C17 评价结果完成及时性和可用性	评价报告完成的及时、公开。参与者参与并修改了评价报告的完成，清楚评价报告的内容，并对其中的观点较为认可	
	B9 评价结果利用	C18 评价结果价值	评价结果的合目的性，为使用者提供了有效信息，对下一步的工作改进具有促进作用	
		C19 评价结果利用和反馈	评价结果反馈给了所有利益相关者，可共同制定下一步的改进措施。评价专业性强，可持续进行下去	

说明：评价等级：9—10 分，达成度非常高（a）；7—8 分，达成度较高（b）；6 分，达成度一般（c）；4—5 分，达成度较低（d）；0—3 分，达成度很低（e）。

一 评分说明及计算方法

（一）效标设定

效标是衡量评价有效性的外在标准。研究者利用问卷调查获取相关数据，分析授权评价实施的效果。根据常用的 10 分值计分方式，设计了不同分数段的五级量表评定法，即对三级指标进行五等级评价。“a”表示达成度非常高，分值为“9—10 分”；“b”表示达成度较高，分值为“7—8 分”；“c”表示达成度一般，分值为“6 分”；“d”表示达成度较低，分值为“4—5 分”；“e”表示达成度很低，分值为“0—3 分”。

（二）计算方法

为统计一级指标的达成度，研究引入百分位数的概念①，即按照百分位数进行等级划分，其划分点为93%、68%、50%、25%。再将4个一级指标的原始分转化为标准分，进而求平均数，即为最终标准分，将标准分对照百分位数即可知达成度等级，标准正态分布如图7－1所示。

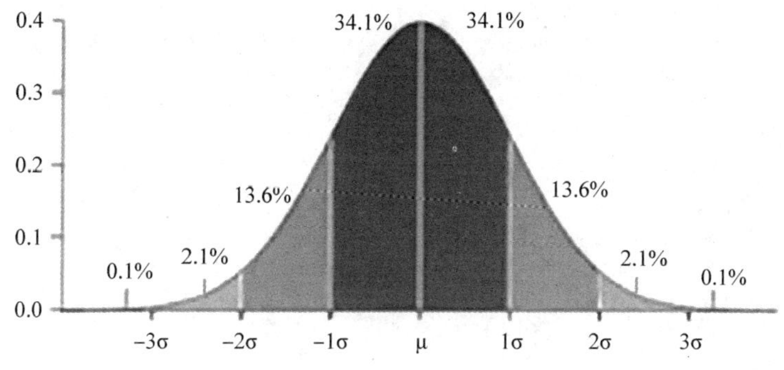

图7－1　标准正态分布图

说明：颜色最深区域是距平均值小于一个标准差之内的数值范围。在正态分布中，此范围所占比率为全部数值之68%，根据正态分布。两个标准差之内的比率合起来为95%；三个标准差之内的比率合起来为99%。

由于每项一级指标所包含的二级指标和三级指标数量各不相同，需要将一级指标的达成度转化为标准分。计算方法为：对三级指标的等级进行量化赋值，评定为“a”计4分；“b”计3分；“c”计2分，“d”计1分，“e”计0分。具体计算方法如表7－3所示。

---

① 通过百分位数划分等级的依据参考了D. L. Stuffiebeam在1999年编制的元评价检核表（Program Evaluations Meta Evaluation Cheeklist）中的统计方法，50%是中间值，68%是正态分布中正负1个标准差之间的范围，可以用于表示与中间值存在一定程度的显著差异，即达成度较高。93%（68%＋25%）用于表示与中间值存在非常显著的差异，即达成度非常高；25%（50%－25%）表示达成度非常低。

表 7－3　　　　元评价指标计算方法

维度	计算方法	维度	计算方法
A1达成度和标准分计算方法	a 的个数（0－3）____ ×4＝____ b 的个数（0－3）____ ×3＝____ c 的个数（0－3）____ ×2＝____ d 的个数（0－3）____ ×1＝____ e 的个数（0－3）____ ×0＝____ 总分：________ 11（93%）－12 分：达成度非常高 8（68%）－10 分：达成度较高 6（50%）－7 分：达成度一般 3（25%）－5 分：达成度较低 0（0%）－2 分：达成度很低 总分÷12＝____ ×100＝____（标准分）	A2达成度和标准分计算方法	a 的个数（0－4）____ ×4＝____ b 的个数（0－4）____ ×3＝____ c 的个数（0－4）____ ×2＝____ d 的个数（0－4）____ ×1＝____ e 的个数（0－4）____ ×0＝____ 总分：________ 15（93%）－16 分：达成度非常高 11（68%）－14 分：达成度较高 8（50%）－10 分：达成度一般 4（25%）－7 分：达成度较低 0（0%）－3 分：达成度很低 总分÷16＝____ ×100＝____（标准分）
A3达成度和标准分计算方法	a 的个数（0－8）____ ×4＝____ b 的个数（0－8）____ ×3＝____ c 的个数（0－8）____ ×2＝____ d 的个数（0－8）____ ×1＝____ e 的个数（0－8）____ ×0＝____ 总分：________ 30（93%）－30 分：达成度非常高 22（68%）－29 分：达成度较高 16（50%）－21 分：达成度一般 8（25%）－15 分：达成度较低 0（0%）－7 分：达成度很低 总分÷32＝____ ×100＝____（标准分）	A4达成度和标准分计算方法	a 的个数（0－4）____ ×4＝____ b 的个数（0－4）____ ×3＝____ c 的个数（0－4）____ ×2＝____ d 的个数（0－4）____ ×1＝____ e 的个数（0－4）____ ×0＝____ 总分：________ 15（93%）－16 分：达成度非常高 11（68%）－14 分：达成度较高 8（50%）－10 分：达成度一般 4（25%）－7 分：达成度较低 0（0%）－3 分：达成度很低 总分÷16＝____ ×100＝____（标准分）
总体达成度计算方法	（A1＋A2＋A3＋A4）÷4＝____（标准分） 93（93%）－100 分：达成度非常高 68（68%）－92 分：达成度较高 50（50%）－67 分：达成度一般 25（25%）－49 分：达成度较低 0（0%）－24 分：达成度很低		

说明：标准分是相对于原始分而言的，原始分是根据评分标准或效标对其作答而直接评出来的分数，标准分是一种由原始分推导出来的相对数值，用来说明原始分在所属的那批分数中的相对位置。研究中的原始分用“总分”表示。下同。

二　元评价的内容与方式

选择授权评价的原有参与者进行元评价。主要方式采取问卷调查和访谈，对校企合作、课程评价、专业评价、学习任务的评价效果进行检验，元评价的样本情况如表 7－4 所示。

问卷根据元评价指标内涵编制而成，确定了评价目标的适切性、评价方案设计的可行性、评价过程实施的合理性、评价效果的有效性四个维度，采用五等级量表的方式，从 5 到 1 表示认同的程度，数值越大认同度越高。问卷数据为有序变量，题目均值大小代表参评人员对该项指标的认同度高低。

表 7－4　　元评价样本概况

地区	样本	评价层面	人数*	方式	时间
重庆	授权评价 1	课程	19	问卷调查、访谈	2016. 06
重庆	授权评价 2	课程	15	问卷调查、访谈	2016. 09
新疆	授权评价 3	课程	10	问卷调查、访谈	2016. 10
新疆	授权评价 4	课程	26	问卷调查、访谈	2016. 10
广州	授权评价 5、6	专业、校企合作	12	问卷调查、访谈	2017. 03
北京	授权评价 7	学习任务	10	问卷调查、访谈	2017. 01
河北	授权评价 8	专业	11	问卷调查、访谈	2017. 03

说明：* 表示本次元评价调查问卷人数为参与授权评价试验的参与者，个别参与者没有参与问卷调查，因此，出现与授权评价参与人数与元评价参与人数不一致的现象。

在授权评价试验中，已经提前告知了被调查者相关元评价情况，因而减少了相关准备工作。元评价由各学校负责人统一组织，要求各参与者根据授权评价的实际情况填写问卷，完成后由负责人收回，发给研究者进行统计。根据研究需要，选择每个被评专业的代表性人员进行访谈，并分析原因。由于研究成本和时间所限，问卷采用电子填写和发送方式，访谈采用网络和电话访谈方式进行。

三　信度分析

问卷信度采用经典测试理论中的信度分析方法，检验问卷内部各项目之间的一致性程度。同质性信度也称内部一致性信度，以考查问卷内部各项目之间的一致性程度，采用 SPSS 统计软件包进行数据分析，信度系数为 0.794，表明该问卷可以使用。

第三节　元评价结果分析

元评价调查问卷涉及了评价目标、方案、过程、结果四个方面，分别设置了 3 个、4 个、8 个、4 个题目，共 19 个。采用五等级评定法，用 1—5 表示认同的程度，数值越大认同度越高。问卷所得数据为有序变量，可通过分析各题目得分均值大小，比较不同调查内容的认同度，各题目的标准差越大表示受调查者对该题目内容的认同度差异较大。

一　重庆授权评价的试验效果

（一）描述性统计结果

根据平均分的分值确定评价等级标准：4.50—5.00 分评定为 a，3.50—4.49 分评定为 b，2.50—3.49 分评定为 c，1.50—2.49 分评定为 d，1.49 分以下评定为 e。重庆授权评价 1 和授权评价 2 的调查问卷描述性统计结果如表 7－5 所示。

表 7－5　**重庆授权评价 1 和授权评价 2 的描述性统计结果**

维度	项目	授权评价 1 的结果					授权评价 2 的结果				
		最低	最高	均值	等级	标准差	最低	最高	均值	等级	标准差
评价目标	C1	3	5	4.15	b	0.55	3	5	3.80	b	0.56
	C2	3	5	4.23	b	0.73	2	5	3.33	c	0.72
	C3	4	5	4.69	a	0.48	3	5	3.37	c	0.80
评价方案	C4	4	5	4.46	b	0.52	3	5	3.93	b	0.59
	C5	4	5	4.92	a	0.28	3	5	4.47	b	0.74
	C6	4	5	4.69	a	0.48	4	5	4.33	b	0.49
	C7	3	5	4.54	a	0.52	3	5	4.27	b	0.70

续表

维度	项目	授权评价 1 的结果					授权评价 2 的结果				
		最低	最高	均值	等级	标准差	最低	最高	均值	等级	标准差
评价过程	C8	4	5	4.69	a	0.48	3	5	4.20	b	0.68
	C9	3	4	3.92	b	0.49	2	4	3.07	c	0.70
	C10	4	5	4.85	a	0.38	3	5	4.07	b	0.59
	C11	3	4	3.54	b	0.52	3	5	3.67	b	0.72
	C12	3	4	3.54	b	0.52	3	5	3.47	c	0.64
	C13	3	5	4.46	b	0.66	3	5	4.20	b	0.56
	C14	4	5	4.38	b	0.51	3	5	3.80	b	0.56
	C15	4	5	4.15	b	0.69	3	5	4.20	b	0.68
评价结果	C16	3	5	4.38	b	0.51	3	5	3.93	b	0.80
	C17	3	5	4.15	b	0.69	3	5	3.67	b	0.49
	C18	3	5	3.85	b	0.55	3	4	3.67	b	0.49
	C19	3	5	3.77	b	0.73	3	4	3.47	c	0.52

总体来看，重庆授权评价 1 和授权评价 2 的各项指标均值较高，评定等级最高为 a，最低为 b。说明参与者对授权评价非常认可。相比而言，评价结果的均值较低，最高分为 5 分，最低分为 3 分。访谈得知，参与者认为授权评价很有价值，评价结果也比较符合实际，但很难将其运用在质量改进中，因为没有一个有效的监督与反馈机制，研究结果的利用就很难实现。在 19 项指标中，标准差最大的为 0.73，分别是“评价说明”“评价结果利用和反馈”。

重庆授权评价 2 的统计结果为：第一，对评价目标的评价，指标“目标界定与表述”“评价说明”“评价规划”三项均值都较低，最高值“目标界定与表述”为 3.8，“评价规划”的标准差最大，说明参与者对该项指标的认同出现较大差异；第二，对评价方案的评价，四项三级指标分值和标准差差异不大，均为等级 b；第三，评价过程中“评价时间”和“评价参与人数”，分值较低，评定等级为 c，其余指标差异不大，评定等级为 b；第四，评价结果中“评价结果的利用和反馈”分值为 3.47，相对偏低，评定等级为 c，其余三项均值相等，但 C3 标准差为 0.80，相对偏高，说明对“评价报告是否真实反映了问题及对下一步的改进措施是否明确”，参与者观点不一。

（二）分项达成度

1. 重庆授权评价 1 的分项达成度

根据分值等级评价标准，得出授权评价 1 的三级指标的达成度评定等级，进而可以统计出 A1、A2、A3、A4 的达成度和标准分如表 7－6 所示。

表 7－6　　授权评价 1 的分项达成度和标准分

一级指标	总分（分）	达成度	标准分（分）
A1 评价目标的适切性	10	8（68%）－10 分：达成度较高	83
A2 评价方案的可行性	15	15（93%）－16 分：达成度非常高	94
A3 评价过程的合理性	26	22（68%）－29 分：达成度较高	81
A4 评价结果的有效性	12	11（68%）－14 分：达成度较高	75

从统计结果可知，重庆授权评价 1 的一级指标“评价目标适切性”的达成度较高，标准分为 83 分；“评价方案的可行性”的达成度非常高，标准分为 94 分；“评价过程的合理性”达成度较高，标准分为 81 分；“评价结果的有效性”达成度较高，标准分为 75 分。比较四项一级指标可以发现，“评价方案的可行性”达成度最高，得到了参与者的一致认同，其次是评价过程的组织氛围、沟通效果较好。相比之下，“评价目标的适切性”与“评价结果的有效性”得分较低，说明这两项还有较大的改进空间。

在此基础上，研究者就分项达成度情况访谈了部分评价参与者：

被访者 1：在评价会之前，我们不太了解评价会的目的，通知我们来开会，我们就来了。

被访者 2：可以经常开展这样的活动，受益匪浅。

被访者 3：授权评价这种形式比较科学，评价指标完备，参与人员覆盖面广，实际意义很大，而且效果很好，我们都很满意，如果能持续做下去就好了。

被访者4（学生）：这样的评价，对学生的好处无穷无尽，没有意见。

被访者5：该工作是一项涉及专业发展成败的风向标，是专业长远发展的一大工程策划，希望汇集一批有责任、有远见、有精力、有知识、热爱汽车专业教育事业的团队，从评价工作大的框架到细节，再到实施和考核验收均有制度可依，一步一个脚印地进行下去。

由访谈结果可见，参与者对授权评价给予了高度的肯定，但也认为评价尚有不足之处。一是授权评价目标不够明确。在评价开展之前，研究者与负责人进行了沟通，而负责人与参与者，以及研究者与参与者之间的沟通有限。二是评价结果的运用需要学校制定相关促进机制，将其内化为学校日常管理工作。

2. 重庆授权评价2的分项达成度

根据分值等级评价标准，得出重庆授权评价2的三级指标的达成度评定等级，进而统计出A1、A2、A3、A4的达成度和标准分如表7-7所示。

表7-7　**授权评价2的分项达成度和标准分**

一级指标	总分（分）	达成度	标准分（分）
A1 评价目标的适切性	8	8（68%）-10分：达成度较高	67
A2 评价方案的可行性	12	11（68%）-14分：达成度较高	75
A3 评价过程的合理性	22	22（68%）-29分：达成度较高	69
A4 评价结果的有效性	10	8（50%）-10分：达成度一般	63

由统计结果可知，授权评价2的“评价目标的适切性”的达成度较高，标准分为67分；“评价方案的可行性”的达成度较高，标准分为75分；“评价过程的合理性”达成度较高，标准分为69分；“评价结果的有效性”达成度一般，标准分为63分。比较四项一级指标

发现，“评价过程的合理性”标准分最高，“评价结果的有效性”标准分最低。比较而言，重庆授权评价 1 的各项一级指标均高于重庆授权评价 2 的指标，说明前者总体效果优于后者。

（三）总达成度和标准分

根据分项指标达成度，可统计重庆两所学校授权评价的计算方法和结果为：

重庆授权评价 1：（A1 + A2 + A3 + A4）÷4≈ 83 （标准分）

重庆授权评价 2：（A1 + A2 + A3 + A4）÷4≈ 69 （标准分）

可见，重庆授权评价 1 的总体达成度的标准分为 83 分，达成度较高。重庆授权评价 2 的总体达成度的标准分为 69 分，达成度较高。

二　新疆授权评价的试验效果

（一）描述性统计结果

授权评价 3 和授权评价 4 效果调查问卷的描述性统计结果如表 7－8 所示。

表 7－8　授权评价 3 和授权评价 4 的描述性统计结果

维度	项目	授权评价 3					授权评价 4				
		最低	最高	均值	等级	标准差	最低	最高	均值	等级	标准差
评价目标	C1	3	5	3.69	b	0.75	3	5	4.12	b	0.71
	C2	2	5	3.85	b	0.80	2	4	3.42	c	0.64
	C3	3	5	4.00	b	0.82	2	5	3.65	b	0.80
评价方案	C4	3	5	4.08	b	0.64	3	5	3.69	b	0.62
	C5	4	5	4.62	a	0.51	3	5	4.04	b	0.66
	C6	3	5	4.46	b	0.66	3	5	4.00	b	0.63
	C7	4	5	4.69	a	0.48	3	5	3.65	b	0.89
评价过程	C8	4	5	4.92	a	0.28	2	5	3.58	b	0.86
	C9	3	5	3.54	b	0.66	2	4	3.00	c	0.75
	C10	4	5	4.69	a	0.48	2	5	3.81	b	0.80
	C11	3	5	4.00	a	0.71	3	5	3.92	b	0.69

续表

维度	项目	授权评价3					授权评价4				
		最低	最高	均值	等级	标准差	最低	最高	均值	等级	标准差
	C12	3	4	3.85	b	0.38	2	4	2.85	c	0.83
	C13	3	5	4.38	b	0.65	2	5	3.96	b	0.72
	C14	3	4	3.62	b	0.51	2	4	3.23	c	0.65
	C15	3	5	3.85	b	0.69	3	5	3.73	b	0.78
评价结果	C16	4	5	4.54	a	0.52	3	5	4.04	b	0.72
	C17	3	5	3.92	b	0.76	2	5	3.62	b	0.70
	C18	3	5	3.77	b	0.73	2	4	3.04	c	0.77
	C19	3	5	3.85	b	0.55	2	4	3.00	c	0.85

从授权评价3的统计结果可知：总体来看，授权评价3的各项均值较高，评价等级均在b以上，说明参与者对授权评价的目标、方案、过程以及结果均比较满意。“评价说明”一项出现最低分值2，参与者认为，在“明确各方的责、权、利，报告信息和结果的使用，评价对象的隐私权等事宜”方面有待提升。分值最低的是“评价时间”。标准差较大的是“评价规划”，参与者对这一指标的达成度认同不一。

从新疆两场授权评价的统计结果中可知：

第一，评价目标包括评价目标明确和评价目标规范性两个二级指标，具体通过3个三级指标进行内涵解释，其中“评价说明”一项均值较低，得分为3.42，说明授权评价在明确各方的责、权、利，报告信息和结果的使用，评价对象的隐私权等事宜方面有待改进，根据评价等级标准，将其评价为等级c。其次，“评价规划”这项指标的标准差相对较大，得分为0.80，说明参与者对评价依据、评价对象、评价内容、方法和结论等方面认同度不一致。

第二，评价方案包括评价内容和方法、评价过程两个二级指标，具体通过4个三级指标进行解释。其中，对“评价模式的选择”一项，均值较低，得分为3.69，标准差相对较大，得分为0.93，说明参与者对授权评价是否适合自我评价，是否符合评价目标和评价对象的特点，观点不一，认同度不一致。其他3项三级指标的标准差在参与者中没有差异。

第三，评价过程包括评价氛围和时间、评价人员和评价过程的组织和管理，具体共包括8个三级指标。其中对“评价氛围”的评价差异较为显著（0.93），即参与者认为在评价氛围的民主、平等、透明方面还需加强。受访者表示，如果没有领导参加效果会更好，有领导在，教师会觉得有些话不敢说。这说明成员因地位不同而造成了上位和下位心理，这种“位差效应”[①] 易导致信息的“筛选”和“失真”，也会妨碍地位低的成员参与的积极性，进而影响团队创造力以及观点的“百花齐放”。同时，可能存在“伪评价”现象，即部分评价信息可能没有反映真实评价。此外，“评价时间”“评价参与人数”和“评价者的参与度”均值较低，得分分别为3.00、2.85、3.23。被访者表示，4个小时的时间难以对专业建设的所有问题进行剖析，评价参与人数太多（26人），也是影响评价进程的主要因素。

第四，评价结果的有效性包括评价结果的完成、评价结果的利用，具体通过4个三级指标进行内涵解释。参与者对“评价结果的价值”和“评价结果的利用和反馈”的均值较低，得分分别为3.04、3.00，标准差得分较高，分别为0.77、0.85。说明参与者对授权评价所产生的结果能否对下一步的工作改进具有促进作用，没有形成高度认同。分析原因可能是：评价未能提供有效的信息，或由于体制、制度因素等的影响，评价结果很难用于工作改进。

（二）分项达成度和标准分

根据分值等级评价标准，得出三级指标的达成度评定等级，进而可以统计出A1、A2、A3、A4的达成度和标准分。

---

① 管理学上将组织成员间因地位不同而造成的心理隔阂称为“位差效应”。

1. 新疆授权评价 3 的分项达成度和标准分如表 7 – 9 所示。

表 7 – 9　　**授权评价 3 的分项达成度和标准分**

一级指标	总分（分）	达成度	标准分（分）
A1 评价目标的适切性	9	8（68%）– 10 分：达成度较高	75
A2 评价方案的可行性	14	11（68%）– 14 分：达成度较高	88
A3 评价过程的合理性	21	22（68%）– 29 分：达成度较高	84
A4 评价结果的有效性	13	11（68%）– 14 分：达成度较高	81

由表 7 – 9 可见，一级指标“评价目标的适切性”“评价方案的可行性”“评价过程的合理性”“评价结果的有效性”达成度均较高，标准分分别为 75 分、88 分、84 分和 81 分。其中，“评价方案”的可行性得分最高，说明参与者对授权评价的理念、方法和工具、指标的设计等认同度较高。相对而言，评价目标的适切性得分略低。

2. 新疆授权评价 4 的分项达成度和标准分如表 7 – 10 所示。

表 7 – 10　　**授权评价 4 的分项达成度和标准分**

一级指标	总分（分）	达成度	标准分（分）
A1 评价目标的适切性	8	8（68%）– 10 分：达成度较高	67
A2 评价方案的可行性	12	11（68%）– 14 分：达成度较高	75
A3 评价过程的合理性	21	16（50%）– 21 分：达成度一般	66
A4 评价结果的有效性	7	4（25%）– 7 分：达成度较低	63

由表 7 – 10 可见，一级指标“评价目标的适切性”的达成度较高，标准分为 67 分；“评价方案的可行性”的达成度较高，标准分为 75 分；“评价过程的合理性”的达成度一般，标准分为 66 分；“评价结果的有效性”的达成度一般，标准分为 63 分。比较 4 个一级指标得分结果可知，“评价方案”的可行性得分最高，说明参与者对授权评价的理念、方法和工具、指标的设计等认同度较高，但对评价过程和结果的得分略低。为探究后者的成因，研究者访谈了该校一名负责人和一名教师：

被访者1（负责人）：这种评价方法特别好，这样一种民主评价，融合了不同人的不同观点。但是我们这个学校比较特殊，跟内地的学校不太一样，它本身就是维吾尔族老师多，汉族老师少，沟通比较少，很多工作都做不下去，当然语言是一方面，再有就是民族意识的影响。在评价会上，你们也看到了，沟通起来还需要翻译，所以在这个沟通效果上可能会有影响……

被访者2（教师）：我觉得这个评价会很好，我们平时没有开过这样的会，学校领导也不会听取我们的意见，我感觉能有这样一个机会，说一下我们的想法挺好的。我们学校问题比较多，老师们比较关注这些问题该怎么解决，能不能解决，更看中效果，很多时候都是问题提出来了，但是解决不了。

访谈结果表明，参与者认为，评价结果比较客观，其基本观点是：授权评价的理念及方案设计很符合利益相关者的价值需求，但由于语言与文化等特殊原因，实施过程存在困难。另外，参与者的诉求怎样才能得到回应，反映的问题如何能够得到解决，都需要反映在评价结果的利用中，而评价结果的利用需要得到管理者的重视，这已超出了一线教师的权限，因此，对后两项的评价较低。

（三）总达成度

根据分项指标达成度，可统计出新疆授权评价3和授权评价4的总达成度，其计算方法和结果为：

新疆授权评价3：（A1＋A2＋A3＋A4）÷4＝<u>　82　</u>（标准分）

新疆授权评价4：（A1＋A2＋A3＋A4）÷4≈<u>　68　</u>（标准分）

可见，新疆授权评价3的标准分为82分，达成度较高。新疆授权评价4的标准分为68分，达成度一般。

三　广州授权评价的试验效果

（一）描述性统计结果

授权评价5和授权评价6都是对“物联网专业”进行的评价，两场评价会的参与者基本相同（除学生代表外），对两场评价会参与者的问卷结果进行共同统计，其描述性统计结果如表 7－11 所示。

表 7－11　　**授权评价 5 和授权评价 6 的描述性统计结果**

维度	调查对象	最高等级	最低等级	均值	等级	标准差
评价目标	C1 目标界定与表述	4	3	3.88	b	0.35
	C2 评价说明	4	3	3.75	b	0.46
	C3 评价规划	4	3	3.88	b	0.35
评价方案	C4 评价指标设计	4	3	3.50	b	0.53
	C5 评价工具和方法	4	3	3.88	b	0.35
	C6 评价程序设计合理	5	4	4.13	b	0.35
	C7 评价模式选择	5	3	3.88	b	0.64
评价过程	C8 评价氛围	5	4	4.38	b	0.52
	C9 评价时间合理	5	3	3.88	b	0.83
	C10 主持人具备专业评价知识	5	3	4.00	b	0.93
	C11 评价参与者的代表性和资质	5	3	3.75	b	0.71
	C12 评价参与人数	4	3	3.50	b	0.53
	C13 评价过程的组织	5	3	4.00	b	0.53
	C14 评价者的参与度	4	4	4.00	b	0.00
	C15 评价信息	4	3	3.75	b	0.46
评价结果	C16 评价报告的撰写	4	3	3.75	b	0.46
	C17 评价结果的完成	4	3	3.75	b	0.46
	C18 评价结果的价值	4	3	3.63	b	0.52
	C19 评价结果的利用和反馈	4	3	3.75	b	0.46

从评价等级来看，各项指标的评价等级均为 b，均值较高。相比而言，“评价指标设计”与“评价参与人数”均值为最低值（3.50），说明参与者对于“评价指标的内容效度”“评价参与人数”这两项的满意度有待提升。参与者表示，“评价的参与者没有邀请同类院校代表”“会前应花费更多的时间研讨评价指标”。标准差最大的为“评

价主持人具备专业评价知识”（0.93），最高分为5分，最低分为3分。总体而言，广州授权评价效果较好。

（二）分项达成度

根据分值等级评价标准，得出三级指标的达成度评定等级，进而可以统计出A1、A2、A3、A4的达成度和标准分，统计结果如表7-12所示。

表7-12 **授权评价5和授权评价6的分项达成度**

一级指标	总分（分）	达成度	标准分（分）
A1 评价目标的适切性	9	8（68%）-10分：达成度较高	75
A2 评价方案的可行性	12	11（68%）-14分：达成度较高	75
A3 评价过程的合理性	24	22（68%）-29分：达成度较高	75
A4 评价结果的有效性	12	11（68%）-14分：达成度较高	75

4个一级指标“评价目标的适切性”“评价方案的可行性”“评价过程的合理性”和“评价结果的有效性”的达成度较高，标准分均为75分。对此，笔者访谈了相关参与者。

专业教师：我觉得这个结果还是比较符合实际的，我认为评价指标还是需要加以更科学的设计，另外参与者的选择还需要具有更广泛的代表性，比如学生代表这次就比较影响评价效果。

学生代表：我们以前从来没有机会参与老师之间的会议，这种形式让我们感觉学校重视我们，第一次参加，比较紧张。以后希望多开展这样的活动。

（三）总项达成度

根据分项指标达成度，可统计出广州授权评价的总项达成度，结果表明达成度较高，其计算方法和结果为：

（A1+A2+A3+A4）÷4= 75 （标准分）

四　北京授权评价试验的效果

（一）描述性统计结果

北京授权评价 7 的效果调查问卷的统计性描述结果如表 7 – 13 所示。

表 7 – 13　　北京授权评价 7 的描述性统计结果

维度	调查对象	最高等级	最低等级	均值	等级	标准差
评价目标	C1 目标界定与表述	5	4	4.30	b	0.48
	C2 评价说明	5	2	3.60	c	0.97
	C3 评价规划	5	3	4.10	b	0.88
评价方案	C4 评价指标设计	5	4	4.20	b	0.42
	C5 评价工具和方法	5	4	4.50	a	0.53
	C6 评价程序设计合理	5	3	4.40	b	0.70
	C7 评价模式选择	5	3	4.20	b	0.63
评价过程	C8 评价氛围	5	4	4.70	a	0.48
	C9 评价时间合理	5	3	3.80	b	0.92
	C10 主持人具备专业评价知识	5	4	4.70	a	0.48
	C11 评价参与者代表性和资质	5	2	3.60	b	0.84
	C12 评价参与人数	5	3	3.60	b	0.70
	C13 评价过程的组织	5	3	4.30	b	0.82
	C14 评价者的参与度	5	4	4.80	a	0.42
	C15 评价信息	5	4	4.44	b	0.52
评价结果	C16 评价报告撰写	5	3	4.22	b	0.92
	C17 评价结果完成	5	4	4.44	b	0.67
	C18 评价结果价值	5	4	4.33	b	0.48
	C19 评价结果利用和反馈	5	4	4.56	a	0.53

从评价目标来看，北京授权评价 7 的参与者对“评价说明”一项赋值最低，仅为 3.60 分，标准差却最高，分值为 0.97 分，说明参与者认为“在明确各方的责、权、利，报告信息和结果的使用，评价对象的隐私权等事宜”方面，需要说明得更加明确。从“评价方案”来看，4 项三级指标的均值较高，说明参与者对授权评价指标的设计、方法的合理性、程序设计、评价模式、评价氛围和评价时间的安排等认可度较高。从评价过程来看，均值较低的分别为“评价时间合理”“评价参与者代表性和资质”“评价参与人数”，得分分别为 3.80 分、3.60 分、3.60 分，其中标准差最大的是评价时间，分值为 0.92 分。被访的参与者表示：评价时间不够，至少需要一天的时间才行。从“评价结果”的反馈看，4 项三级指标的得分较高，其中“评价报告撰写”标准差相对较大，分值为 0.92，说明评价报告撰写质量亟待提升。

（二）分项达成度

根据分值等级评价标准，得出三级指标的达成度评定等级，进而可以统计出 A1、A2、A3、A4 的达成度和标准分，统计结果如表 7 - 14 所示。

表 7 - 14　　**授权评价 7 的分项达成度**

一级指标	总分（分）	达成度	标准分（分）
A1 评价目标的适切性	8	8（68%）- 10 分：达成度较高	67
A2 评价方案的可行性	13	11（68%）- 14 分：达成度较高	81
A3 评价过程的合理性	21	16（50%）- 21 分：达成度一般	66
A4 评价结果的有效性	13	11（68%）- 14 分：达成度较高	81

“评价目标的适切性”达成度较高，标准分为 67 分；“评价方案的可行性”达成度较高，标准分为 81 分；“评价过程的合理性”达成度一般，标准分为 66 分；“评价结果的有效性”达成度较高，标准分为 81 分。比较而言，“评价目标的适切性”和“评价过程的合理性”的得分较低，对这一结果，笔者访谈了评价参与者：

被访者1：这个结果还是挺客观的，问题最大的应该是评价指标吧，仍需更多的讨论，确定其科学性。

被访者2：我觉得应该在正式评价之前设置一个训练环节，使大家对各项指标内涵的认知达成一致。

被访者3：评价指标的阐述应尽量清晰、明确，我们发现对有的指标大家理解得不一致。

被访者4：评价人员有理论基础知识，但是专业背景不强，代表性不够，比如对教育技术专业，很多人不太懂。

被访者5：评价过程民主、合理，每个人的意见都被考虑了，受益颇多。我觉得主持人在这个过程中是至关重要的。

访谈结果表明，评价指标设计所存在的问题影响了评价效度。问卷结果显示，首先，对于A2中的“评价指标的设计”评分均值较高，为4.2分，研究者对这一结果进行了访谈，参与者表示“可能对授权评价的整体工作还是比较满意的，所以打分挺高的，但是指标这方面确实有问题”。其次，参与者表示应该在评价开始前设置训练环节，让参与者对授权评价的理念和操作流程更加明确，才能更好地推进评价工作。研究结论说明，授权评价的“评价说明”“评价规划”工作需要进一步完善。

（三）总达成度

根据分项指标达成度，可统计出北京授权评价7的总达成度，其计算方法和结果为：

（A1 + A2 + A3 + A4）÷4≈ 74 （标准分）

从总体达成度的统计结果可知，北京授权评价7的标准分为74分，达成度较高。

五　河北授权评价的试验效果

（一）描述性统计结果

河北授权评价8的评价调查问卷的统计性描述结果如表7－15所示。

表 7－15　　　　授权评价 8 的描述性统计结果

维度	调查对象	最高等级	最低等级	均值	等级	标准差
评价目标	C1 目标界定与表述	5	3	3.91	b	0.83
	C2 评价说明	5	3	4.09	b	0.94
	C3 评价规划	5	2	3.64	b	1.36
评价方案	C4 评价指标设计	5	3	4.18	b	0.60
	C5 评价工具和方法	5	4	4.36	b	0.5
	C6 评价程序设计合理	5	3	4.09	b	0.94
	C7 评价模式选择	5	3	4.27	b	0.65
评价过程	C8 评价氛围	5	4	4.55	a	0.52
	C9 评价时间合理	5	3	4.00	b	0.89
	C10 主持人具备专业评价知识	5	4	4.45	b	0.52
	C11 评价参与者的代表性和资质	5	4	4.27	b	0.47
	C12 评价参与人数	5	3	3.64	b	0.67
	C13 评价过程的组织	5	4	4.55	a	0.52
	C14 评价者的参与度	5	3	4.00	b	0.77
	C15 评价信息	5	3	3.55	b	0.69
评价结果	C16 评价报告的撰写	5	4	4.45	b	0.52
	C17 评价结果的完成	5	4	4.27	b	0.47
	C18 评价结果的价值	5	3	3.91	b	0.70
	C19 评价结果的利用和反馈	5	3	3.91	b	0.70

总体来看，授权评价 8 的效果较好，均值较高。相比而言，“评价信息”均值最低为 3.55 分，说明参与者对于“评价信息真实地反映评价对象的实际状况”一项满意度不高，访谈结果表明，这可能与“评价参与者的代表性和资质”以及“评价指标设计”的合理性不足有关。参与者表示，“评价的参与者可以再广泛些，比如在校生代表、同行代表”，“会前应该更加充分地收集准备专业建设的翔实数据供与会人员分析评价”，“专业评价指标体系包含的信息还不完全，如

实训基地建设情况、教材建设情况等评价指标等”。另外，“评价氛围”和“评价过程的组织”均值最高，评价等级为 a，说明授权评价过程中参与者的热情较高，关系和谐，对组织者工作安排的满意度高，这些都极大地提升了授权评价的效果。

标准差最大的为“评价规划”，最高分为 5 分，最低分为 2 分。参与者表示“在评价之前，对评价的理念和过程都不熟悉，没有任何心理准备和工作准备，这也对整个过程有影响”。

（二）分项达成度

根据分值等级评价标准，得出三级指标的达成度评定等级，进而可以统计出 A1、A2、A3、A4 的达成度和标准分。授权评价的分项达成度和标准分详见表 7-16。

表 7-16　**授权评价 8 的分项达成度和标准分**

一级指标	总分（分）	达成度	标准分（分）
A1 评价目标的适切性	9	8（68%）-10 分：达成度较高	75
A2 评价方案的可行性	12	11（68%）-14 分：达成度较高	75
A3 评价过程的合理性	26	22（68%）-29 分：达成度较高	81
A4 评价结果的有效性	12	11（68%）-14 分：达成度较高	75

由表 7-16 可见，4 个一级指标的达成度均较高，其中“评价过程的合理性”的得分最高，为 81 分，即参与者认为“评价氛围、时间”“评价主持人的能力”“参与者的人数”“过程的组织”“参与度”“评价信息”都达到了较高的要求，但参与者的代表性欠佳。其余三项指标的分值相同。

（三）总达成度

根据分项指标的达成度，可统计出河北授权评价 8 的总达成度，其计算方法和结果为：

（A1 + A2 + A3 + A4）÷ 4 ≈ <u>77</u>（标准分）

从总达成度的统计结果可知，河北授权评价 8 的标准分为 77 分，达成度较高。

六　授权评价效果的分析

（一）授权评价的分项达成度

对不同试点的授权评价效果进行分析比较，其分项达成度如图7－2所示。

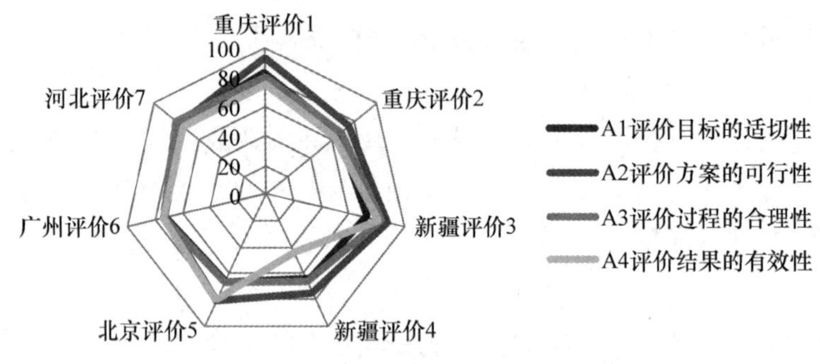

图7－2　各试点授权评价的分项达成度

从图7－2可见，“评价目标的适切性”与“评价过程的合理性”得分几乎没有差异，“评价方案的可行性”标准分最高，“评价结果的有效性”标准分最低，这方面涉及评价结果的有效利用问题，即是否及时、有效地用于工作改进。这一项分值较低，分析可能的原因是，评价结果的运用需要学校层面的组织变革，而组织变革需要结构、资源重组来支持，在我国现有体制下，来自个体和组织的双重压力可能会为评价结果的运用带来一定的困难，主要表现在：

第一，个体层面因素。

人们由于传统的思想和行为反应可能会抵制变革。首先，习惯因素。通常个人依赖于习惯或程序化的行为，在面临组织变革时，需要所有员工改变现有的行为方式和原有心智模式，而他们的惯常反应通常会成为一种阻力来源。其次，经济因素。当报酬和工作量挂钩时，那么工作任务或工作流程的变革可能会引发经济方面的担忧，从而影响工作积极性。最后，安全因素。对具有高度安全感的个体来说，变革会威胁自身的心理安全感。

第二，组织层面因素。

评价结果的运用需要组织从多部门、多方面进行支持，如资源、人员、财物等，来自组织方面的阻力主要有：首先，结构惰性。组织拥有稳定性的内在机制，如工作规程和规章制度等，当需要进行某一方面的改变时，这种结构惰性就会充当反作用力，以维持原有的稳定状态。其次，群体惰性。当某一个体或某些个体想改变自身行为和工作方式时，如果认为其他成员没有尽到应有的职责，就可能会降低自己的努力程度。再次，有限的变革通常会被更大的系统所抵消。如想对某一课程进行改革，通常在单一的系所里是难以完成的，学校大系统的规制很容易抵消子系统（如部门、系所等）的有限变革。最后，对专业知识的威胁。若评价结果没有得到所有人的认可，特别是具有权威知识人的认可，则会为后续工作带来很大困难。

第三，其他因素。

其他影响评价结果有效性的因素，首先，参与者学习力不足。学习力是个人或组织的反思力、接纳力、探究力和生成力。从某种程度上讲，教育改革的过程就是持续学习的过程。据笔者访谈得知，参与者通常认为评价结束，即为完成任务，而对后续的工作改进没有参与动力和学习动力，这与参与者个体的学习愿望有关，也与缺少激励机制有关。其次，群体决策的弊端。授权评价是典型的群体决策模式，群体决策一方面为评价过程提供了多样性信息，但缺点是责任分散且不明确，导致对评价结果的利用无法归因到某个具体成员身上，从而导致对评价结果的利用效果不佳，削弱了总体绩效。

（二）授权评价的总达成度

不同试点授权评价的总达成度如图 7－3 所示。

由图 7－3 可见，按照 Stuffibeam 的元评价检核表的统计方法，河北、广州、北京三所学校的授权评价效果差异不大，标准分分别为 77 分、75 分、74 分，符合“68（68%）－92 分”的范围，达成度较高。总体而言，除新疆授权评价 4 达成效果一般以外，其他学校的授权评价效果较好。

分析授权评价总体效果可知，同一地区的不同学校之间开展授权

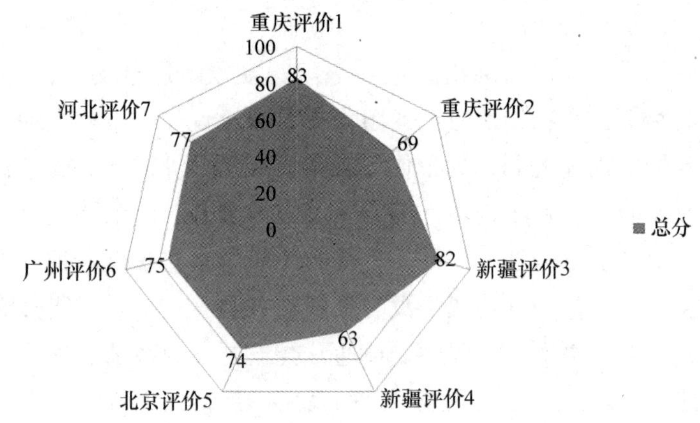

图 7－3　各试点授权评价的总达成度及标准分

评价试验，效果呈现出明显差异，如重庆评价 1 的效果明显优于评价 2，新疆评价 3 的效果明显优于评价 4。从前文研究结论可知，后者的评价时间仅为 4 个小时（前者为 8 个小时），另外，新疆授权评价 4 中的参与者语言问题，也是一个重要的影响因素。

授权评价的总达成度结果说明，同一地区的不同学校同时开展授权评价试验，也会出现不同的效果，不同学校层次之间开展的授权评价试验，未见明显差异，比较不同专业之间开展的授权评价，没有发现共性特征和规律。基于此，研究认为，基于职业院校内部质量保障的授权评价试验，其效果与被评院校所在地区、所评专业、院校类型与层次等关系不大，而与管理者的意识与行为、参与人员比例、参与者资质及个性特征、参与程度、会前准备程度、评价时间、语言、主持人能力、组织结构、决策机制、院校文化等方面的关联很大。任何一个因素的不同，都会使授权评价出现不同的效果。

（三）结论

通过对学校授权评价试验效果的调查，可以得出以下结论：

第一，不同院校之间的评价效果不同，即使在同一地区也是如此。重庆授权评价试验 1 的效果优于重庆授权评价试验 2，新疆评价试验 3 的效果优于新疆评价试验 4。

第二，从具体分项指标看，在 8 个授权评价试验的分项指标中，对“评价方案的可行性”普遍赋值较高，说明参与者认可授权评价的理念及操作规程，但对“评价结果的有效性”评价最低，这一看似矛盾的结果，说明参与者担心受到个体因素、组织因素及其他因素的影响，授权评价会在实际应用中遇到困难，这一方面是我国现阶段民主管理参与度较低的结果，另一方面也需要职业院校建立内部程序化决策制度，以实现自下而上的组织变革，为评价结果能够反馈到工作改进过程提供保障条件。

第三，从总体效果看，重庆、河北、广州、北京和新疆授权评价3的评价效果较好，达成度较高，新疆授权评价4的效果一般。

第四节　影响因素

在组织内外存在着许多影响组织行为模式形成的因素。分析不同地区的授权评价实践，笔者将影响授权评价质量的因素归为三个方面：个体因素、团队因素和组织因素（见图7－4）。

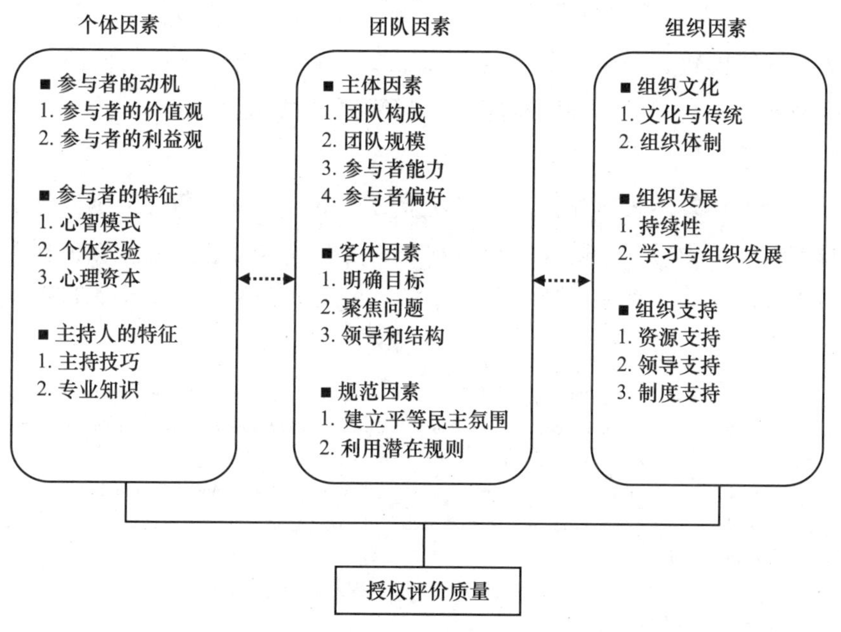

图7－4　影响授权评价质量的因素

一　个体因素

个体层面的影响因素涉及组织成员努力的程度和质量。“个体因素”包含三个范畴：“参与者的动机”“参与者的特征”“主持人特征”。

参与者的工作动机与劳动生活质量密切相关，包括工作意义、工作条件、报酬的公平与合理、人际关系等。诊改需要个体付出较多的时间和精力，直接关系到利益相关者的劳动质量和生活质量。报酬满意度和工作满意度的提高既可以减少怠工，又可以稳定队伍。[①] 在一定条件下，劳动生活质量和员工福利能够节约成本和提高工作效率。[②] 从这一角度而言，个体更感兴趣于有用或“实用”的价值，而不是“备用”或“可获得”的技术和能力。

参与者动机，如教育和培训、工作安排等，对个体行为会产生直接的影响。当相当多的个体都具有这个影响因素时，它们对于组织诊断就非常重要了。

“参与者的心智模式”“个体经验”“心理资本”涉及参与者的习惯、认知模式、工作和生活经验以及参与者的参与态度和自信心等。[③] 这种现象产生了巴尼特所描述的“超级复杂性”。巴尼特认为，态度以及对变化做出回应的能力比知识更重要。[④]

个体和集体之间存在着错综复杂的关系。职员不断被鼓励发展自身的学习能力，对于院校的集体利益具有职业责任感。质量保证作为新管理主义的一部分，涉及每一个组织成员的责任感。这个质量保证

---

① C. Fisher & E. Locke（1992），“The New Look in Job-Satisfaction Research and Theory，” C. Cranny，P. Sith & E. Stone（eds.），*Job Satisfaction：How People Feel about Their Jobs and How if Affects Their Performance*（pp. 165 – 194），New York：Lexington Books.

② H. C. Katz，T. Kochan & M. Weber（1985），“Assessing the Effects of Industrial Relations Systems and Efforts to Improve the Quality of Working Life on Organizational Effectiveness，” *Academy of Management Journal*，28，509 – 526.

③ 吴刚：《工作场所学习与学习变革——基于项目行动学习的理论研究》，学位论文，华东师范大学，2013 年。

④ R. Barnett，*Realizing the University*，Buckingham：SRHE/Open University Press，2000.

以自我监控为基础，并渗透到日常工作中。

“主持人特征”为整个授权评价的进程与效果起到引导、规制作用。主持人需要经验丰富，具备基本的主持能力以及关于评价的相关知识。

二 团队因素

“团队因素”所包含的主体因素与个体因素紧密相关，团队构成、结构对个体、群体和组织的行动结果具有决定性影响。组织发展实践表明，一个具有较大异质性的团队比同质性团队往往更富有创造性，即期待成员拥有不同的社会背景、受教育水平和职业地位，然而，这样的团队凝聚力则可能会较弱，成员的满意度也较低。参与者的专业能力、方法能力和社会能力水平的高低也直接影响着评价的过程和效果，参与者个人偏好是无法规避的因素，通常倾向于集体主义思想，少有个人倾向的参与者更受欢迎。

客体因素与授权评价的内容有关，比如，是否可以明确本次评价的目标，并达成一致意见；是否能够紧密聚焦需要解决的问题，相关领导结构、管理模式等是否与授权评价的要求一致。

规范因素为参与者提供了相应的行为规范。费舍尔认为，规范方法提供了“指引”，这建立在两种假设之上：第一，群体成员始终保持理性；第二，规定的议程或要求有利于产生更好的解决方案。[①] 研究结果支持了以上论断：在会议开始前，对授权评价的规范做出明确说明并被参与者理解和接受时，有利于达成令人满意的效果。

三 组织因素

“许多评价都没能成功地进行或被有效应用，主要是因为它们缺少组织和项目变革的理论支持……”[②] 评价有效性的重要因素之一是

---

① ［美］毕比、马斯特森：《小团队沟通：原则与实践》，陈薇薇译，电子工业出版社2015年版，第314页。

② P. J. Rogers & G. Hough (1995), “Improving the Effectiveness of Evaluations: Making the Link to Organizational Theory,” *Evaluation and Program Planning*, 18 (4): 321 – 332.

组织具有改变外部环境的能力，这种改变能力还受到组织文化、组织发展、组织支持的影响。在一所具有鼓励创新文化的学校中，变革和改进的可能性远远大于一所职工在兴趣和动机上都不积极的学校。

组织文化是影响评价效果的另一因素。“组织文化”（organizational culture）是指由组织成员共享的一套能够将本组织与其他组织区分开来的意义体系①，包括精神层面和物质层面。文化所形成的信念和理想凝聚着人们的关心和努力，直接影响组织成员的认知与行为②，其本质是鼓励员工持续不断地学习。在一个高信任度的组织中，成员不断努力，将会减少具有无效倾向的行为，从而避免潜在重大事故的发现。

资源支持。物质和技术资源是帮助诊断过程完成的重要变量。如果没有适当的物质和技术资源，即使组织成员对各项过程标准都完成得很好，诊改效果也会很低。严格的资源限制和资源短缺将削弱群体完成长期任务的能力。获得有效资源对于组织变革以及努力学习的群体来说尤其重要。

领导支持。一般假设认为，由“合适的人选”来领导或挑选合适的员工，诊断计划或某个部门的工作失误就可以避免。如果有了“理想的”管理者和员工，一个部门的问题仍然存在，这时就需要考虑其根源问题，如制度建设。③

制度支持。管理过程和激励制度等对诊断结果具有重要影响。诊改工作的推进需要组织变革，而组织变革的障碍在于：对那些致力于组织发展与创新的人没有奖励，对于消极对待变革的人也没有惩罚。④这种管理惰性源于官僚制度的守旧，并将引发制度限制下的冲突。⑤

---

① ［美］斯蒂芬、蒂莫西：《组织行为学》，孙建敏、李原、黄小勇译，中国人民大学出版社 2015 年版，第 444 页。

② N. Ashkenasy, C. Widerrom & M. Peterson（eds.）（2000）, *Handbook of Organizational Culture and Climate*, Thousand Oaks, CA: Sage.

③ 迈克尔·I. 哈里森：《组织诊断：方法、模型与过程》，龙筱红、张小山译，重庆大学出版社 2001 年版，第 46 页。

④ 同上书，第 62 页。

⑤ C. Gresov（1989）, Exploring Fit and Misfit with Multiple Contingencies, *Administrative Science Quarterly*, 34: 431 –453.

第八章　现实及挑战

授权评价不是对传统评价范式的否定，二者是互为补充的。两种评价理念和方法，不能说哪种评价更具有科学性，因为研究的目的并非比较评价范式的优劣，而是希望通过某种评价方式能够更好地促进事物的发展。授权评价作为一种职业院校质量诊改的工具，虽然在实践中得到了普遍认可，但若大规模地推动该项工作的顺利进行，必须明确授权评价的自身优势、现实困境、应用条件和未来发展方向。

一　优势

第一，质量诊断的目的旨在帮助组织发现和解决问题，寻找提高学校效能有效性的途径。授权评价作为诊断工具，其优势是理论简洁，普适，可操作性强，可以适用于不同类型的项目评价。在美国，授权评价的应用领域非常广泛，涉及健康、教育、商务、农业、非营利基金会、政府等领域。

第二，帮助建构评价能力。自我评价和内部评价都需要利益相关者提高自我评价能力，而能力的提高需要以掌握评价方法和工具为基础，授权评价在自我决策和自我管理方面做出了贡献。

第三，为不同群体聚集在一起提供平台，使大家为了共同的目标而努力。授权评价过程是民主且包容的，剑桥学院的授权评价实践表明，评价过程是有效的。①

---

① ［美］大卫·M. 菲特曼：《使能性评估原理》，张玉凤译，教育科学出版社 2015 年版，第 129 页。

第四，授权评价基于事实资料为基础来制定决策。实施过程的每一环节都需要资料辅助和证明工作的进展，较大样本的评分矩阵、资料的真实性等保证了评价过程的真实、有效。

第五，授权评价的民主性可以帮助小组成员对某一问题进行反思，实现从自身的经验中学习和从别人的经验中学习，进而促进组织内建立学习型文化。

二　困境

研究发现，授权评价能够有效弥补传统评价范式的不足，它关注教育实践者所提出的问题而不是教育管理部门所关心的问题，有利于院校自身更清晰地意识到自身发展的不足和所面临的挑战。授权评价依赖的是人，人可能是评价最大的资源，也可能是很大的限制。特别是对于合作性要求很高的授权评价来讲，亦是如此。在实践研究中发现，首先，授权小组成员之间的关系、对项目的支持通常是分散的，主要表现在小组成员通常不能保证全程参与评价过程，人员流动性强对评价过程产生了诸多不利影响方面。在一项长期的授权评价过程中，人员流动是最普遍也是最难解决的问题之一。[①] 在评价初期，人员稳定问题需要制度化措施予以解决。其次，不友好不合作的授权小组合作意识较差，会影响评价项目的进行和效果。

授权评价的外部问责作用有限。授权评价对内部问责贡献很大，但是外部问责作用有限。在诊断活动初期，需要外部专家或管理者对学校的授权评价活动进行监督、指导，使其逐步被纳入学校日常管理中。当前，对外部问责的权限不明，导致内部诊断和外部问责难以形成良好的互动机制，也很难将其持续化为评价制度的一部分。

受到我国传统文化的影响，若大规模推广以第四代评价为理念的诊断工具仍有可能会遇到一些困难[②]，究其原因主要是：人们对授权

---

① ［美］大卫·M. 菲特曼：《使能性评估原理》，张玉凤译，教育科学出版社 2015 年版，第 130 页。

② 孙芳芳、赵志群、李红敏：《职业教育专业建设的授权评价研究》，《职教论坛》2016 年第 3 期。

评价理念普遍缺乏认识和了解，这为实证研究的开展带来诸多阻碍；目前职业院校的教师和管理人员缺乏基本的评价知识和实践经验，无法完全满足引入授权评价的要求；受中国的权威文化、自上而下的官本位思想的影响，在实践中建立一个完全民主的评价环境还很困难；授权评价是一个持续、循环往复的过程，而不是一次性工作，与传统的一次性评价相比，其成本费用较高。

三　条件

授权评价的动力源自组织内部的自发行为（emergent behavior），与行政命令目标（official mandates and objectives）式的评价实施条件不同，授权评价需要系统各组成部分的培训与协调，其顺利实施的条件包括如下方面。

1. 转变评价观念

授权评价是在自我决定模式下运行的评价方法，需要项目小组成员遵循包容、民主和自我批评的原则，传统的职业教育质量评价观主要体现为教育产品满足雇主和顾客需要的程度，评价结果还要满足管理者的政治目的。授权评价需要参与者具备主人翁意识，这是我国职业院校一线人员较为欠缺的，如何转变传统评价观念是授权评价实施的重要条件。

2. 解放思想

长期的传统评价范式不仅使内部评价主体缺少评价知识与经验，而且缺少一种现代教育评价范式下的主体意识和解放观念。首先，授权评价理论的目的之一是通过培训相关评价人员，让其掌握评价的理论、方法和技术，在评价实践中不断探索，逐步提高自我评价能力。其次，缺乏以评价促进质量的意识。正如威尔斯所言，当评价被忽视时，失败不是由于评价者的沟通障碍所造成的，而是由于教育者缺乏提高他们日常工作质量的动机造成的。

3. 时间保障

完整的授权评价项目需要2—3天（8小时/日），学校负责人要统筹安排各项工作任务，集中时间完成授权评价工作。同时参与评价工作的小组人员需要全程参与，减少人员变动，而这一要求对于很多学校来说都较难实现，需要制定约束和激励制度予以落实。

4. 引进基于第四代评价范式的诊断方法

学习和了解基于"第四代评价"的基本理念和原则，引进第四代评估范式的诊断方法和技术，并开展相关典型试验，系统地组织相关人员学习国际评估理论和技术。与"诊改"理念相关的工具包括授权评价（Empowerment Evaluation）、学校自我监控与评估法、ERC（Evaluation of Regional Cooperation）、学习任务诊断法（Sevalag）等。相关技术和工具的应用是"诊改"工作的难点和重点，这方面的研究和探索相当薄弱。当前，已有一些研究机构（如北京师范大学）已经采用上述工具对多所职业院校的质量保障活动进行了实践探索。

5. 打破制度性障碍，建立常态化的内部"改进"机制和激励制度，提出建立和完善职业教育质量评价的政策建议，为形成一个民主、开放的评价环境提供政策保障，以推动"诊改"工作的顺利进行。

四　方向

在社会多元化发展的趋势下，授权评价理论及方法论能够满足多元价值需求，是未来职业教育质量内部诊断的有效工具。研究建议从以下几方面深入开展相关工作：

第一，引进多种基于第四代评价理念及相关理论的新型评价工具，开展更大范围的"典型试验"，在评价实践的基础上积累成功经验并加以推广。引导职业院校掌握评价的理论、方法和技术，不断进行自我诊断能力建设，形成民主管理文化，使内部质量诊断工作逐步常态化为学校质量管理的一部分。①

第二，实践研究反映出授权评价存在许多制度性需求，而形成制度性发展需要开发相关的能力建设并得到持续性支持。建议根据所获

① 孙芳芳、李红敏、魏立萍、韩军：《授权评价理论及对职业教育的启示》，《河北科技师范学院学报》（社会科学版）2016 年第 1 期。

得信息的要求做出内部灵活性和创造性的变革，进行组织再造以提升内部治理能力建设。

第三，建立多方共治的治理机制。为使职业教育评价更具合理性，需要针对职业教育主体多元化的格局，推动各主体之间的话语竞争和机制共建。构建以学校为评价主体，由"政、校、企、行"共同参与的质量保障机制，一方面充分赋予学校自我诊断与改进的权利，建立内部质量保障机制并使其常态化；另一方面促使社会及其他各方通过多种途径，积极参与学校的自我诊断活动，关注诊断结果，帮助学校及时发现问题与差距，实现有效调试与改进。① 多方代表可以从不同视角对评价的标准、过程和结果提出建议，使处于制衡机制中的被评价者成为影响评价政策制定的重要力量和真实的评价主体。②

第四，运用诊断研究有计划地干预教育教学情况，使干预机制在关注点、方法论和管理等方面真实地反映现实的需求，使干预结果运用简便、易行并在可控范围内。改进策略的制定需与主流的组织实践和政策保持一致，这样，更容易实践其行动机制。

第五，赋予参与者决策权利。如果能够获知个人提供的信息会被采纳，他们将会提出策略性行动。为提高评价报告（结果）的利用效果，应设法让关键的利益相关者参加，不仅指那些直接影响决策、手中握有重要信息的人，还指那些有权力支持或否定决策方案的人，从而将有效信息注入决策程序，提高决策质量，授权评价要求组织把决策权下放给最接近实际行动的管理者。

第六，建立内部质量评价机制。以专业、课程和教学的质量监控与评价（Monitoring and Evaluation System，M&ES）为评价核心，加强院校内部"相关记录进步"③ 的数据库建设和信息化资源库建设，形

---

① 孙芳芳：《芬兰职业教育质量评估机制研究》，《职教论坛》2016 年第 19 期。

② 孙芳芳、李红敏、魏立萍、韩军：《授权评价理论及对职业教育的启示》，《河北科技师范学院学报》（社会科学版）2016 年第 1 期。

③ 相关记录进步是授权评价的重要工作，相关数据库建设要求记录被评价对象接受评价时的现状，将新的评价与上一时期的现状进行对比，寻找差距，以此判断自身是否进步。换言之，以"自身进步"作为质量评价标准，以发展为导向，强调标准的动态性和不断提高的倾向是授权评价的主要价值取向。"改进"要求提供关于"进步"的描述和对教育的促进作用。

成一个能够随时向管理人员连续反馈机构运行状况的信息，以及尽早发现问题并能保证及时调整的动态机制。在此需要加强对内部人员的基础培训，开展内部评价活动，并将评价工作制度化。

第七，授权评价属于学校内部自我诊断范畴，对内部问责贡献很大。研究表明，如果内部评价结果缺少外部评价的认可，则会降低其可信性和问责度。因此，提高诊断结果的可行性和可接受度，应加强外部评价指导与监督机制，以及内、外部评价对话机制。

参考文献

［俄］米·巴赫金：《巴赫金文论选》，中国社会科学出版社 1992 年版。

［美］埃尔斯特：《协商民主：挑战与反思》，周艳辉译，中央编译出版社 2009 年版。

［美］阿肖克·贾夏帕拉：《知识管理》，安小米等译，中国人民大学出版社 2013 年版。

［美］阿基里斯：《组织学习：理论、方法与实践》，姜文波译，中国人民大学出版社 2011 年版。

［美］彼得·圣吉：《第五项修炼》，张成林译，中信出版社 2009 年版。

［美］毕比、马斯特森：《小团队沟通：原则与实践》，陈薇薇译，电子工业出版社 2015 年版。

北京市职业与成人教育研究所：《北京市职业院校建筑类专业教师培训基地 ERC 评价会总结报告》，2008 年。

陈向明：《质的研究方法与社会科学研究》，教育科学出版社 2000 年版。

陈向明：《教育质性研究概念框架的本土探索》，《教育学术月刊》2014 年第 4 期。

陈向明：《在参与中学习与行动——参与式方法培训指南》（上册），教育科学出版社 2003 年版。

陈宇：《职场能力是检验职业教育质量的主要标准》，《中国教育报》2010 年 12 月 14 日第 3 版。

陈英杰：《中国高等职业教育发展史研究》，中州古籍出版社 2007

年版。

［美］戴维·乔纳森：《学会用技术解决问题——一个建构主义者的视角》，任友群译，教育科学出版社 2007 年版。

［德］迪尔克斯等：《组织学习与创新》，张新华译，上海人民出版社 2001 年版。

董奇：《心理与教育研究方法》，北京师范大学出版社 2008 年版。

［美］弗里曼：《战略管理——利益相关者方法》，王彦华、梁豪译，上海译文出版社 2006 年版。

［美］菲特曼：《使能性评价原理》，张玉凤译，教育科学出版社 2015 年版。

高文、徐斌艳、吴刚：《建构主义教育研究》，教育科学出版社 2008 年版。

［美］古贝、林肯：《第四代评价》，秦霖等译，中国人民大学出版社 2008 年版。

［美］格林伯格、巴伦：《组织行为学》，范庭卫等译，江苏教育出版社 2005 年版。

［美］格莱勒斯、亚当斯：《高效小团体沟通：理论与实践》，刘海虹、任晓涛、黄琳译，复旦大学出版社 2013 年版。

上海市教育评估院组织编写：《高职院校教育评估指标研究》，高等教育出版社 2014 年版。

豪斯：《作为评价基础的假设》，陈玉琨、赵永年选编：《教育学文集·教育评价》，人民教育出版社 1989 年版。

［瑞典］胡森：《教育评价》，张莉莉译，西南师范大学出版社 2011 年版。

金娣、王刚：《教育评价与测量》，教育科学出版社 2001 年版。

姜道奎：《团队知识共享机制研究》，经济科学出版社 2015 年版。

［美］奎克、尼尔森：《组织行为学：现实与挑战》，刘新智、闫一晨、邱光华译，清华大学出版社 2013 年版。

［美］肯纳、林德、陶蒂：《结构化研讨——参与式决策操作手册》，闾永俊、王洪君译，电子工业出版社 2016 年版。

［英］卡纳尔：《组织变革管理》，皇甫刚译，中国人民大学出版社2015年版。

［德］赖因哈德·施托克曼、沃尔夫冈·梅耶：《评价学》，唐以志译，人民出版社2012年版。

［德］劳耐尔：《国际职业教育科学研究手册》，赵志群等译，北京师范大学出版集团2014年版。

［法］利科尔：《解释学与人文社会科学》，陶远华、袁耀东等译，河北人民出版社1987年版。

［英］罗伯特·路易斯·弗勒地：《反思第五项修炼》，赵恒译，中信出版社2004年版。

［美］马奎特：《行动学习实务操作：设计、实施与评估》，郝君帅、唐长军、曹慧青译，中国人民大学出版社2013年版。

［美］罗宾斯、贾奇：《组织行为学》，孙健敏、李原、黄小勇译，中国人民大学出版社2015年版。

［美］乔安妮·马丁：《组织文化》，沈国华译，上海财经大学出版社2005年版。

荣长海、高文杰、赵丽敏：《教育公共治理视阈下的高职教育评估问题》，《天津师范大学学报》（社会科学版）2015年第6期。

A. Strauss & J. Coxbin：《质性研究入门：扎根理论研究方法》，吴芝仪、廖梅花译，涛石文化出版社2003年版。

［美］斯特弗、盖尔：《教育中的建构主义》，高文、徐斌燕、程可拉译，华东师范大学出版社2002年版。

沈玉顺主编：《现代教育评价》，华东师范大学出版社2006年版。

［美］萨丽斯：《全面质量教育》，何瑞薇译，华东师范大学出版社2005年版。

［美］斯塔弗尔比姆等：《评价模型》，苏锦丽等译，北京大学出版社2007年版。

［美］斯蒂芬、蒂莫西：《组织行为学》，孙建敏、李原、黄小勇译，中国人民大学出版社2015年版。

［美］唐纳德·舍恩：《反映的实践者——专业工作者如何在行动中

思考》，夏林清译，教育科学出版社 2007 年版。

［美］泰勒、布莱恩、古德里奇：《社会评估：理论、过程与技术》，葛道顺译，重庆大学出版社 2009 年版。

吴刚：《工作场所学习与学习变革——基于项目行动学习（PBAL）的理论研究》，中国人民大学出版社 2014 年版。

王怀明：《组织行为学：理论与应用》，清华大学出版社 2014 年版。

［美］西蒙：《管理行为》，杨烁译，北京经济学院出版社 1988 年版。

杨应崧：《在 2009 年高职院校评估工作会议上的发言》，http：//www. docin. com/ p－54628067html. 2009－08－19。

杨瑞龙、周业安：《企业的利益相关者理论及其应用》，经济科学出版社 2011 年版。

［美］约翰·克雷斯威尔：《研究设计与写作指导：定性、定量与混合研究的路径》，崔延强译，重庆大学出版社 2007 年版。

［美］伊万切维奇、康诺帕斯基、马特森：《组织行为与管理》，邵冲、苏曼等译，机械工业出版社 2006 年版。

于璪、宋凤宁、宋书文：《教育组织行为学》，北京师范大学出版集团 2009 年版。

张维迎：《大学的逻辑》，北京大学出版社 2004 年版。

张建伟、孙燕青：《建构性学习——学习科学的整合性探索》，上海教育出版社 2005 年版。

赵德成：《学校评估：理论、政策与实践》，华东师范大学出版社 2015 年版。

赵志群：《职业教育工学结合一体化课程开发指南》，清华大学出版社 2009 年版。

赵志群：《职业与培训学习新概念》，科学出版社 2003 年版。

赵升奎：《沟通学思想引论》，上海三联书店 2005 年版。

汝信主编：《社会科学新辞典》，重庆出版社 1988 年版。

张芬芬、卢晖临：《质性资料的分析：方法与实践》，重庆大学出版社 2008 年版。

陈俊兰：《职业教育现代学徒制研究——合理性、现实性与合法性》，学位论文，北京师范大学，2013 年。

卢晶：《专业认证制度的治理模式研究》，学位论文，天津大学，2008 年。

姜道奎：《团队知识共享机制研究》，学位论文，山东大学，2015 年。

任举：《中等职业学校教师培训质量评价指标体系研究》，学位论文，西北农林科技大学，2010 年。

吴刚：《工作场所学习与学习变革——基于项目行动学习（PBAL）的理论研究》，学位论文，华东师范大学，2013 年。

［英］艾斯特：《第三代协商民主》（上），蒋林、李新星译，《国外理论动态》2011 年第 3 期。

曹堂哲、张仁君、孙智慧：《公共管理评价研究的缘起、范式和议题》，《广东行政学院学报》2013 年第 2 期。

常燕燕：《国防特色高校科技创新中的知识管理研究》，《合作经济与管理》2014 年第 17 期。

陈玉琨：《学术思想研究课题组：追踪前沿 立足实践 创新理论——陈玉琨学术思想发展轨迹研究》，《国家教育行政学院学报》2005 年第 11 期。

陈琦、张建伟：《建构主义学习观要义评析》，《华东师范大学学报》（教育科学版）1998 年第 1 期。

陈翠容、赵飒：《高校多媒体教学中存在的问题与对策——基于调查访谈法的分析》，《黑龙江高教研究》2013 年第 5 期。

程兰芳、周丽丽、马肖肖：《高等教育质量的评价模型研究》，《统计与决策》2016 年第 10 期。

董青梅：《语言沟通抑或语言权利？——当哈贝马斯相遇布迪厄》，《平顶山学院学报》2013 年第 3 期。

韩奇生：《高等职业教育质量保障体系建设述评》，《高教探索》2012 年第 4 期。

黄彦芳：《授权评价法在职业院校质量管理中的运用》，《教育与职业》2009 年第 31 期。

金新：《建构主义理论的方法论探析》，《党政干部学刊》2011 年第

2 期。

姜大源：《(德国) 联邦职业教育法》，刘立新译，《中国职业技术教育》2005 年第 11 期。

蒋伟：《高校本科教学评价暗藏造假行为，引发存废之争》，《法制周报》，http：//www. admaimai. com/newspaper/detail10 _ 1471. htm，2008 - 02 - 16。

景涛、陈丹、李惠先：《基于体系化授权思想的授权管理理论架构整合性创新》，《社会科学家》2009 年第 4 期。

李洁言：《30% 的高职高专院校评价为优秀》，《中国青年报》2007 年 5 月 23 日。

李素敏、纪德奎、成莉霞：《知识的意义建构与基本条件》，《课程·教材·教法》2015 年第 3 期。

李子建、宋萑：《建构主义：理论的反思》，《全球教育展望》2007 年第 4 期。

刘德宇、白洁：《大学利益相关者与高校课程管理制度创新》，《河北科技大学学报》(社会科学版) 2014 年第 3 期。

刘志军：《关于教育评价方法论的思考》，《教育研究》1997 年第 11 期。

柳俊、王求真、陈珲：《基于内容能分析法的电子商务模式定义研究》，《浙江大学学报》2010 年第 5 期。

骆玲：《西方社会学研究方法论的评价及应用》，《社会科学研究》2005 年第 3 期。

卢立涛：《走向对话：促进学校内外部评价的互动与合作》，《宁波大学学报》(教育科学版) 2008 年第 4 期。

罗华玲：《西方主要教育评价模式之新解》，《昆明学院学报》2011 年第 1 期。

牟宜武：《国外意义协商研究三十年评述》，《西华师范大学学报》(哲学社会科学版) 2010 年第 6 期。

戚业国：《高校内部本科教学质量保障体系建设的理论框架》，《江苏高教》2009 年第 2 期。

戚业国、匡瑛：《教育价值的多元与教育评价范式的转变》，《华东师范大学学报》（教育科学版）2011 年第 2 期。

瞿卫华：《培育智慧型读者：阅读教学的应然追求》，《江苏教育》2011 年第 1 期。

秦海敏：《从赋能授权理论谈内部控制》，《商场现代化》2006 年第 8 期。

《完善高职高专教育教学质量监控与评价体系的思考与建议》，《中国高等教育评价》2003 年第 4 期。

史枫：《授权评价在北京职业院校质量发展评价中的运用与影响》，《北京工业职业技术学院学报》2013 年第 1 期。

孙芳芳、赵志群、李红敏：《职业教育专业建设的授权评价研究》，《职教论坛》2016 年第 3 期。

孙芳芳：《职业教育课程质量评价的实证研究——基于赋能评价法》，《中国职业技术教育》2016 年第 5 期。

孙芳芳、李红敏、魏立萍、韩军：《授权评价理论及对职业教育的启示》，《河北科技师范学院学报》（社会科学版）2016 年第 1 期。

孙芳芳：《芬兰职业教育质量评估机制研究》，《职教论坛》2016 年第 7 期。

孙正聿：《理论及其与实践的辩证关系》，《光明日报》2009 年第 24 期。

沈玉顺、卢建萍：《制定教育评价标准的若干方法分析》，《高等师范教育研究》2000 年第 2 期。

巫兴宏、鲍静：《中职学习任务参与式评价的实践》，《中国职业技术教育》2012 年第 8 期。

王景英、梁红梅：《后现代主义对教育评估研究的启示》，《东北师大学报》（哲学社会科学版）2002 年第 5 期。

王迎、魏顺平：《教育政策文本分析研究》，《现代远距离教育》2012 年第 2 期。

王玉洁、李文伟：《工学结合一体化课程改革的探索与实践——以“机械设计基础”课程为例》，《北京教育（高教）》2013 年第

11 期。
王保中：《试论建构主义学习观》，《现代教育科学》2005 年第 3 期。
王谷仙：《五年制师范〈生物学〉教学中应用参与式教学的理论与实践研究》，学位论文，云南师范大学，2006 年。
吴霓：《ISO9000 族质量认证体系应用于学校教育管理的探讨》，《职教论坛》2002 年第 5 期。
邢天才：《试论高等职业教育质量评价体系和标准的构建》，《评价与管理》2006 年第 4 期。
辛涛、李雪燕：《教育评价理论与实践的新进展》，《清华大学教育研究》2005 年第 6 期。
闫志利、杜风伟：《中职教育质量概念的内涵、外延与主要特征》，《河北科技师范学院学报》（社会科学版）2014 年第 1 期。
杨彩霞：《高校内部教学质量保障体系评析——教育部评价中心教学质量保障体系研讨会启示》，《中国高等教育评价》2009 年第 4 期。
张会杰：《美国赋权性评价理论探析及其启示》，《黑龙江高教研究》2012 年第 12 期。
张晓鹏：《国际高等教育评价模式的演进及我们的选择》，《中国大学教学》2009 年第 3 期。
张应强：《中国教育研究的范式和范式转换——兼论教育研究的文化学范式》，《教育研究》2010 年第 10 期。
张其志：《西方教育评价发展的心理学基础》，《教育评论》2010 年第 1 期。
赵志群、何兴国、沈军、张志新：《产出导向的职业教育质量监控》，《中国职业技术教育》2015 年第 9 期。
赵志群：《关于职业教育的科学研究与研究方法》（二），《职教论坛》2010 年第 6 期。
赵志群：《课程的质量监控与评价体系（M&ES）》，《职教论坛》2008 年第 24 期。
赵志群、何兴国、沈军、张志新：《产出导向的职业教育质量监控——职业院校的职业能力测评案例》，《中国职业技术教育》

2015 年第 9 期。

周俊：《基于质量提升的职业院校教学工作诊断与改进研究》，《中国职业技术教育》2015 年第 26 期。

周忠学：《互动交融教学法探析》，《教学研究》2012 年第 6 期。

朱方伟：《企业组织学习的障碍分析》，《大连理工大学学报》（社会科学版）2004 年第 3 期。

《国务院关于加快发展现代职业教育的决定》，http：//jycg. nvq. net. cn/htm/8541/191224. html，2015 －05 －19。

教育部：《职业教育专题评估报告有关情况介绍》，http：//106. 37. 166. 229/zgzcw/gndt/201512/9f8475cbbcd54030917e43f12fae3b66. shtml. 2015 －12 －03。

《教育部关于全面提高高等教育质量的若干意见》，http：//www. gov. cn/zwgk/2012 －04/20/cotent_2118168. htm. ，2012 －04 －20。

教育部：《关于深入推进教育管办评分离 促进政府职能转变的若干意见》，http：//www. jyb. cn/info/jyzck/201505/t20150508 _ 621609. html，2015 －05 －04。

《教育部办公厅关于建立职业院校教学工作诊断与改进制度的通知》，http：//www. moe. edu. cn /srcsite/A07/moe _ 737/s3876/201507/t20150707_192813. html. ，2015 －06 －24。

教育部职成司：《关于印发〈高等职业院校内部质量保证体系诊断与改进指导方案（试行）〉启动相关工作的通知》，http：//www. moe. edu. cn/s78/A07/A07 _ gggs/A07 _ sjhj/201512/t20151230 _ 226483. html，2015 －12 －30。

《适宜礼仪学科的“参与式培训方法》，http：//blog. sina. com. cn/s/blog_6728f5540102dy6g. html，2012 －02 －24。

Argyris, C. , & Schon D. Organizational Learning: A Theory of Action Perspective. Menlo Park: Addison-Wesley, Reading, 1978.

Arnold, J. L. “International Evaluation: Building Organizations from Within.” *Applied Social Research Methods*. Series Volume 24, 1991.

AAHE. Principles of Good Practice for Assessing Student Learning. Assessment Forum Learning through Assessment: a Resource Guide for Higher. Washinton DC: AAHE, 1997: 36.

Bryk, A. (ed). *Stakeholder-based Evaluation* (New Direction for Programe Evaluation, Vol. 17). San Francisco: Josssey-Bass. 1983.

Bernstein, R. J. *Praxis and Action: Contemporary Philosophies of Human Activity*. Philadelphia: University of Pennsylvania Press, 1971.

Beckhard, R. *Organization Development: Strategies and Models*. Reading, MA: Addison-Wesley. 1969.

Boyatzis, R. E. *Transforming Qualitative Information: Thematic Analysis and Code Development*. London: Sagel. Publications Ltd. 1998.

Cousins, J. B., & Earl, L. M (eds.). *Participatory Evaluation in Education: Studies in Evaluation Use and Organizational Learning*. London: Falmer, 1995.

Cronbach, L. J. *Designing Evaluation of Educational and Social Programs*. San Francisco: Jossey-Bass, 1982: 138.

Cronbach, L. J. *Toward Reform of Program Evaluation*. San Francisco: Jossey-Bass. 1980.

CEDEFOP. *Ensuring the Quality of Certification in Vocational Education and Training*. Luxembourg: Publications Office of the European Union. 2015: 58.

Cedefop. *Handbook for VET Providers: Supporting Internal Quality Management and Quality Culture*. Luxembourg: Publications Office of the European Union, Cedefop Reference Series 99, 2015. 97.

Deitmer, L. *Management Regionaler Innovationsnetzwerke*. Baden-Baden: Nomos. 2004.

Dewey, J. *Reconstructions in Philosophy*. Boston: Beacon Press, 1960.

Fetterman, D. M. *Foundations of Empowerment Evaluation*. Thousand Oaks, CA: Sage, 2001: 147.

Fetterman, D. M., & Wandersman, A. *Empowerment Evaluation Principles in Practice*. New York, The Guilford Press, 2005.

Grubb, W. N. & Ryan, P. *The Role of Evaluation for Vocational Education and Training*. International Labour Organization. 1999. 85.

Guba, E. G. & Lincon, Y. S. *Effective Evaluation*. Jossey Bass, San Francisco, California. 1981.

Glaser, B. & Strauss, A. *The Discovery of Ground Theory: Strategies for Qualitative Research*. Chicago: Aldine, 1967: 80.

Huse, E., & Cummings, T. *Organization Development*. St. Paul, MN: West. 1985.

Harrison, M. I. *Diagnosing Organizations*. Beverly Hills, CA: Sage. 1987.

House, E. R., & Howe, K. R. *Values in Education and Social Research*. Newbury Park, CA: Sage. 1999.

Jennifer, G. H., & Clifton F. Conrad. *Emblems of Utility in Higher Education Developing and Sustaining High-quality Programs*. Allyn and Bacon Washington: MA, 1997: 37.

Krueger, R. A. & Casey, M. A. *Focurs Groups: A Practical Guilde for Applied Research*. Thousand Oaks, CA: Sage, Publications 2000.

Lawler, E., Nadler, D., & Cammann, C. (eds.). *Organizational Assessment*. New York: John Wiley. 1980.

Levinson, H. *Organizational Diagnosis*. Cambridge, MA: Harvard University Press, 1972.

Lewin, K. A. *Dynamic Theory of Personality*. New York, USA: McGraw-Hill. 1935.

Lincon, Y. S. & Guba, E. G. *Naturalistic Inquiry*. Sage, Newbury Park, California. 1985.

Minelli, Mauro/Walliser, Felix. *Mitarbeiterorientiertes Qualitätsmanagement in einer Schweizer Schule*. Ergebnisse und Erfahrungen (Unveröff-entl. Lizentiatsarbeit). Bern: Universität. 1997.

MacDonald, B. *Evaluation and the Control of Education*. Norwich, England: Centre for Applied R esearch in Education, 1974.

Mintzberg, H. J. *Mintzberg on Management: Inside Our Strange World of Organizations*. New York: Free Press. 1989.

O'Sullivan, R. *Practicing Evaluation: A Collaborative Approach*. Thousand Oaks, CA: Sage. 2004.

Patton, M. Q. *Utilization-focused Evaluation*. Sage, Newbury Park. California. 1986.

Phillips, D. C., & Burlules, N. C. *Postpositivism and Educational Research*. Lanham, MD: Rowan Littlefield. 2000.

Rogers, J. *Adults Learning*. Milton Keynss, UK: Open University Press. 1989.

Shull, F. A., Delbecq, L., & Cummings, L. L. *Organizational Decision Making*. New York: McGraw Hill. 1970.

Scriven, M. *Evaluation Thesaurus*. Newbury Park, CA: Sage. 1991.

Scriven, M. "Truth and Objectivity in Evaluation." E. Chelimsky, W. Shadish (eds.), *Evaluation for the 21st Century: A Handbook*. Thousand Oaks, CA: Sage. 1997, 477-500.

Simon, H. The New Science of Management Decisions. England Cliffs, NJ: Prentice-Hall. 1977.

Tax, S. *The Fox Project*. Human Organization, 1958, 17 (1): 17-19.

World Bank. *Education Sector Strategies*. World Bank, Washington D. C. 1999.

Weiss, C. *Evaluation Action Programs: Readings in Social Action and Education*. Needham Heights, Mass: Allyn and Bacon, 1972: 59.

Wilson, T. A. *Reaching for Better Standards*. New York: Teachers College Press. 1996.

Whitmore, E. *Understanding and Practicing Participatory Evaluation*. Jossey-Bass Publishers, San Francisco, 1998, 43-46.

Alkin, M., & Christie, C. "An Evaluation Theory Tree." M. Alkin (ed.), *Evaluation Roots: Tracing Theorists' Views and Influences*. Thousand Oaks, CA: Sage. 2004.

Cohen, D. K. "Evaluation and Reform." A. Bryk (ed.). *Stakeholder Based Evaluation*. San Francisco: Jossey-Bass. 1983. 73 – 81.

Clifford, D. L., & Sherman, P. "Internal Evaluation: Integrating Program Evaluation and Management." A. J. Love (ed.). *Developing Effective Internal Evaluation*. San Francisco: Jossey-Bass. 1983. 23 – 45.

Cook, T. D. "Postpositivist Critical Multiplism." Shotland, L. & Mark, M. *Social Science and Social Policy*. Sage, Beverly Hills, California. 1985. 38, 30, 57 – 58.

Cohen, D. K. "Evaluation and Reform." A. Bryk (ed.). *Stakeholder Based Evaluation*. San Francisco: Jossey-Bass. 1983. 73 – 81.

Darling-Hammond, L. "Teacher Professionalism." MC. Alkin (ed.), *Encyclopedia of Educational Research*. New York: Macmillan. 1992. 1359 – 1366.

Deutsch, M. "Cooperation and Trust: Some Theoretical Notes." M. Jones (ed.), *Nebraska Symosium on Motivation*. Lincoln, NE, Universtiy of Nebraska Press. 1962.

Fetterman, D. M. "Ethnography and Policy: Translating Knowledge into Action." D. M. Fetterman (ed.). *Speaking the Language of Power: Communication, Collaboration, and Advocacy*. London: Falmer. 1993b. 170 – 171.

Fetterman, D. M. "Empowerment Evaluation: An Introduction to Theory and Practice." D. M. Fetterman, S. Kaftarian, and A. Wandersman (eds.). *Empowerment Evaluation: Knowledge and Tools for Self-Assessment and Accountability*. Thousand Oaks, CA: Sage. 1996, 14 – 13.

Fetterman, D. M. "Empowerment Evaluation and Accreditation in Higher Education." E. Chelimsky and W. Shadish (eds.). *Evaluation for the 21st Century: A Aandbook*. Thousand Oaks, CA: Sage. 1998: 381 – 395.

Gonon, P. "Participative Quality Assurance." F. Rauner & R. Maclean (eds.). *Handbook of Technical and Vocational Educational Education and Traning Research*. Dordrecht: Springer, 2008.

Heidegger, G. "Evaluation Research." F. Rauner & R. Maclean. *Handbook of Technical and Vocational Education and Training Reasch*. Springer, 2008: 825 – 833.

Kidder, L. H. & Fine, M. "Qualitative and Quantitative Methods: When Stories Converge." M. M. Mark & R. L. Shotland (eds.). *Multiple Methods in Program Evaluation: New Directions in Program Evaluation*. San Francisco: Jossey-Bass, 1987.

Kurz, S. "Output Orientation as Aspect of Quality Assuruance." Rauner, F. & Maclaen, R. eds. *Handbook of TVET Research*. Dordrecht: Springer, 2008.

Lau, L. "Educational Production Functions." *Economic Dimensions of Education*. Washington, DC: National Academy of Education. 1979. 33 – 69.

MacDonald, B. "A Political Classification of Evaluation Studies." D. Hamilton, D. Jenkins, C. King, B. MacDonald, & M. Parlett (eds.). *Beyond the Numbers Game: A Reader in Educational Evaluation*. London: Macmillan. 1977, 360.

Mark, M. "Toward an Agenda for Research on Evaluation." V. Caracelli, H. Preskill (eds.). *The Expanding Scope of Evaluation Use*. New Directions for Evaluation, 2000 (88): 5 – 24.

Parlett, M., Hamilton, D. "Evaluation as Illumination: A New Approach to the Study of Innovative Programs." G. V. Glass (ed.). *Evaluation Studies Review Annual*. California: Beverly Hills, Calif, 1976.

Parlett, M., Hamilton, D. "Evaluation as Illumination: A New Approach to the Study of Innovatory Programmes." D. Hamilton (ed.). *Beyond the Numbers Game*. London: Macmillan. 1976, 6 – 22.

Richie, J. & Spencer, L. "Qalitativedata Analysis for Applied Policy Research." A. Bryman and R. G. Burgess. *Analysing Qualitative Data*. Editors. London: Routledge. 1994. 173.

Stufflebeam, D. L. "The CIPP Model for Program Evaluation." Madaus, G. F., Scriven, M. S. Stufflebeam, D. L. (Hg.), *Evaluation Models: Viewpoints on Educational and Human Services Evaluation.* Boston: Kluwer: Nijhoff, S. 1983: 117 – 141.

Scriven, M. "The Methodology of Evaluation." In Stake, R. E. (Hg.). *Curriculum Evalution.* Chicago: Rand McNally. 1967.

Scriven, M. "The Methodology of Evaluation." Tyler, R. W., Gagne, R. M. (eds.). *Perspectives on Curriculum Evaluation.* Chicago: Rand McNally. 1967. 39 – 83.

Stake, R. E. "Program Evaluation, Particularly Responsive Evaluation." Madaus, G. F, Scriven, M. S, Stufflebeam, D. L (eds.). *Evaluation Models.* Kluwer-Nijhoff. Boston, Massuchusetts. 1973.

Scriven, M. S. "An Introduction to Meta-Evaluation." P. A. Taylor, & D. M. Cowley (eds.). *Readings in Curriculum Evaluation.* Chicago: University of Chicago. 1972, 84 – 86.

Striven, M. "The Methodology of Evaluation." R. E. Stake (ed.). *AERA Monograph Series on Curriculum Evaluation*, No. 1. Chicago: Rand McNally. 1967.

Striven, M. "The Logic of Evaluation and Evaluation Practice." D. M. Founier (ed.). *Reasoning in Evaluation: Inferential Links and Leaps* (New Directions for Program Evaluation, No. 68). San Francisco: Jossey-Bass. 1995.

Tyler, R. W. "Evaluation: A Challenge to Progressive Education." *Educational Research Bulletin.* Bd. 14, S. 1935. 9 – 16.

Weiss, C. "The Stakeholder Approach to Evaluation: Origins and Promise." A. Bryk (ed.). *Stakeholder-Based Evaluation.* San Francisco: Jossey-Bass. 1983. 3 – 14.

Weiss, C. "Toward the Future of Stakeholder Approaches in Evaluation." A. Bryk (ed.). *Stakeholder-Based Evaluation.* San Francisco: Jossey-

Bass. 1983. 83 –96.

Wholey, J. S. "Evaluability Assessment: Developing Program Theory." L. Bickman (ed.). *Using Program Theory in Evaluation.* New Directions in Program Evaluation San Francisco: Jossey-Bass. 1987, (33): 59.

Cousins, J. B., Donohue, J. J., & Bloom, G. A. "Collaborative Evaluation in North American: Evaluator' Self-Reported Opinions, Practices and Consequences." *Evaluation Practice*, 1996, 17 (3), 207 –226.

Cangelosi, V. E., & Dill, W. R. "Organizational Learning: Observations to Wards a Theory." *Administrative Science Quarterly*, 1972, 17: 1 –25.

Christie, C. "What Guides Evaluation? A Study of How Evaluation Practice Maps onto Evaluation Theory." *New Directions for Evaluation*, 2003 (97), 7 –35.

Cousins, J. B., & Earl, L. M. "The Case for Participatory Evaluation." *Educational Evaluation and Policy Analysis*, 1992, 14 (4), 397 –418.

Cronbach, L. J. "Course Improvement through Evaluation." *Teachers College Record.* 1963, 64, 672 –83.

Deutsch, M. "An Experimental Study of the Effects of Cooperation and Competition Upon Group Processes." *Human Relations*, 1949, 2: 199 –232.

Eisner, E. W. "Educational Connoisseurship and Criticism: Their Form and Function in Educational Evaluation." *J. Aesthetic Educ.* 1976, 10 (3 –4): 135 –150.

Fetterman, D. M. "Theme for the 1993 Annual Meeting: Empowerment Evaluation." *Evaluation Practice*, 1993, 14 (1), 115 –117.

Fetterman, D. M. "Steps of Empowerment Evaluation: From California to Cape Town." *Evaluation and Program Planning*, 1994, 17 (3): 305 –313.

Fetterman, D. M. "Response to D. Stufflebeam, Empowerment Evaluation, Objectivist Evaluation, and Evaluation Standards: Where the Future of Evaluation Should Not Go and Where It Needs to Go. " *Evaluation Practice*, 1995, 16 (2), 179 - 199.

Fetterman, D. M., & Wandersman, A. "Empowerment Evaluation: Yesterday, Today and Tomorrow." *American Journal of Evaluation*, 2007, 28 (2): 179 - 198.

Fetterman, D. M., Dennifer, J. & Gesundheit, N. "Empowerment Evaluation: A Collaborative Approach to Evaluating and Transforming a Medical School Curriculum." *Evaluating Curricula*, 2010 (5): 813 - 819.

Greene, J. C. "Qualitative Evaluation and Scientific Citizenship: Reflections and Refractions." *Evaluation*, 1996 (2): 277 - 289.

House, E. R. "Assumptions Underlying Evaluation Models." *Researcher*. 1978, 7 (3): 4 - 12.

House, E. R. "The Issue of Advocacy in Evaluation." *American Journal of Evaluation*. 1998, 19 (2), 233 - 236.

Krech, D. "Action and Research—A Challenge." *Journal of Social Issues*, 1946, 2 (4), 1 - 79.

Lane, P, J., & Lubatkin, M. "Relative Absorptive Capacity and Interorganizational Learning." *Strategic Management Journal*, 1998 (19): 461 - 477.

Nevo, D. "School Evaluation: Internal or External?" *Studies in Educational Evaluation*. 2001 (27): 95 - 106.

Nonaka. "The Knowledge-Creating Company." *Harvard Business Review*, 69 (November-December), 1991. 94 - 104.

Patton, P. Q. "Empowerment Evaluation: Knowledge and Tools for Self Assessment, Evaluation Capacity Building, and Accountability." *Evaluation and Program Planning*, 2015 (52): 15 - 18.

Patton, M. Q. "Toward Distinguishing Empowerment Evaluation and Placing It in a Larger Context." *Evaluation Practice*. 1997: 18 (2): 147 - 163.

Papineau, D., & Kiely, M. C. "Participatory Evaluation: Empowering Stakeholders in a Community Economic Development Organization."

Community Psychologist, 1994, 27 (2), 56 - 57.

Rogers, P. J. & Hough, G. "Improving the Effectiveness of Evaluations: Making the Link to Organizational Theory." *Evaluation and Program Planning*, 1995, 18 (4), 321 - 332.

Rappaport, J. "Terms of Empowerment Exemplars of Prevention: Toward a Theory for Community Psychology." *American Journal of Community Psychology*, 1987, 15 (2): 121 - 148.

Stufflebeam, D. "The Meta Evaluation Imperative." *American Journal of Evaluation*, 2001 (22): 183 - 209.

Sewart, D., Laurae, G., & Michael, S. "Strategies for Managing Evaluation Anxiety: Toward a Psychology of Program Evaluation." *American Journal of Evaluation*, 2002 (23): 264.

Shulock, N. "The Paradox of Policy Analysis: If it is not Used, Why Do We Produce So Much of It?" *Journal of Policy Analysis and Management*. 1999, (18): 226 - 244.

Schneider, M. "Building Consensual Institutions: Networks and the National Estuary Program." *American Journal of Political Science*, 2003, (47): 143, 158.

Stake, R. E. "The Countenance of Educational Evaluation." *Teachers College Record*, 1967, (7).

Stake, R. et al. "The Evolving Synthesis of Program Value." *Evaluation Practice*, 1997, 18 (2), 89 - 103.

Stufflebeam, D. L. "Empowerment Evaluation, Objectivist Evaluation and Evaluation Standards: Where the Future of Evaluation Should not Go and Where it Needs to Go." *Evaluation Practice*, 1994, 15 (3), 321 - 338.

Smith, N. L. "Empowerment Evaluation as Evaluation Ideology." *American Journal of Evaluation*, 2007, 28 (2): 169 - 178.

Stufflebeam, D. L "Empowerment Evaluation, Objectivist Evaluation, and Evaluation Standards: Where the Future of Evaluation Should Not Go and

Where It Needs to Go. " *Evaluation Practice*, 1994, 15 (3), 322 – 325.

Sonnichsen, R. C. "Advocacy Evaluation: A Model for Internal Evaluation Offices. " *Evaluation and Program Planning*, 1988, 11 (2), 141 – 148.

Stull, D., & Schensul, J. "Collaborative Research and Social Change: Applied Anthropology in Action. " Boulder, CO: Westview. 1987.

Stufflebeam, D. L. "Empowerment Evaluation, Objectivist Evaluation, and Evaluation Standards: Where the Future of Evaluation Should not Go and Where it Needs to Go. " *Evaluation Practice*, 1994, 15 (3), 321 – 338.

Woodhouse, D. "Research Issues in Quality in Open Distance Education. " *Indian Journal of Open Learning*, 2000, 9, (1): 105.

Wandersman, A., Imm, P., Chinman, M., & Kaftarian, S. "Getting to Outcomes: A Results Based Approach to Accountability. " *Evaluation and Program Planning*, 2000, 23 (3), 389 – 395.

Alkin, M., Daillak, R., & White, P. Using Evaluation: Does Evaluation Make a Difference? (Sage Library of Social Research, Vol. 7a6). Beverley Hills, CA: Sage. 1979.

Blom, K., & Meyers, D. Quality Indicators in Vocational Education and Training: International Perspectives. http: //www. ncver. edu. au, 2006 – 07 – 16.

Brown, B. L. Quality Improvement Awards and Vocational Education Assessment. http: //www. eric. ed. gov/PDFS/ED407574. pdf. 2013 – 01 – 28.

CEDEFOP. Indicators for Quality in VET to Enhance European Cooperation. http: //www. cedefop. europa. eu/en/publications – and – resources/publications/5167, 2009 – 11 – 30.

Mandakini, P. Participatory Evaluation (PE). http: //www. unesco. org/education/aladin/paldin/pdf/course01/unit_09. pdf, 2016 – 12 – 04.

Richard, G. Assessment, Acountability, and Student Learning Outcomes. http: //www. ac. wwwedu/. dialogue/is – sue2. html, 2007 – 12 – 28.

附录　基于授权评价的诊断报告示例

目录（略）

一　背景

为落实2014年6月24日的全国职业教育会议精神，结合《珠江三角洲地区改革发展规划纲要（2008—2020年）》中所提及的关于珠三角制造业转型升级改造，企业对高技能人才需求发生变化的情况，×××学院从2009年7月开始进行了以“工学结合”为特点的“校企合一”高技能人才培养模式的探索与实践。2011—2013年成为首批国家示范校建设，其中数控技术专业建设已取得较好成效。为使这一人才培养模式更加贴近企业和市场的需求，结合学院“校企合一”高技能人才培养模式，先进制造产业系数控技术专业课改小组，继续推进课改工作。

在工学结合职业教育模式的背景下，先进制造产业系进行了长达6年的数控技术专业建设探索工作。数控技术专业内涵建设项目，旨在通过区域企业人才需要进行调研，完善课程结构，强化师资队伍，优化教学设备，建立有利于培养符合区域经济特征的高技能人才的有效机制，从而促进我院数控类专业内涵建设水平的整体提高。目前数控技术专业工学结合课程体系已初具雏形，并且进行了两年时间的实施、完善。

职业教育工学结合一体化课程开发有两个特点：一是满足技术、经济和社会发展对高技能型人才的能力要求；二是适应学习者个性和职业发展需要，最大限度地实现有效学习。数控技术专业工学结合一体化课程的设计与实施情况是否满足“两个特点”的要求，需要通过科学有效的评价方式来体现。

二　授权评价的目的及意义

授权评价又称为参与式评价，是一个通过团队外部专家成员、利益相关者、企业专家共同参与，系统总结项目相关工作，肯定成绩，找出存在的突出问题，制定并实施整改方案，明确工作目标而建立的项目质量保障机制。授权评价主要是通过评价组成员之间的平等交流与沟通，制定合理、明确、易于监控的评价指标，以便对下一阶段课程设计与实施工作起到规范、导向作用。授权评价分为四个阶段：形成指标体系—自我评价—数据分析—形成总结—反馈，有利于促进项目工作进入良性循环。

本次评价会的目的是通过各类外部专家平等、充分、公正的交流来评价专业建设实施项目目标的明确性和可行性，项目策划的合理性，项目实施的可监控性，项目合作效果和辐射效果的显著性。查找在专业建设过程中所存在的问题，评价专家中的利益相关者、外部专家和企业专家在陈述、讨论及争议过程中增进了解，达成共识，明确目标，确定改进措施。通过评估工作的实施，增加了专业建设成员和利益相关者之间的交流与沟通，在讨论及争议过程中增进了解，更加明确专业建设的具体目标，对有争议的问题达成共识，对有问题的项目确定改革措施。这次评价会促进了参与专业建设成员素质的提高，从而能高效地达到数控技术专业工学结合培养模式的建设目标。

通过本次评价，得出的基本结论如下：

——现有专业建设基础条件好，但如何利用好现有资源和条件是未来要考虑的内容。

——校企合作方面需要建立“联通机制”。

——人才培养目标与市场定位分析方面还需要进一步研究。

——课程标准的动态调整机制尚未建立。

——专业人才培养效果获得较高认可度，但部分指标不理想。

——课程资源还需要更加有效地进行整合，如文化课与专业课，专业课内容之间的协调等。

——教学场地与教学资料配套工作需要提升。

——课程监控与管理尚没有一个完善的机制。

——校外顶岗实习监控很难实施。

——学生对传统制造加工业认同度低。

三　授权式评价的组织

（一）评价时间与地点

授权评价会于 2014 年 12 月 20 日 8：30—18：00，在 ××× 学院举行。会议由 ××× 主持，外部专家、学院领导和专业建设、实施团队教师共 22 人参与，先是对授权式评价指标的讨论、制定，然后再根据既定指标进行课程建设情况的评价。

（二）评价会组织结构

评价会由外部专家和利益相关者参与，主要有北京师范大学职业教育与成人教育研究所专业建设理论专家、广州市职业技术教研室专业建设理论专家、职高院校课程专家、企业实践专家、学院领导、企业专家、相关专业系正副主任、学院数控类专业教师、会议秘书和工作人员共 22 人组成。参与评价的人员包括课程开发团队、教学管理团队、课程实施团队、企业专家和外部评委共 20 人。

附表 1　**数控技术专业建设授权评价会组成人员名单**

序号	姓名	单位	角色类别	职务	备注
1	×××				
2	×××				
3	×××				
4	×××				
5	×××				
6	×××				
7	×××				

续表

序号	姓名	单位	角色类别	职务	备注
8	×××				
9	×××				
10	×××				
11	×××				
12	×××				
13	×××				
14	×××				
15	×××				
16	×××				
17	×××				
18	×××				
19	×××				
20	×××				
21	×××				
22	×××				数据整理

（三）评价方法及流程

本项目评价采用授权评价方式，它是在 Excel 上开发的一个数据统计和计算工具。该工具可以根据评价小组成员独立给出的权重、打分，自动计算其最高值、最低值、标准差、平均值等数据，并根据上表所确定的数据，自动生成数据对应的雷达图和柱形图。

该工具要求参加评价的人员是项目外部成员和项目利益相关者，人数不少于 8 人，由于时间原因，本次评价采用前期确定的权重和现场讨论所确定的指标内容展开评价，流程如下：

1. 评价前进行理论导入。
2. 解释评价的方法及指标体系。
3. 项目负责人做数控技术工学结合一体化专业建设工作汇报。
4. 评价组成员讨论确定一级指标和二级评价指标。
5. 项目负责人根据修改后的评价指标，对课程建设情况做必要的补充说明。

6. 独立打分并录入授权式——TOOL。

7. 参评人员对自己的打分进行充分说明。

8. 形成第一次雷达图和柱形图；项目参与者对打分后所形成的雷达图及柱形图进行结果分析。

9. 进行第二次打分并讨论。

10. 根据雷达图及柱形图的结果，分析项目建设的问题，确定下一步的改进措施。

评价会要求的硬件设备包括计算机、投影仪、照相机、录像机、打印设备等。会议成员给定的分值和权重要在投影幕上显示出来，以便小组成员讨论，并对结果进行分析。

（四）评价指标体系的确定

首先由广州市职业技术教研室辜东莲主任讲述了数控技术专业教学质量监控与评价的工作进展情况，明确此时举行评价会的目的及对专业建设进程推动的重要意义。随后主持人赵志群教授针对评价的几个发展历程分析得出，目前较适用于项目建设的评价是参与式评价，进行理论导入，灌输理念。然后组织大家讨论评价指标体系，并确定指标名称。

1. 解释一级指标

评价会设计了评价指标问卷，参评人员根据问卷表格独立填写内容，根据团队预先制定的指标进行讨论和修改。首先主持人组织参与评价的人员围绕专业建设讨论指标，特别是针对会场人员所提出的相关疑问进行讨论并做出反馈。

附表 2　　**一级评价指标建议**

编号	一级指标描述
1	人才培养目标
2	核心课程设计
3	课程教学资源

续表

编号	一级指标描述
4	教学组织过程
5	人才培养效果
6	专业发展环境

（1）人才培养目标

人才培养目标是专业建设的指向针，是专业建设中的重要组成部分，是体现人才培养方案与区域经济发展吻合与否的重要指标。具体的二级指标也体现出学校与企业联动的紧密程度，如校企之间建立的有效合作机构，企业需求能在教学中及时得到体现，课堂教学内容能满足社会需求，等等。

（2）核心课程设计

专业人才培养计划中所列出的核心课程是否经过严格的科学逻辑顺序设计和论证？所规定的课程是否与企业典型工作任务中所需要的能力一致？课程所设计的目标是否适合学生的具体情况？校内课程与校外课程的设计与实施是否合理？这些都是能通过核心课程设计这一项目工作来体现专业建设水准的，在专业建设评价中应占据重要地位。

（3）课程教学资源

“课程教学资源”这一部分指标主要是考虑专业建设中师资队伍与教学资源准备情况，从教师的专业能力和工作经验、课程教学组织实施的管理机制及其运行情况、实习场地配置、学生认同课程学习的理念等方面进行分析讨论。

（4）教学组织过程

教学组织过程是将专业建设成果落到实处的关键步骤，考察教学方式方法与课程目标的适配性，由教师教学教研方式、学生学习情况、教学过程监控情况等方面的二级指标共同组成。

（5）人才培养效果

判断专业人才培养的效果，则应从学生学习过程职业能力成长的表现情况来观察。从学生学习专业课程后能否达到预期目标的情况，专业能力是否达到了目标要求，综合职业能力的发展是否符合人才培养目标等问题中均能判断专业人才培养的效果。

（6）专业发展环境

保证专业有良好的发展前景，需要良好的环境支持。具体表现为学校领导对专业软硬件的支持力度，部门对专业教学需求的响应程度，学校对专业建设相关的科研伴随支持力度，专业对社会区域经济的辐射能力，等等。

2. 确定指标名称

（1）讨论指标名称及内容

为充分理解和把握评价指标，主持人在解释指标以后还组织大家进行了讨论。主要的讨论内容围绕以下几个问题进行：

①“1. 人才培养目标”是否从难易程度出发考虑，根据不同阶段所占的比重做出调整？

②“1.1 专业与行业企业建立了有效的合作机制”与“1.2 专业与企业建立了合作机构（如大师工作室）”是否有所重叠？

③“1.1 专业与行业企业建立了有效的合作机制”是否应该删除掉“专业”两个字？（结论，不删除）

④“3. 课程资源建设”是否包含了“教学资源建设”？（回应“课程资源建设”或可改为“课程教学资源”）

⑤“3. 课程资源建设”是否包含了课程资源设计？

⑥“1.3 专业人才培养定位符合区域行业发展的需求”与“1.4 企业要求及时反映到课程与教学中”是否有重叠？

⑦主持人回应“1.4 企业要求及时反映到课程与教学中”或修改为“企业要求能及时反映到教学中”。

⑧“2. 核心课程设计”与“3. 课程教学资源”的比重是否需要修改？

⑨“5.5 学生毕业后的职业发展能力（岗位提升）强”是否可以修改得更加可视化一些，例如具体到岗位的晋升上？

⑩表格中指标的主观性很强，如何把握测量的度？（主持人回应，今天要做的就是谈主观感受，然后做出自己的主观判断）

（2）确定指标名称

经过一轮充分讨论后，评价组成员从充分进行课程评价的角度考虑出发，对一、二级指标的名称进行修改，将大致讨论意见进行汇总，综合大多数成员的合理意见，在达成一致后，确定了一、二级指标名称（详见附表3）。

附表3　**一、二级评价指标列表**

编号	指标名称	备注
1	人才培养目标	一级指标
1.1	专业与行业企业建立了有效的合作机制	二级指标
1.2	专业与企业建立了合作机构（如大师工作室）	二级指标
1.3	专业人才培养定位符合区域行业发展的需求	二级指标
1.4	企业要求及时反映到课程与教学中	二级指标
1.5	课程能够满足专业人才培养的结构性要求	二级指标
2	核心课程设计	一级指标
2.1	课程目标与完成典型工作任务所需的能力一致	二级指标
2.2	课程目标的设计符合学生的学习能力	二级指标
2.3	课程之间的逻辑顺序合理，衔接良好	二级指标
2.4	课程内各项学习任务之间的逻辑关系合理	二级指标
2.5	（校内外）课程实施组织合理，过程监控便利	二级指标
3	课程教学资源	一级指标
3.1	教师具备课程教学所需的专业能力和基本工作经验	二级指标
3.2	教师具备课程教学所需的教学能力和经验	二级指标
3.3	课程组织实施的管理机制运行良好	二级指标
3.4	学习场所与教学资料满足课程的需要	二级指标
3.5	学生认同课程的理念并具备相应的学习基础	二级指标
4	教学组织过程	一级指标
4.1	教学方式方法能够实现课程的全部目标	二级指标
4.2	教师团队沟通良好、合作有效且教学支持到位	二级指标
4.3	学生学习主动，参与度高	二级指标
4.4	学生通过多种途径完成学习任务，达成学习目标	二级指标

续表

编号	指标名称	备注
4.5	对教学过程的质量控制手段行之有效	二级指标
5	人才培养效果	一级指标
5.1	学生达到了本课程所确定的专业能力要求	二级指标
5.2	学生的方法能力和社会能力得到了发展	二级指标
5.3	学生的专业兴趣（职业认同度）高	二级指标
5.4	企业对学生的职业能力和综合素养认可度高	二级指标
5.5	学生毕业后的职业发展能力（岗位提升）强	二级指标
6	专业发展支持	一级指标
6.1	学校领导的（软硬件）支持力度高	二级指标
6.2	学校部门对专业教学需求的响应程度及时高效	二级指标
6.3	专业建设有相关科研伴随支持	二级指标
6.4	行业企业对专业发展的软硬件持续支持力度大	二级指标
6.5	专业的社会服务（如培训）能力强	二级指标

3. 确定指标权重

（1）指标权重初步赋值

在确定指标项的名称后，评价组成员根据自己所理解的每一项指标的重要性，对专业评价的一级指标所占的权重进行赋值，取整数。会议秘书将结果进行汇总（详见附表4）。主持人组织大家针对一级指标权重的赋值情况进行讨论分析，最后达成一致认定的较为合理的权重数值。

附表4 **一级评价指标权重估值数据列表**

一级指标权重（讨论后）			1	2	3	4	5	6	小计
序号	姓名	角色类别	人才培养目标	核心课程设计	课程教学资源	教学组织过程	人才培养效果	专业发展环境	
1	×××	实施人员	15%	15%	20%	25%	15%	10%	100%
2	×××	实施人员	15%	15%	20%	20%	15%	15%	100%
3	×××	实施人员	10%	20%	20%	10%	15%	25%	100%

续表

一级指标权重（讨论后）			1	2	3	4	5	6	小计
序号	姓名	角色类别	人才培养目标	核心课程设计	课程教学资源	教学组织过程	人才培养效果	专业发展环境	
4	×××	实施人员	15%	15%	20%	20%	15%	15%	100%
5	×××	实施人员	10%	15%	20%	25%	15%	15%	100%
6	×××	实施人员	15%	20%	20%	20%	10%	15%	100%
7	×××	实施人员	15%	15%	20%	20%	15%	15%	100%
8	×××	实施人员	15%	20%	20%	25%	10%	10%	100%
	实施人员权重汇总		14%	18%	19%	20%	18%	12%	
10	×××	教学管理	15%	15%	20%	20%	20%	10%	100%
11	×××	教学管理	15%	15%	20%	20%	20%	10%	100%
12	×××	教学管理	10%	20%	20%	20%	15%	15%	100%
13	×××	教学管理	15%	20%	20%	20%	15%	10%	100%
14	×××	教学管理	13%	18%	16%	20%	18%	15%	100%
	教学管理权重汇总		14%	17%	20%	21%	14%	15%	
15	×××	企业代表	15%	20%	15%	15%	20%	15%	100%
16	×××	企业代表	15%	20%	20%	20%	15%	10%	100%
17	×××	企业代表	25%	10%	10%	15%	25%	15%	100%
18	×××	企业代表	20%	15%	15%	15%	20%	15%	100%
	企业代表权重汇总		19%	16%	15%	16%	20%	14%	
19	×××	外部专家	15%	25%	10%	25%	15%	10%	100%
20	×××	外部专家	20%	20%	10%	20%	20%	10%	100%
	外部专家权重汇总		18%	23%	10%	23%	18%	10%	
平均值			15%	18%	18%	20%	16%	13%	100%
标准差			0. 04	0. 03	0. 04	0. 04	0. 04	0. 04	
最高分			25%	25%	20%	25%	25%	25%	145%
最低分			10%	10%	10%	10%	10%	10%	60%
讨论值			15%	18%	18%	20%	16%	13%	100%

（2）分析指标权重赋值情况

经过对各项指标的权重数值进行统计汇总后（详见附表 4、附表

5），主持人组织评价成员对一级指标进行了详细的分析讨论，针对赋值差异较大的指标和有异议的指标进行深入剖析。

附表 5　　　　评价成员对一级指标权重设定汇总表

一级指标分析	人才培养目标	核心课程设计	课程资源准备	教学组织实施	人才培养效果	专业发展支持
1. 教学管理	14%	18%	19%	20%	18%	12%
2. 实施人员	14%	17%	20%	21%	14%	15%
3. 企业代表	19%	16%	15%	16%	20%	14%
4. 外部专家	18%	23%	10%	23%	18%	10%
标准差	0. 03	0. 01	0. 03	0. 02	0. 03	0. 02
平均值	15%	18%	18%	20%	16%	13%

“人才培养目标”的标准差是 3%，最高比重赋值 19%，由企业代表给出；而最低比重赋值 14%，是由教学管理人员和实施人员给出的。这证明企业代表认为人才培养目标的设定十分重要，一切行动以目标为指向。而教学管理、实施人员则认为这是一般重要的。

“核心课程设计”的标准差为 1%，但外部专家给出的最高比重值为 23%，而企业代表给出的最低比重值为 16%。这反映了一个问题，即外部专家认为在专业建设中，“核心课程”设计占重要地位，方案实施的效果良好与否，设计阶段的工作很关键。

“课程资源准备”指标项的标准差为 3%，给出的比重赋值情况分别是：实施人员 20%、教学管理人员 19%、企业代表 15%、外部专家 10%，说明真正参与教学实施的人员与管理人员认为巧妇难为无米之炊，“课程资源准备”很重要，而外部专家认为这个项目最不重要，企业代表次之。

“教学组织实施”指标项的标准差为 2%，给出的比重赋值情况分别是：实施人员 21%、教学管理人员 20%、企业代表 16%、外部专家 23%。从数据分析来看，成员们都认为该项工作比较重要，给出的数值都较高。

“人才培养效果”指标项的标准差为3%，其中企业代表给出的最高比重值为20%，实施人员给出的比重值为14%，平均值为16%。分析认为，大家对该项指标的看法比较集中。

“专业发展支持”指标项的标准差为2%，实施人员给出的最高比重值为15%，外部专家给出的最低比重值为10%。这说明真正执行专业培养工作的人员十分希望得到学校和领导的支持，也可能是在实施过程中遇到较大阻力，盼望得到解决、支持。

另外，详细分析赋值数据所形成的折线图（如附图1），横向类比不同身份的人员，相比较后可知：不同身份类别人员所关注问题的角度不一样；教学管理和实施人员共同认为“课程资源准备”和“教学组织实施”很重要；企业代表认为“人才培养目标”和“人才培养效果”很重要；外部专家则认为“核心课程设计”和“教学组织实施”很重要。恰恰是从不同角度看问题的人员组织的评价团队，以这种方式进行评价工作，才很好地体现了评价的科学合理之处。

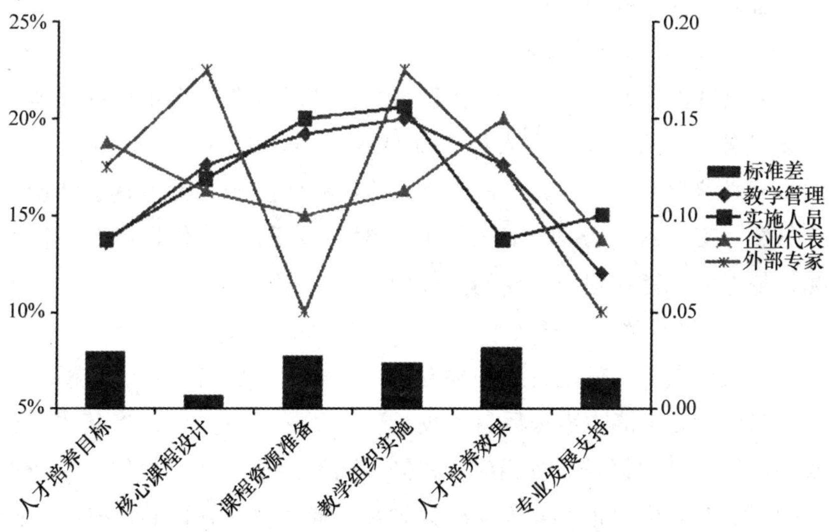

附图1　一级指标权重设定值分布图

（3）确定一级指标权重值

通过附图1可以看到，因在权重赋值中标准差不大，评价组成员的意见相对集中，所以经评价成员一致同意后取每一个指标汇总的平均值作为指标权重。

（4）讨论二级指标权重

在确定一级指标权重后，主持人再组织评价成员对二级指标进行权重赋值。操作方法与一级指标类同，此不再赘述。二级指标的权重数值汇总结果见附表6。

经过评价成员的多次分析讨论，再次确认各一、二级指标项的权重比值，如附表5、附表6所示。

此时，主持人组织评价成员就专业评价指标体系的一、二级指标及权重展开热烈讨论，在形成了一致认可的一、二级评价指标名称与权重值之后，大家对专业建设质量的要求越来越清晰，基本达成共识。

四　授权评价的实施

（一）负责人初次汇报

由项目负责人程豪华部长就目前数控技术专业建设工作的开展情况做初次总体汇报。汇报人以专业建设过程为主线，从人才培养目标、核心课程设计、课程资源准备、教学组织实施、专业建设评价和专业发展支持六个方面，向评价组全体成员汇报了专业建设工作情况，基本涵盖专业建设工作的全部内容。

（二）团队做补充说明

在汇报人汇报完之后，外部专家、企业代表提出了几个问题：

在企业提出能力需求后，学校是否能及时调整内容，将其体现到教学计划中？学校是否有相应的机制鼓励教师勇于提出他们对专业教学的想法？学生对他们要学习的计划和方向不清晰，能否给学生一个“菜单”，让他们知道所要学习的内容，更好地激发学生的兴趣？是否应该开设“职业规划”等课程，使学生对其职业生涯发展有更清晰的认识？等等。

附表 6

数控技术专业建设评价成员对二级指标权重设定汇总表

二级指标权重（讨论-1）		1.1	1.2	1.3	1.4	1.5	2.1	2.2	2.3	2.4	2.5	3.1	3.2	3.3	3.4	3.5	4.1	4.2	4.3	4.4	4.5	5.1	5.2	5.3	5.4	5.5	6.1	6.2	6.3	6.4	6.5
姓名	角色类别	专业与行业企业建立了有效的合作机制	专业与企业建立了合作机构（如大师工作室）	专业人才培养定位符合区域行业发展的需求	企业要求及时反映到课程与教学中	课程能够满足专业人才培养的结构性要求	课程目标与完成典型工作任务所需的能力一致	课程目标的设计符合学生的学习能力	课程之间的逻辑顺序合理，衔接良好	课程内各项学习任务之间的逻辑关系合理	（校内外）课程实施组织合理，过程监控便利	教师具备课程教学所需的专业能力和基本工作经验	教师具备课程教学所需的教学能力和经验	课程组织实施的管理机制运行良好	学习场所与教学资料满足课程的需要	学生认同课程的理念并具备相应的学习基础	教学方式方法能够实现课程的全部目标	教师团队沟通良好、合作有效且教学支持到位	学生学习主动，参与度高	学生通过多种途径完成学习任务，达成学习目标	对教学过程的质量控制手段行之有效	学生达到了本课程所确定的专业能力要求	学生的方法能力和社会能力得到了发展	学生的专业兴趣（职业认同度）高	企业对学生的职业能力和综合素养认可度高	学生毕业后的职业发展能力（岗位提升）强	学校领导的（软硬件）支持力度高	学校部门对专业教学需求的响应程度及时高效	专业建设有相关科研伴随支持	行业企业对专业发展的软硬件持续支持力度大	专业的社会服务（如培训）能力强
×××		15%	15%	30%	10%	30%	30%	20%	30%	15%	5%	30%	30%	10%	20%	10%	15%	15%	30%	20%	20%	30%	30%	10%	10%	20%	20%	25%	15%	20%	20%
×××		20%	20%	20%	20%	20%	25%	20%	20%	20%	15%	20%	25%	25%	15%	15%	20%	15%	25%	20%	20%	20%	25%	15%	25%	15%	20%	25%	20%	20%	15%
×××		20%	20%	20%	20%	20%	30%	20%	20%	20%	10%	20%	25%	20%	20%	15%	20%	15%	25%	20%	20%	25%	20%	20%	20%	15%	10%	35%	15%	20%	20%
×××		20%	20%	20%	20%	20%	30%	20%	20%	20%	10%	25%	20%	20%	20%	15%	20%	15%	20%	25%	20%	25%	20%	20%	15%	20%	20%	20%	20%	20%	20%
×××	实施人员	20%	20%	20%	20%	20%	25%	25%	25%	15%	10%	20%	20%	20%	20%	20%	20%	15%	30%	15%	20%	25%	25%	15%	20%	15%	20%	25%	15%	15%	25%
×××		20%	20%	20%	20%	20%	30%	20%	20%	20%	10%	20%	25%	10%	25%	20%	20%	15%	25%	20%	20%	25%	25%	20%	20%	10%	20%	25%	15%	20%	20%
×××		20%	20%	20%	20%	20%	30%	20%	20%	20%	10%	25%	25%	15%	20%	15%	20%	15%	25%	20%	20%	15%	25%	20%	20%	20%	25%	20%	15%	20%	20%
×××		20%	20%	20%	20%	20%	20%	20%	20%	20%	20%	20%	20%	20%	20%	20%	20%	20%	20%	20%	20%	20%	20%	20%	20%	20%	20%	20%	20%	20%	20%
×××		20%	15%	20%	25%	20%	30%	20%	25%	15%	10%	25%	25%	10%	25%	15%	20%	20%	25%	20%	15%	25%	25%	15%	15%	20%	25%	25%	15%	25%	10%

续表

二级指标权重（讨论-1）		1.1	1.2	1.3	1.4	1.5	2.1	2.2	2.3	2.4	2.5	3.1	3.2	3.3	3.4	3.5	4.1	4.2	4.3	4.4	4.5	5.1	5.2	5.3	5.4	5.5	6.1	6.2	6.3	6.4	6.5
姓名	角色类别	专业与行业企业建立了有效的合作机制	专业与企业建立了合作机构（如大师工作室）	专业人才培养定位符合区域行业发展的需求	企业要求及时反映到课程与教学中	课程能够满足专业人才培养的结构性要求	课程目标与完成典型工作任务所需的能力一致	课程目标的设计符合学生的学习能力	课程之间的逻辑顺序合理，衔接良好	课程内各项学习任务之间的逻辑关系合理	（校内外）课程实施组织合理，过程监控便利	教师具备课程教学所需的专业能力和基本工作经验	教师具备课程教学所需的教学能力和经验	课程组织实施的管理机制运行良好	学习场所与教学资料满足课程的需要	学生认同课程的理念并具备相应的学习基础	教学方式方法能够实现课程的全部目标	教师团队沟通良好、合作有效且教学支持到位	学生学习主动，参与度高	学生通过多种途径完成学习任务，达成学习目标	对教学过程的质量控制手段行之有效	学生达到了本课程所确定的专业能力要求	学生的方法能力和社会能力得到了发展	学生的专业兴趣（职业认同度）高	企业对学生的职业能力和综合素养认可度高	学生毕业后的职业发展能力（岗位提升）强	学校领导的（软硬件）支持力度高	学校部门对专业教学需求的响应程度及时高效	专业建设有相关科研伴随支持	行业企业对专业发展的软硬件持续支持力度大	专业的社会服务（如培训）能力强
×××	教学管理	20%	20%	20%	20%	20%	30%	20%	20%	20%	10%	20%	25%	20%	20%	15%	20%	15%	25%	20%	20%	20%	20%	20%	20%	20%	20%	25%	15%	20%	20%
×××		20%	20%	20%	20%	20%	20%	20%	20%	20%	20%	25%	25%	20%	15%	15%	20%	20%	20%	20%	20%	25%	20%	20%	20%	15%	20%	25%	15%	20%	20%
×××		15%	25%	20%	20%	20%	30%	20%	20%	20%	10%	20%	30%	15%	25%	10%	20%	20%	20%	20%	20%	30%	20%	20%	20%	10%	25%	20%	20%	20%	15%
×××		20%	20%	20%	20%	20%	25%	20%	20%	20%	15%	20%	25%	20%	20%	15%	20%	20%	20%	20%	20%	25%	20%	20%	20%	15%	20%	25%	20%	20%	15%
×××		22%	25%	18%	10%	25%	25%	23%	18%	20%	14%	22%	23%	19%	23%	13%	20%	13%	25%	22%	20%	25%	20%	20%	20%	15%	20%	25%	15%	20%	20%
×××	企业代表	20%	25%	15%	25%	15%	25%	25%	20%	20%	10%	25%	20%	15%	20%	20%	15%	20%	20%	20%	25%	20%	20%	25%	20%	15%	25%	20%	15%	15%	25%
×××		20%	5%	30%	20%	25%	30%	20%	20%	20%	10%	20%	25%	20%	20%	15%	20%	15%	25%	20%	20%	25%	20%	20%	20%	15%	20%	25%	15%	20%	20%
×××		30%	10%	20%	20%	20%	20%	20%	30%	20%	10%	30%	30%	10%	20%	10%	20%	15%	20%	25%	20%	15%	15%	35%	20%	15%	30%	30%	20%	10%	10%
×××		20%	20%	20%	20%	20%	20%	20%	20%	20%	20%	25%	20%	15%	20%	20%	25%	15%	25%	15%	20%	25%	15%	25%	15%	20%	20%	20%	20%	20%	20%

续表

二级指标权重（讨论-1）		1.1	1.2	1.3	1.4	1.5	2.1	2.2	2.3	2.4	2.5	3.1	3.2	3.3	3.4	3.5	4.1	4.2	4.3	4.4	4.5	5.1	5.2	5.3	5.4	5.5	6.1	6.2	6.3	6.4	6.5
姓名	角色类别	专业与行业企业建立了有效的合作机制	专业与企业建立了合作机构（如大师工作室）	专业人才培养定位符合区域行业发展的需求	企业要求及时反映到课程与教学中	课程能够满足专业人才培养的结构性要求	课程目标与完成典型工作任务所需的能力一致	课程目标的设计符合学生的学习能力	课程之间的逻辑顺序合理，衔接良好	课程内各项学习任务之间的逻辑关系合理	（校内外）课程实施组织合理，过程监控便利	教师具备课程教学所需的专业能力和基本工作经验	教师具备课程教学所需的教学能力和经验	课程组织实施的管理机制运行良好	学习场所与教学资料满足课程的需要	学生认同课程的理念并具备相应的学习基础	教学方式方法能够实现课程的全部目标	教师团队沟通良好、合作有效且教学支持到位	学生学习主动，参与度高	学生通过多种途径完成学习任务，达成学习目标	对教学过程的质量控制手段行之有效	学生达到了本课程所确定的专业能力要求	学生的方法能力和社会能力得到了发展	学生的专业兴趣（职业认同度）高	企业对学生的职业能力和综合素养认可度高	学生毕业后的职业发展能力（岗位提升）强	学校领导的（软硬件）支持力度高	学校部门对专业教学需求的响应程度及时高效	专业建设有相关科研伴随支持	行业企业对专业发展的软硬件持续支持力度大	专业的社会服务（如培训）能力强
×××	外部专家	15%	15%	30%	30%	10%	30%	15%	25%	20%	10%	25%	30%	15%	15%	15%	15%	20%	20%	15%	30%	20%	15%	30%	15%	20%	30%	30%	10%	15%	15%
×××	外部专家	20%	10%	20%	20%	30%	30%	20%	20%	20%	10%	30%	20%	15%	15%	20%	25%	20%	25%	10%	20%	30%	10%	30%	10%	20%	20%	30%	20%	15%	15%
平均值		20%	18%	21%	20%	21%	27%	20%	22%	19%	12%	23%	24%	17%	20%	16%	20%	17%	24%	19%	21%	24%	21%	21%	18%	17%	22%	25%	17%	19%	18%
标准差		3.1%	5.2%	4.0%	4.3%	4.4%	4.1%	2.1%	3.4%	1.8%	4.1%	3.7%	3.6%	4.3%	3.1%	3.4%	2.6%	2.6%	3.3%	3.4%	2.8%	4.3%	4.6%	5.8%	3.7%	3.4%	4.3%	4.1%	2.9%	3.2%	4.1%
最高分		30%	25%	30%	30%	30%	30%	25%	30%	20%	20%	30%	30%	25%	25%	20%	25%	20%	30%	25%	30%	30%	30%	35%	25%	20%	30%	35%	20%	25%	25%
最低分		15%	5%	15%	10%	10%	20%	15%	18%	15%	5%	20%	20%	10%	15%	10%	15%	13%	20%	10%	15%	15%	10%	10%	10%	10%	10%	20%	10%	10%	10%
讨论值		20%	18%	21%	20%	21%	27%	20%	22%	19%	12%	23%	24%	17%	20%	16%	20%	17%	24%	19%	21%	24%	21%	21%	18%	17%	22%	25%	17%	19%	18%

针对以上问题，专业建设团队及教学管理、实施人员结合评价指标体系中所提及的内容做补充说明。主要有以下几项内容：

1. 数控技术专业人才培养的目标定位准确，一是基于区域经济行业企业人才需求，二是符合“职业人”的培养规律；专业人才培养方案的描述内容涵盖行业大部分的用工需求。

2. 教师团队的沟通良好、合作有效且教学支持到位，每星期三或星期五都有规定的教研活动时间。

3. 专业建设与企业建立实际合作、研究机制，自学校层面到专业层面设立了专业建设指导委员会和执行委员会。委员会每年就课程的开发、教学大纲、相关课题研究等内容召开专题会议。

4. 校内外课程的组织实施可操作性强，且过程监控便利。校内过程监控比较到位，如例行巡堂、教师公开课等均能顺利开展，至于校外课程在企业实施监控上有一定难度，每月至少进行一次例行巡察，例如企业自身的生产任务较大时，课程实施计划就需要有所调整。

5. 学生的专业兴趣持续稳定，专业展示活动充分。大部分学生表示，毕业后会继续从事数控专业相关岗位的工作，有部分学生表示会继续报读技师等级的阶段学习。

6. 在专业技术服务方面，重点体现在校企合作的培训和生产加工中，例如在多轴实训中心为“巨轮股份有限公司”做生产服务技术支持，对“润品科技有限公司”进行员工的工艺水平培训，等等。

7. 学校形成课改组织与实施管理的运行机制，且运行良好。学校为了专业建设配套做好资源准备，要求各专业部署年度规划，然后落实部门配套经费计划。例如在师资培养模块上，先有计划地安排老师到企业实践或参加培训，联系企业实践专家，形成校内外高水平、高质量的师资教学团队，针对课程改革进行资源准备。此外，学校还专门针对课程组织实施制定了《试点班管理办法》等管理制度。产业系、专业教研部的调整与成立也都是机制方面成熟运行的一种标记。

8. 在专业科研伴随方面也形成了良好的运作机制。例如校内成立专业小组进行课程开发，学校请专家群进行工作指导；专业教研部组织老师进行“一课三研”教学研究活动，专业建设工作团队对课程进行定期的研讨，等等。

（三）评价员独立打分

主持人向评价成员下发确定了二级指标的阶段性评分标准，如附表7所示，其中权重以前期确定的为准。参评人员根据其所了解的专业建设情况，进行指标判断情况独立打分。然后由会议秘书汇总所有打分的结果，录入授权—TOOL表格，完成第一次指标分数判断（评分标准分值从1到10，分为10个等级，见附表7所示）。

附表7　**评分标准**

分值	含义
1	这个指标对所评价内容没有意义
2—3	这个指标几乎没有意义或很不重要
4—6	在某些方面达到了指标的要求
7—8	在多数方面达到了指标的要求
9—10	在所有的方面都达到了指标的要求

个人独立完成打分，并给予其机会说明打分的原因。通过多次讨论，逐步清楚外部专家、管理人员、实施人员等成员对专业建设工作的了解和参与程度，给出相应的主观评分数值，判断指标项分值高低，为专业建设工作的改进提供指向。

五　评价结果分析

（一）首次评价打分结果

所有的打分都被录入授权—TOOL后，6个一级指标项和30个二级指标项的评价分值会自动计算最高值、最低值、平均值，并形成雷达图和柱状图，首次和妥协后的一、二级指标得分见附表8和附表9。

附表 8　**数控技术专业建设一级指标评分情况**　（分）

	人才培养目标	核心课程设计	课程资源准备	教学组织实施	人才培养效果	专业发展支持
平均值	7.66	7.87	7.48	7.16	7.15	7.31
最高分	9.41	9.27	9.20	8.77	9.00	9.65
最低分	5.42	6.57	5.49	5.63	5.79	5.01
权重（%）	15	18	18	20	16	13
教学管理	8.44	8.29	7.51	7.19	7.32	7.54
教学实施	7.29	7.59	7.33	7.13	7.06	7.21
企业代表	7.68	7.93	7.92	7.18	7.25	7.30
外部专家	7.15	7.77	7.15	7.14	6.85	7.14

附表 9　**数控技术专业二级指标首次评分情况**　（分）

指标编号	指标名称	平均值	最高分	最低分	权重（%）	标准差
1.1	专业与行业企业建立了有效的合作机制	7.79	10.00	5.00	19.9	1.13
1.2	专业与企业建立了合作机构（如大师工作室）	7.95	9.00	5.00	18.3	1.18
1.3	专业人才培养定位符合区域行业发展的需求	7.89	10.00	6.00	21.2	1.29
1.4	企业要求及时反映到课程与教学中	7.05	9.00	5.00	20.0	1.13
1.5	课程能够满足专业人才培养的结构性要求	7.63	9.00	6.00	20.8	0.83
2.1	课程目标与完成典型工作任务所需的能力一致	8.16	10.00	7.00	26.8	0.76
2.2	课程目标的设计符合学生的学习能力	7.95	9.00	7.00	20.4	0.71
2.3	课程之间的逻辑顺序合理，衔接良好	8.00	9.00	7.00	21.7	0.75

续表

指标编号	指标名称	平均值	最高分	最低分	权重（%）	标准差
2.4	课程内各项学习任务之间的逻辑关系合理	7.89	9.00	6.00	19.3	0.88
2.5	（校内外）课程实施组织合理，过程监控便利	6.79	9.00	5.00	12.0	1.03
3.1	教师具备课程教学所需的专业能力和基本工作经验	7.63	9.00	6.00	23.4	0.76
3.2	教师具备课程教学所需的教学能力和经验	7.68	9.00	6.00	24.4	0.82
3.3	课程组织实施的管理机制运行良好	7.58	9.00	6.00	16.7	0.90
3.4	学习场所与教学资料满足课程的需要	7.37	10.00	5.00	19.9	1.34
3.5	学生认同课程的理念并具备相应的学习基础	7.00	9.00	4.00	15.7	1.15
4.1	教学方式方法能够实现课程的全部目标	7.32	9.00	6.00	19.8	0.89
4.2	教师团队沟通良好、合作有效且教学支持到位	7.58	9.00	5.00	16.9	1.12
4.3	学生学习主动，参与度高	6.95	8.00	6.00	23.5	0.85
4.4	学生通过多种途径完成学习任务，达成学习目标	7.05	9.00	6.00	19.4	0.97
4.5	对教学过程的质量控制手段行之有效	7.00	9.00	5.00	20.5	0.88
5.1	学生达到了本课程所确定的专业能力要求	7.58	9.00	6.00	23.5	0.84
5.2	学生的方法能力和社会能力得到了发展	7.37	9.00	6.00	20.5	1.01
5.3	学生的专业兴趣（职业认同度）高	6.63	9.00	5.00	21.0	1.16

续表

指标编号	指标名称	平均值	最高分	最低分	权重（%）	标准差
5.4	企业对学生的职业能力和综合素养认可度高	7.16	9.00	6.00	18.3	0.76
5.5	学生毕业后的职业发展能力（岗位提升）强	6.89	9.00	6.00	16.8	0.99
6.1	学校领导的（软硬件）支持力度高	8.11	10.00	7.00	21.5	0.88
6.2	学校部门对专业教学需求的响应程度及时高效	7.05	10.00	4.00	24.8	1.43
6.3	专业建设有相关科研伴随支持	7.05	9.00	4.00	16.8	1.27
6.4	行业企业对专业发展的软硬件持续支持力度大	7.00	9.00	4.00	18.8	1.45
6.5	专业的社会服务（如培训）能力强	7.26	10.00	6.00	18.3	1.15

（二）首次评价结果分析

在汇总打分结果之后，主持人组织大家分析说明指标的评分情况。评价成员根据其对评价指标的理解，结合专业团队汇报的专业建设情况，做必要的打分说明，特别是打最高分、最低分的成员需要做必要的理由说明。

1. “1.1 专业与行业企业建立了有效的合作机制”

外部专家认为，国家的政策还没落实到位，学校需要在这方面做的事情还比较多，所以给较低的分数。而教学管理人员则认为，学校校企合作方面已经建立了机制，并且建立了程序合理，可操作性强，具备良好的校企合作的运行机制。

项目负责人回应，从学校到专业都建立了专业委员会，并且定期召开专题会议。学校还专门成立了学校层面的校企合作办公室，有相应的支撑制度，并且在数控专业方面长期与10多家对口企业有实质性合作，成效显著。

2. “1.2 专业与企业建立了合作机构（如大师工作室）”

个别教师对学校的大师工作室了解不足，给出的分数值也比较低。应该加强工作室的宣传。外部专家因这个大师工作室刚刚建立，认为成效还未能体现，没法评价，所以给低分。现实是很多事情因政策不够完善而没法开展，存在很大难度。

3. “专业人才培养定位符合区域行业发展的需求”

企业代表中有给出分数较低的，原因是认为人才培养目标可以针对每一个不同的学生设置不同的要求，即教育的个性化。学校下一步应该考虑开展个性化教育工作，针对拔尖的学生设立某些项目。教学管理人员在这个方面的打分比较高，可能还需要考虑一些更细的问题。而部分企业代表则认为，将企业的需求和资源与学校联系起来，实现共同分享至关重要。

外部专家给出的分值较高（9 分）。他认为，教育本身就是因材施教的一项工作，学校在数控技能大赛中能取得好成绩，也就印证了教学中因材施教的工作成效，应该给予肯定。教学管理人员则认为，学校在定位企业需求方面做得比较及时，所以给出较高分数。

建议通过校企合作的形式，以最快的速度将企业的需求反映到教学当中，以教师或学生下厂的形式获得好的交流成效。而将企业的生产项目转化为教学内容，是对教师提出了很高的要求。

外部专家还认为，政府没有在学校和企业之间“连通”一条线，需要有机制来保障学校与企业的联通，建议一家企业对应一个教师，教师主动联系企业。新加坡政府对职业教育的重视程度是很大的，其效果也显而易见。任何学校教师的层次都是有梯度的，正是因为有梯度有层次才需要这种形式的会议来总结经验，缩小差距。

4. “2. 核心课程设计”

这一部分的二级指标中的 2.1—2.4 指标评分，都属于意见相对集中，标准差较小（<1），分值较高（7.89—8.16）的，因此对该部分指标不做深入分析。

而在“2.5（校内外）课程实施组织合理，过程监控便利”指标项中，教学管理人员给出的分数较低，为 5 分或 6 分，平均分也只有

6.79 分。这主要原因有三点：一是在做专业建设汇报中还没体现出该部分内容；二是在管理方面还没有一个比较完善的监控机制；三是校外顶岗实习监控很难到位，压力和阻力很大。希望这方面能得到政府的政策支持。

外部专家非常欣赏学校对学生课堂学习的监控，网络跟进系统，实时监控实际情况。同时建议尝试通过完善机制，使校外实习的合作方式延续下去，并且得到监控，让学生、家长、企业一起参与制定相关制度。

5. “3. 课程教学资源”

该部分二级指标的 3.1—3.3 指标评分，属于意见相对集中，标准差较小（<1），分值较高（7.58—7.68）的，因此对该部分指标不做深入分析。

在“3.4 学习场所与教学资料满足课程的需要”指标项中，标准差为 1.34，最高 10 分，最低 5 分。外部专家打分较低。原因是，他认为真正从就业要求来说，无论哪个学校的学习场所都只能是基本满足要求，设备条件不够。而教学管理人员和企业代表则认为，如果教学资源按人头来分，肯定是不足的，但与兄弟院校横向对比，我们学校的实习场所是可以满足条件的，并且是不计成本投入的。

在“学生认同课程的理念并具备相应的学习基础”的指标中，个别教学实施人员打分低的主要原因是，认为在当前社会经济发展情况下，社会具备诱惑力的物质丰富多彩，很多学生对传统制造加工业越来越不感兴趣，认同度低。

6. “4. 教学组织过程”

该部分二级指标中的 4.1、4.3—4.5 指标评分，属于意见相对集中，标准差较小（<1），分值较高（6.95—7.58）的，建议在教学过程中体现组织监控。

“4.2 教师团队沟通良好、合作有效且教学支持到位”这一指标的标准差为 1.12，最高 9 分，最低 5 分，平均 7.58 分。教学协调管理人员给出最高分，主要是他认为教务处一直实施过程监控管理。而教学实施人员则给出最低分。他认为团队沟通的效率还需要提升。从团队来说，从教研部长到主任都是不错的，但有部分年轻教师惰性较大，动力不足。教学系里也是一直努力加大力量培养年轻教师，创建培训平台。建议学校出台更多更细的相关政策以鼓励年轻教师提升个人的能力。

7. “5. 人才培养效果”

该部分二级指标中的5.1、5.4、5.5指标评分，属于意见相对集中，标准差较小（<1），分值较高（6.89—7.58）的，在此不做详细分析。

在“5.2学生的方法能力和社会能力得到了发展”指标项中，标准差为1.01，最高9分，最低6分，平均7.37分。企业代表给出的分数较高，他认为，因近年来与学校开展校企合作项目较多，对学校了解较深，学生实习已经取得明显的成绩。而部分给出低分的外部专家是因为专业负责人汇报的时候没提及该项。

8. “6. 专业发展环境”

全体人员对“专业发展环境”都认为是比重较低的，但是分歧也是较大的，教学管理人员在这一模块上打分较高，而教学实施人员打分较低。如“6.2学校部门对专业教学需求的响应程度及时高效”这一指标就出现了这种情况，分析原因是：教学实施人员在做项目申请，提教学条件需求时，上级反应很慢。例如对实训场室做预算，整个时间跨度很大，有些需要两三年。另外，学校层面应该给系部一些开展工作的权限，例如鼓励教师参与教研活动，申报两节课酬的权利都受到限制，没能及时鼓励教师。再如，专业教学中所需要的实训耗材，经常要申报很长时间才能批下来，往往走完流程到学生能使用已经过去一个学期了。建议学校在某些方面实现扁平化管理，以提高工作效率。

对“6.4行业企业对专业发展的软硬件持续支持力度大”这一指标项，主要是这两年企业对学校专业发展支持较少，所以管理人员打的分较低。

对“6.5专业的社会服务（如培训）能力强”打低分的主要原因是考虑到在学校现行政策下，教师工作时间很紧，固有的工作任务很重，所以近两年来参加社会培训较少。如果能加强专业社会的服务性培训，那么教师在培训中也会得到锻炼，得到发展。目前对外培训还是一块短板，后期需要加大发展力度。

（三）妥协评价打分结果

在评价成员根据专业建设相关人员对课程设计与实施的补充说明情况后，综合自己的判断和理解，重新对专业建设评价指标进行打分。会议秘书将每一个评价成员的打分数值录入授权式—TOOL后，进行汇总，详见附表10和附表11所示。

1. 一级指标妥协打分

附表10 **授权评价一级指标妥协打分汇总** （分）

	人才培养目标	核心课程设计	课程资源准备	教学组织实施	人才培养效果	专业发展支持
平均值	7.63	7.84	7.44	7.17	7.00	6.97
最高分	8.80	8.88	9.04	8.37	8.44	8.63
最低分	6.21	6.76	6.17	6.00	5.79	5.60
权重（%）	15	18	18	20	16	13
教学管理	7.88	7.85	6.94	6.86	6.60	6.92
专任教师	7.53	7.76	7.52	7.30	7.15	6.92
企业代表	7.66	8.08	7.95	7.17	7.15	7.04

2. 二级指标妥协打分

附表11 **授权评价二级指标妥协打分情况** （分）

指标编号	指标名称	平均值	最高分	最低分	权重（%）	标准差
1.1	专业与行业企业建立了有效的合作机制	7.83	9.00	7.00	19.9	0.62
1.2	专业与企业建立了合作机构（如大师工作室）	7.61	9.00	6.00	18.3	0.98
1.3	专业人才培养定位符合区域行业发展的需求	8.06	9.00	6.00	21.2	0.87

续表

指标编号	指标名称	平均值	最高分	最低分	权重（%）	标准差
1.4	企业要求及时反映到课程与教学中	6.83	8.00	5.00	20.0	0.92
1.5	课程能够满足专业人才培养的结构性要求	7.78	9.00	7.00	20.8	0.55
2.1	课程目标与完成典型工作任务所需的能力一致	8.11	9.00	7.00	26.8	0.47
2.2	课程目标的设计符合学生的学习能力	7.89	9.00	7.00	20.4	0.68
2.3	课程之间的逻辑顺序合理，衔接良好	8.00	9.00	7.00	21.7	0.69
2.4	课程内各项学习任务之间的逻辑关系合理	7.94	9.00	7.00	19.3	0.73
2.5	（校内外）课程实施组织合理，过程监控便利	6.67	8.00	5.00	12.0	0.69
3.1	教师具备课程教学所需的专业能力和基本工作经验	7.56	9.00	6.00	23.4	0.78
3.2	教师具备课程教学所需的教学能力和经验	7.72	9.00	6.00	24.4	0.75
3.3	课程组织实施的管理机制运行良好	7.72	9.00	7.00	16.7	0.57
3.4	学习场所与教学资料满足课程的需要	7.17	10.00	6.00	19.9	1.10
3.5	学生认同课程的理念并具备相应的学习基础	6.89	8.00	6.00	15.7	0.76
4.1	教学方式方法能够实现课程的全部目标	7.44	9.00	6.00	19.8	0.78
4.2	教师团队沟通良好、合作有效且教学支持到位	7.61	9.00	6.00	16.9	0.78
4.3	学生学习主动，参与度高	6.78	8.00	6.00	23.5	0.65

续表

指标编号	指标名称	平均值	最高分	最低分	权重（%）	标准差
4.4	学生通过多种途径完成学习任务，达成学习目标	6.94	8.00	6.00	19.4	0.73
4.5	对教学过程的质量控制手段行之有效	7.22	8.00	6.00	20.5	0.65
5.1	学生达到了本课程所确定的专业能力要求	7.44	9.00	6.00	23.5	0.70
5.2	学生的方法能力和社会能力得到了发展	7.11	9.00	6.00	20.5	0.76
5.3	学生的专业兴趣（职业认同度）高	6.61	8.00	5.00	21.0	0.92
5.4	企业对学生的职业能力和综合素养认可度高	6.94	8.00	6.00	18.3	0.64
5.5	学生毕业后的职业发展能力（岗位提升）强	6.78	8.00	6.00	16.8	0.55
6.1	学校领导的（软硬件）支持力度高	7.83	9.00	7.00	21.5	0.71
6.2	学校部门对专业教学需求的响应程度及时高效	6.72	9.00	5.00	24.8	1.02
6.3	专业建设有相关科研伴随支持	6.94	9.00	6.00	16.8	0.80
6.4	行业企业对专业发展的软硬件持续支持力度大	6.56	8.00	5.00	18.8	0.70
6.5	专业的社会服务（如培训）能力强	6.72	8.00	5.00	18.3	0.75

（四）柱形图结果分析

在统计完数据后，从得到的结果分析下一级指标、二级指标的打分情况，可以了解更多的信息。在主持人的组织下，评价成员对专业建设进行第二轮打分的数据所产生的柱状图和折线图进行了客观的分析。

1. 一级指标柱状图分析

根据评价人员的打分结果，授权—TOOL 自动生成了 6 个一级指标权重柱状图，如附图 2、附图 3 所示。

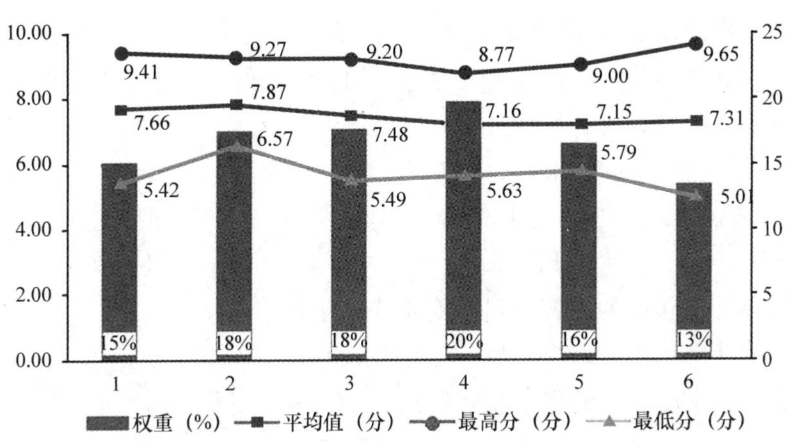

附图 2　首次评分一级指标柱状图

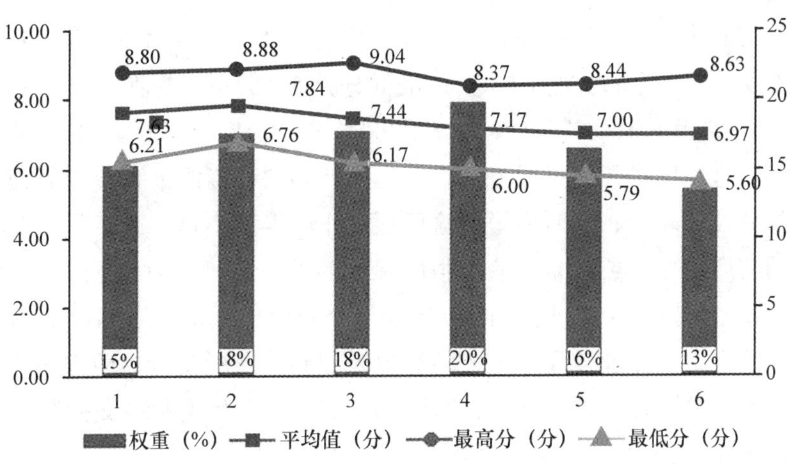

附图 3　首次评分一级指标柱状图

后期分析也可从生成的结果图中看出如下几个特点：

从附图 2 和附图 3 前后两次打分的结果来看，所有评价人员对数控技术专业建设的认同程度相对一致，总体分值差异不大。在6个指标中，第1－4项指标前后两次打分平均值的差距都在0.04以内。而妥协打分与首次打分所给出的最高分和最低分的差距值有所缩减，说明首次打分后大家对专业建设中所展示问题的讨论分析有效。从整体来讲，在首次打分和妥协打分时，评价成员的态度、立场都比较坚定，看法相对集中，并且最高分、平均分、最低分三个点连成的折线分布真实合理，符合统计分析的要求。

结合附图2的首次打分结果看，得分较高的是“1. 人才培养目标”（9.41）和“6. 专业发展支持”（9.65）；“4. 教学组织实施”（8.77）指标分值较低，“5. 人才培养效果”（9.0），说明第1和第6两个指标所包括的内容受到评价成员的肯定。

而从平均得分来看，“1. 人才培养目标”（7.66）和“2. 核心课程设计”（7.87）的得分相对较高，“4. 教学组织实施”（7.16）指标分值较低和“5. 人才培养效果”（7.15）的得分相对较低。这说明两个方面的原因：一是该项工作做得比较扎实，得到肯定；二是专业建设展示汇报工作做得比较到位。

从妥协打分结果中分析得出，其中评分偏差较大的有“6. 专业发展支持”，最高分是8.63分，最低分是5.60分，差值3.03；其次是“3. 课程资源准备”，最高分是9.04分，最低分是6.17分，差值2.87。这说明参评人员对专业在发展支持和课程资源准备建设方面情况的分歧还较大；同时也说明这两项工作做得还不足，或者是专业建设的实质工作，或者是专业汇报的展示工作。

通过附图2中第4、5两项指标得分相对较低的情况可知，数据体现了现阶段专业建设中人才培养效果和专业发展支持这两方面工作的不足。专业建设在“5. 人才培养效果”“6. 专业发展支持”这两方面还需要加大努力。

2. 二级指标柱状图分析

一级指标柱状图的分析，是从宏观层面的分析。现从二级指标较细的层面分析专业建设工作中的情况。

首次打分柱状图分析：

根据评价人员的首次打分结果，授权—TOOL 自动生成了 30 个二级指标权重柱状图，如附图 5 所示。附图 5 体现了以下几项内容：

团队成员打分的差异性较大。如“1. 1 专业建设与行业企业建立了有效的合作机制”这一指标，有成员打出最高 10 分，而有成员打出最低 5 分，相差较大。又如“6. 2 学校部门对专业教学需求的响应程度及时高效”这一指标，有成员打出最高 10 分，而有成员打出最低 4 分，相差值达 6 分。

从打分后的讨论情况来看，评分差异较大的主要原因是评价团队成员中的角色不同，其关注点也不同。有可能是团队成员对项目组织与实施情况了解较少，或因为通过汇报不能得到评分指标项的相关实证信息，因而打了低分；也有可能是团队成员参与或了解指标项目的实施和制定工作，对项目了解得比较透彻，给出较为中肯的分值。总的来说，分值差异大的指标，就是值得关注的指标。

对打分持较大分歧的指标项的讨论分析如下：

1. “1. 1 专业建设与行业企业建立了有效的合作机制”，分差值“5”，主要原因在于汇报者所汇报的内容中没有体现出有效的合作机制。

2. “3. 4 学习场所与教学资料满足课程的需要”，分差值“5”，主要原因是学校近年来进行了大量的教学资料的开发工作，但是学习场所的设置与一体化教学内容不够匹配。

3. “3. 5 学生认同课程的理念并具备相应的学习基础”，分差值“5”，主要原因是学校在学生入学阶段就做了大量关于一体化教学理念、动态课堂教学模式、专业入学教育的工作，但是面对社会浮躁的风气，部分学生在毕业后没有从事与本专业相关的岗位工作。

4. “6. 2 学校部门对专业教学需求的响应程度及时高效”，分差值“6”，主要原因是个人对概念理解存在着偏差。从微观上看，是学校内部协调充分，沟通有效，所以打了高分。从宏观上看，申报一个信息化项目，至少需要两年的时间，等到两年后项目批下来了，社会的科技已经发展到不需要该项目了，所以打了低分。

5. “6. 3 专业建设有相关科研伴随支持”，分差值“5”。管理人员认为，学校已经大力投入设备，为专业发展提供保障，所以打了高分。而项目操作人员认为，科研经费报销、使用等方面存在很大困难，科研人员没有动力。

6. “6.4 行业企业对专业发展的软硬件持续支持力度大”，分差值“5”，主要原因是前两年学校频繁和行业龙头企业合作，企业捐助了大量物资，并资助了相关教师培训，而这一年来这科情况出现得较少，个别评价成员不了解这一情况。

对妥协打分的柱状图进行分析：

根据评价人员的妥协打分结果，授权—TOOL 自动生成了 30 个二级指标权重柱状图，如附图 5 所示。

从附图 4、附图 5 所表示的前后两次打分结果来分析，可以容易地知道，在后面一次打分中，大部分指标项都有妥协，并且各项指标都比较均衡且分值较稳定。从附图 5 中的平均值折线可以看出，在“专业发展支持”这一项指标的工作中还存在着改进空间。而在“人才培养目标”“核心课程设计”“课程资源准备”“教学组织实施”这四项一级指标上都取得了较好的成绩，同时也存在一些问题，主要表现在以下几项内容上：

1. 第二次打分比第一次打分有效，说明有效展示与充分沟通很重要。在汇报展示中，汇报者要高度有效地概括出专业建设的重点内容，并呈现出来，这是评价会中获得评价高分的重要支持方式。

2. 在“1.2 专业与企业建立了合作机构（如大师工作室）”这一项指标上，偏差值达到 0.98，相关工作也值得关注。要充分考虑大师工作室的功能，引进先进的生产工艺和生产项目，发挥传帮带的作用。

3. 在“1.4 企业要求及时反映到课程与教学中”这一项指标上，偏差值达到 0.92，平均值 6.83。在妥协打分中属于分歧较大，且平均值较低的指标，相应的工作需要跟进。例如专业调研工作是否到位，课程标准是否有动态调整的机制，等等。后期应着手于市场人才需求的分析工作，详细了解工作岗位群的技术要求与课程设置是否对接，并且做出相应的调整。

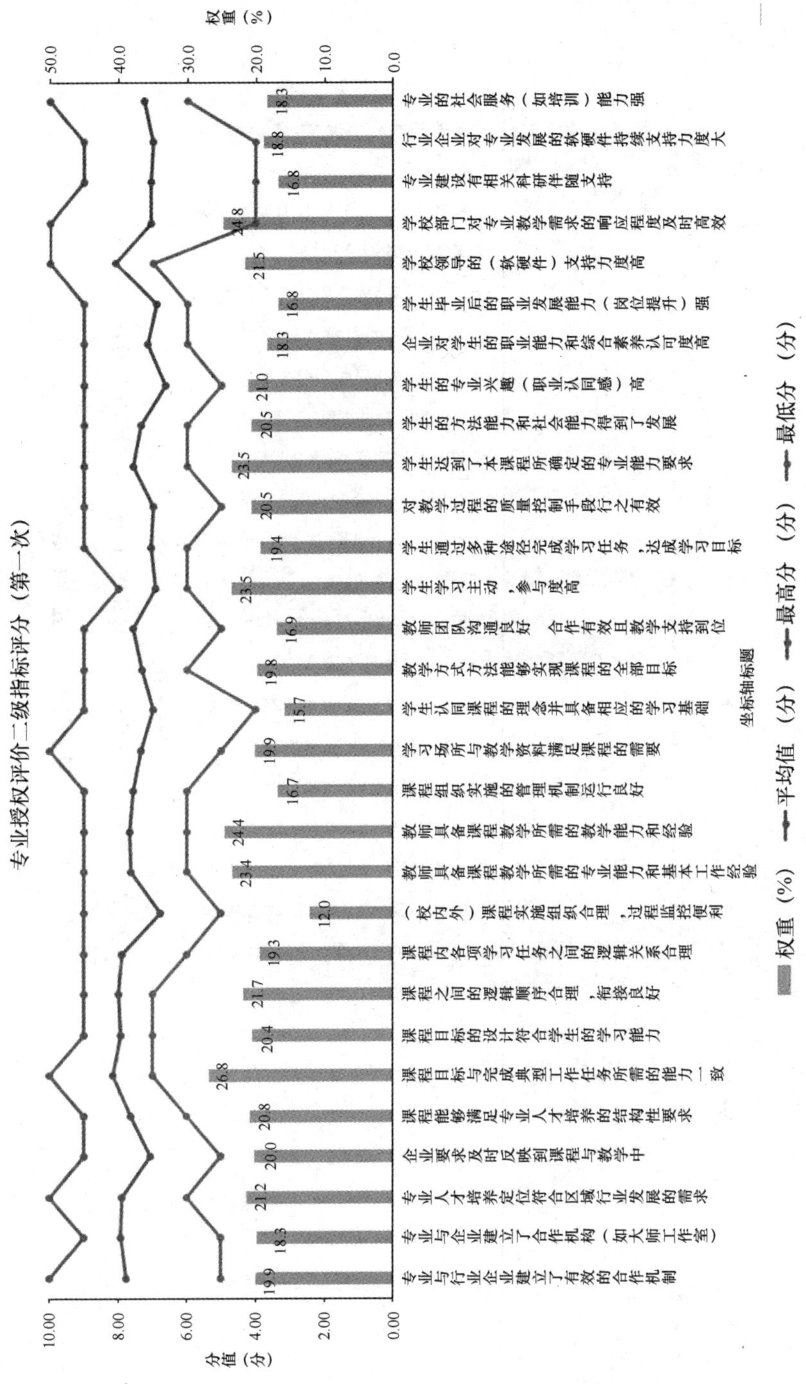

附图 4 首次评分二级指标折线图

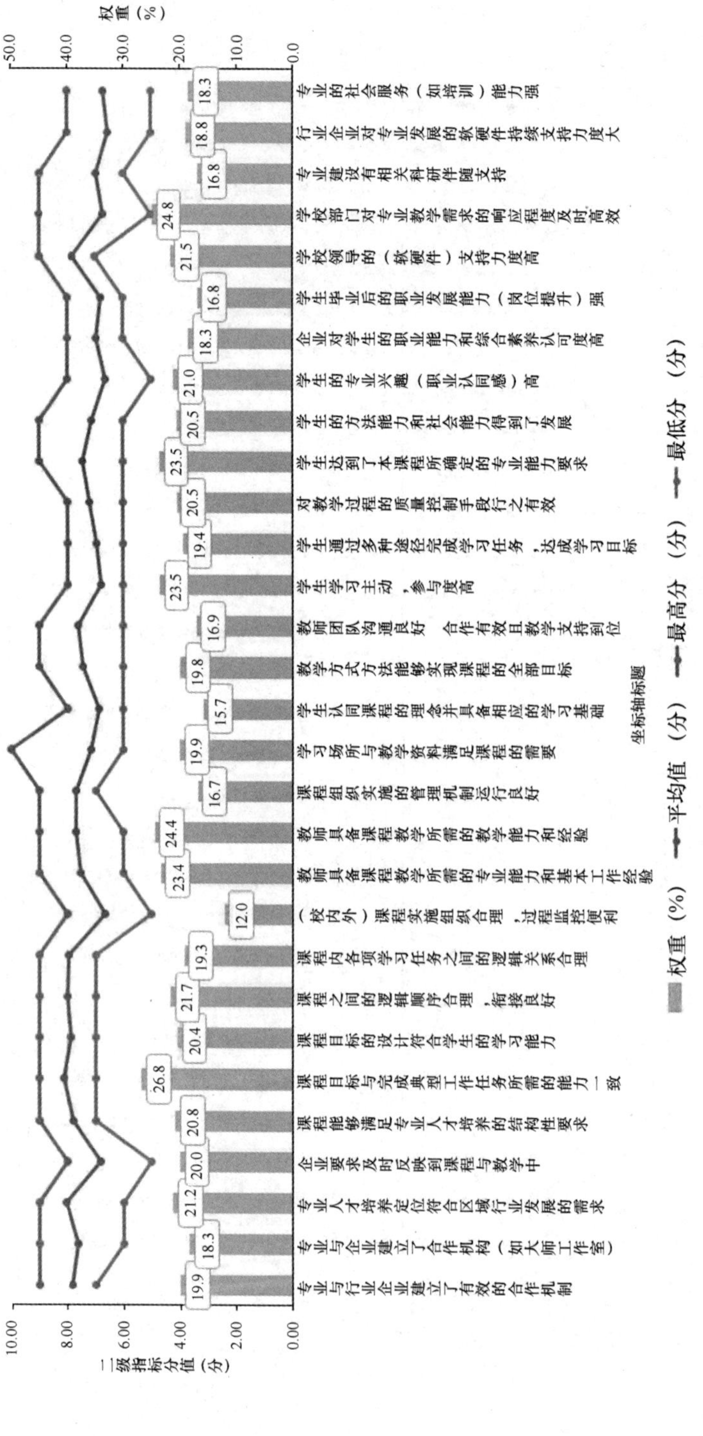

附图5 妥协评分二级指标折线图

4. 在“3.4 学习场所与教学资料满足课程的需要”这一指标上，仍然存在较大差异，说明可能还存在较大问题，仍需继续提升。学校在专业教学资料建设方面做了大量的工作，下一步需要考虑将教学场地与教学资料进行配套设置的工作，形成有效的教学资源。

5. “6.2 学校部门对专业教学需求的响应程度及时高效”这一指标所指向的建设工作还比较薄弱，部门之间的沟通协调效率还需要继续提升。特别是在讨论期间多次提到“程序”“申请”“审批”“放权”等方面的问题，专业建设中所遇到的种种困难，都值得关注。在考虑廉洁奉公的前提下，充分考虑“简政放权”，会使专业建设的工作更加容易开展。

（五）雷达图结果分析

根据评价人员的首次打分结果，授权—TOOL 自动生成了 6 个一级指标权重雷达图，如附图 6 所示。在首次打分时，由于每类参评人员在对打分标准的理解上稍有偏差，导致首次给出的各项分值分布不均。例如在“人才培养目标”上，教学管理人员平均给出的最高分

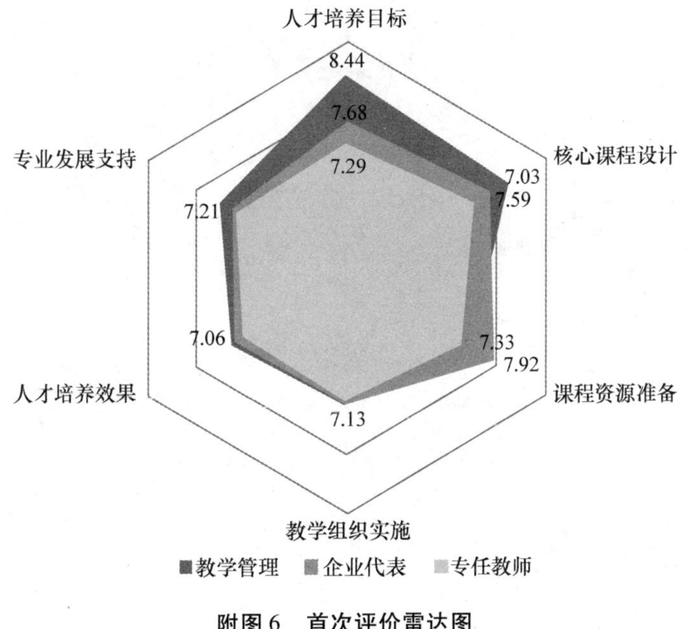

附图 6　首次评价雷达图

是8.44分，而专任教师结出的平均分为7.29分，六项指标中相差最大。“教学组织实施”这一项指标在各类成员中的评价意见较为一致，“课程资源准备”“人才培养效果”次之。

经过参评人员讨论妥协后形成了第二个雷达图，见附图7所示。关于第二次打分，从附图7中分析可知，专业建设工作在六个方面发展得比较均衡。分值差距最大的是“3. 课程资源准备”这一项，企业代表评分值与专任教师评分值的差距达到1.01，说明企业代表从他们的角度看到一些资源可以在专业建设中发挥更好的作用，而专任教师则忽略了这些情况。其次差距较大的是“1. 人才培养目标”这一指标，说明关于这方面的工作仍需要加强沟通，寻求更好的努力方向；其他指标项的差距都不大，整个雷达图是比较均衡的图形。

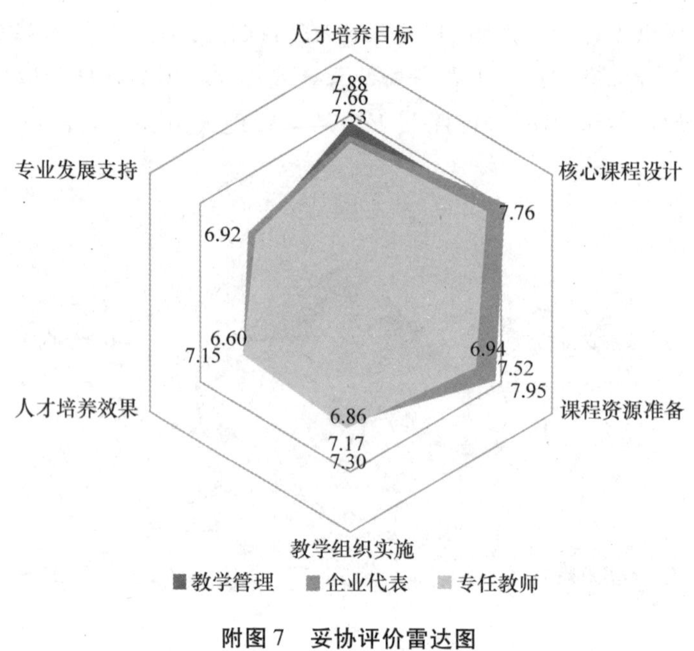

附图7 妥协评价雷达图

根据附图7所示，可以得出如下的结论：

1. 现有专业建设基础条件好，有待进一步利用好现有基础条件。

2. 数控技术专业建设工作开展得较为全面，目标较为清晰，方向正确。

3. 专业校企合作方面的工作有待进一步加强。

4. 人才培养目标与市场定位分析方面还需要进一步研究。

5. 专业人才培养效果获得较高认可度，但还需要提高。

6. 对课程资源还需要更加有效地进行整合，应用在专业教学当中。

六　评价活动的再评价

现场指标评价活动结束后，为分享信息和经验，对本次评价会进行了再评价，除参加评价的成员外，参加观摩的各院校教师也发表了本次评价会感言。

（一）教学实施人员

项目负责人体会到，做专业建设情况展示汇报的准备，要有针对性，这样才能产生显著的效果，否则会影响评价的效果。目标行为导向很重要。

（二）教学管理人员

教学管理代表认为，通过本次评价活动，给专业建设发展“把脉”，分析专业发展中所存在的问题，寻找差距和原因，在教学过程中营造技能文化。以系教师的积极需求推动院系管理工作的落实，还需要真正做到权力下放。学校的管理、政策将会向一线教师倾斜、调整，以促进专业教师的良性发展，希望数控技术专业建设工作，能在学校的其他专业建设中起引领作用。

同时，要把工作做到极致就需要对这次授权评价的方式、方法进行精细化的研讨，要在做完阶段性工作以后进行开放性的参与式评价。用科学的数控模型做评价工具，对于事情进展有很重要的促进作用。

授权评价方法很科学，可以在其他课程建设的评价中参照这种形式开展工作。这样操作可以探讨深层次的课程建设问题，使课程建设中的思路更清晰，目标更明确，重点更清楚，道路更明朗。

1. 外部专家代表

外部专家认为，这次评价会对课程建设起着重要的推动作用，很有收获。一是从本次会议可知学院在数控技术专业建设方面做了大量的工作，有了很大的提高；二是以会议讨论评价的形式，了解专业建设的情况，这种方法具有一定的难度。但是这次评价会所展示的内容已比较全面，达到了评价的要求，相当不易。

2. 企业代表

企业代表认为，本次评价活动更多的是收获。这种会议吸纳各课程相关人士参加是非常有必要的。校方领导、企业领导和课程设计与实施团队在认识、沟通、信息对称等方面本身会有一定的差异，通过参与式评价可使不同的视角得到磨合，相异的意见得到妥协，促使课程建设过程中的问题更容易得到解决。

3. 其他补充

其他参评教师和观摩教师也提出了有益的再评价发言。如对改进现在的校企合作效益，提出再进行类似评价时能否吸收更多企业人士和学生参加以使评价更为贴近改革的对象；对课程管理也需要这种科学的评价方法，等等。

最后，主持人总结了此次授权评价会：有部分专家已经是第二次参加这种评价会议了，可以看到这次评价会与上次评价会的不同。有部分在上一次评价中突出表现的问题已经得到解决，但仍有一些问题没有得到解决。希望校方能想法子、花力气解决专业建设中所存在的问题，促进专业的发展。

七　问题与措施

（一）存在问题

这次项目评价工作取得了良好的效果。从不同利益群体角度可以分析出相关的问题。

1. 总体来讲，在专业建设工作中，专任教师是最了解整个工作实施过程的，是专业建设中的实施者。从评分结果来看，专任教师对各项指标的评分较低，对工作质量要求较高。

2. 专任教师需要在“人才培养目标”上再做深入的思考，与教学管理人员缺乏日常团队沟通。

3. 从企业代表与专任教师在“课程资源准备”这一指标项上评分值差异较大的情况来看，教师还可以思考如何提高专业课程资源的整合应用效果。

4. 从教学管理人员与专任教师在“专业发展支持”这一指标项上评分值差异较大，以及评价会议中的讨论情况来看，教师的工作还需要管理人员的大力支持。学校在专业建设方面还需要思考如何为工作人员提供更合适的支持环境，制定更科学合理的制度、政策。

5. 从细的方面来总结，主要问题有两方面：第一，从评价指标体系制定过程的讨论结果看，虽然在专业建设过程中做了大量的工作，“核心课程设计”出了大量的成果，领导在政策方面也予以大力支持，但在工作总结与归纳方面尚有不足之处。例如校企合作的典型成功案例没有被提炼出来，人才培养方案、学材工作、教学资源库等内容没能在评价会上予以详细呈现。因此评价成员对信息展示不完整的指标项在看法上存在较大偏差，今后应充分考虑到这一点，提高评价的效度。

第二，从专业建设工作来看，如“3.4 学习场所与教学资料满足课程的需要”“6.2 学校部门对专业教学需求的响应程度及时高效”等指标所对应的工作还需要加强。部门之间的沟通合作仍需要加强，对不同项目之间的成果，需要将阶段性成果借助通畅的渠道传达给各层次成员，强化对项目建设目标的认识和成员之间的合作意识，发挥合作的优势。

（二）改进措施

为了更好地推进数控专业技术工学结合一体化课程的设计与实施工作，更好地发挥现有的条件优势，结合本次评价的结果，制定了下一步改进措施和工作计划。

1. 建立机制，加强沟通

建立相关监督机制和提供更为便捷的沟通手段，将成果全面、准确地传达给参与评价的每一个成员；充分利用数控类专业现有的校企合作条件优势，拓宽院校与企业的合作渠道，加强协调配合，整合企业与院校资源优势，在分工负责的基础上形成合力，共同完成专业建设工作内容。

2. 加强理论，进行科学分析

学习与研究相互促进。在注重提高教师自身素质，不断通过外出培训和自学的形式，加强职业教育理论学习的同时，还需要注重教学效果的研究分析，提高团队所有成员的理论水平和科研能力。例如针对校内外课程设计与实施，在调动学生积极主动地参与专业学习和人才培养效果等方面的研究需要加强，以便推动整个专业课程体系的建设。

3. 不断总结，以评促改

通过这次授权评价，把过去几年里所做的课程建设工作进行了一次综合性的总结与评价，使得项目团队成员增强了全局观念，有利于满足进一步完善数控人才培养工作探索的需求，对数控技术专业课程建设有很大的促进作用。因此，根据项目建设的具体情况，不断进行阶段性的总结，定期评价已经取得的业绩，分析存在的问题和困难，调动课改团队成员的积极性，从而促进整个课程建设项目的发展。这将成为团队研究课程建设水平得以进步提高的标志和手段。